인문지리학자의
제주 산책

정광중

인문지리학자의

제주
산책

한그루

목차

제3장

오름 산책

인문지리학자의
제주 산책

첫 번째 주제는 '고향 마을 산책'으로, 태어나고 유년 시절을 보낸 고향 마을(신엄리) 이야기다. 제주도의 마을은 위치적 특성에 따라 크게 해안 마을과 중산간 마을로 나뉜다. 전통사회가 지속되던 1970년대를 기준으로 보면, 두 지역의 마을은 공통적인 요소도 많지만, 서로를 대비할 수 있는 차이점도 여러 가지 존재한다.

두 번째 주제는 제주여성들의 노동공간, 즉 일터에 관한 이야기를 다루었다. 전통적으로 제주 여성들은 가혹하다고 할 정도로 부지런했다. 제주여성들은 태어나서 12~13세가 되면 집안일을 배우고 돕는 것을 숙명처럼 받아들일 수밖에 없었다.

세 번째 주제에서는 오름 탐사 이야기를 다루었다. 오름 탐사는 이미 20년 전에 끝난 일이나, 다양한 모습을 지닌 오름의 자태는 예나 지금이나 변함이 없다. 제주에 분포하는 많은 오름은 지리학적으로도 연구할 가치가 매우 높은 대상이다.

네 번째 주제는 오름과 더불어 제주의 대표적인 자연 자원인 곶자왈에 관한 이야기다. 최근에 이르러 곶자왈은 제주도민이나 관광객들에게도 낯설지 않은 용어로 자리 잡게 되었다. 이러한 배경과 관련해서는 오랫동안 곶자왈 연구자들의 꾸준한 연구와 더불어 시민단체와 지역 매스컴이 중요한 역할을 담당한 것이라 판단된다.

이 책 『인문지리학자의 제주 산책』은
필자가 제주대학교에 재직하는 동안 여러 기회에 조사하여 발표한
글들을 모은 것이다. 주제는 크게 4개로 구성되어 있다. 개별 주제
의 첫 부분에도 밝혀놓았듯이, 주로 신문 지상과 교내 학술지 또는
제주특별자치도가 발행한 개별 도서 등에 게재했던 글임을 밝혀두
고자 한다.

첫 번째 주제는 '고향 마을 산책'으로, 태어나고 유년 시절을 보낸
고향 마을(신엄리) 이야기다. 제주도의 마을은 위치적 특성에 따라 크
게 해안 마을과 중산간 마을로 나뉜다. 전통사회가 지속되던 1970년
대를 기준으로 보면, 두 지역의 마을은 공통적인 요소도 많지만, 서
로를 대비할 수 있는 차이점도 여러 가지 존재한다. 다시 말해, 해안
마을은 해안 마을대로, 중산간 마을은 중산간 마을대로 마을의 입지
적 특성에 따른 사람들의 살림살이나 그에 따른 생활공간과 노동공

간(일터)이 다르고, 그러기에 전통가옥의 외부 형태는 같아도 내부구조나 시설 등은 조금씩 다르게 나타나며, 또 1년 살림살이와 관련되는 영농 형태나 목축 규모도 달랐다.

신엄리는 제주시 애월읍에 속하는 9개 해안 마을 중 하나다. 따라서 과거에 중산간 마을과는 달리 마을 가까이에 목장 지구도 없었고 밭에서는 메밀이나 도라지 대신 보리와 조, 고구마 등을 대대적으로 재배하는 농가가 많았다. 또한 바다를 끼고 있었기 때문에, 어촌계가 조직되어 배를 부리는 어부들과 해녀들이 마을 어장이나 연안 어장의 운영을 주도하며 생계에 보탬을 얻고 있었다. 제주도 대부분 마을이 그렇듯이, 해안 마을이라고 해서 전적으로 어업에만 의존하여 생계를 꾸리는 전업 어가는 단 한 가구도 없었다. 이렇듯, 제주도에서는 해안 마을이라고 해도 마을 어장이나 연안 어장의 조건 또는 특성이 달라서 전업 어가가 거의 없는 해안 마을도 많았다. 이 점은 오늘날도 마찬가지다.

여기에 정리한 신엄리의 지리적 환경은 필자의 고향을 통해서 제주도 해안 마을의 한 사례를 소개하고자 선택한 것이다. 물론 제주도의 해안 마을에 대한 전반적인 내용이라기보다는 지리학자의 입맛에 맞는 주제의 하나로서, 보통 제주도의 마을에 대해 이해하고자 할 때 지리적 관점에서 필요로 하는 기본적인 내용을 담은 것이라 이해하면 좋을 것이다. 첫 번째 주제인 '고향 마을 산책'에서는 고향 마을의 위치와 면적, 입지적 환경에서 본 고향 마을의 지리적 특성, 용천수의 관점에서 본 고향 마을 특성, 행정구역의 변천과 고향 마을 인구의 변화, 고향 마을에 거주하는 사람들의 성씨 분포, 오방수 이야기 등을 소주제로 다루었다.

두 번째 주제는 제주여성들의 노동공간, 즉 일터에 관한 이야기를 다루었다. 전통적으로 제주 여성들은 가혹하다고 할 정도로 부지런했다. 제주여성들은 태어나서 12~13세가 되면 집안일을 배우고 돕는 것을 숙명처럼 받아들일 수밖에 없었다. 그러기에 적어도 1950년 이전에 태어난 제주여성들은 초등학교나 중학교로 진학하기보다는 집안일이나 어린 동생들을 돌보는 데 시간을 빼앗겨야 했다. 바깥일을 주로 하는 부모를 대신해서 자신의 유년 시절을 희생할 수밖에 없었다. 이런 어린 여자아이가 나이를 먹고 결혼을 하면, 일거리와 일하는 장소는 더욱 확대되어, 그야말로 어엿한 성인 여성으로서 한 집안의 가족을 먹여 살리는 일에 매달리며 1년 12달을 바쁘게 살아야 했다.

제주여성들의 일거리는 무궁무진했지만, 정해진 순서도 없고 특별한 방식도 없이 온몸으로 부딪히면서 처리하는 경우가 다반사였다. 시간이 나는 대로 일을 해야 했고, 남는 시간을 활용하여 일거리를 찾는 형국이었다. 따라서 제주여성들의 일거리는 집 안 내부에도 물론 많았지만, 대개는 집 밖의 일거리가 더 많았다. 집 안의 일거리보다도 집 밖의 일거리가 상대적으로 더 활동적이고 노동량이 많았다는 점은 부인할 수 없는 사실이다. 이러한 사실은 제주여성이 대체로 집 밖에서 일하며 보내는 시간이 훨씬 많았다는 의미도 담겨 있다. 이 점은 서로 다른 가정의 일손을 돕는 수눌음을 고려해 보더라도 더욱 그렇다. 제주여성의 입장에서는 집안일과 집 밖의 일을 따지며 차별하는 것은 아니지만, 집 밖의 일에 더욱 욕심을 부렸던 것은 분명한 사실이다. 그만큼 집 밖에서의 일은 집안 가족을 먹여 살리는 데 직접적으로 도움을 주었기 때문일 것이다.

두 번째 주제인 제주여성의 일터 산책에서는 먼저 제주여성들의 노동공간을 다루는 과정에서 솜씨의 노동공간으로서 길가(마을길), 대화와 상념의 노동공간으로서 빨래터, 교환경제를 위한 노동공간으로서 시장(장터), 생활자원 조달을 위한 노동공간으로서 들녘(들판), 생계를 위한 실질적 노동공간으로서 밭(농경지)과 바다에 대해 살펴보았고 동시에 제주여성의 입장에서 보는 노동의 의미와 노동공간의 특성을 정리하였다. 이 주제에서는 제주남성의 입장과는 상대적으로 대비되는 제주여성의 다양한 일거리의 특징과 그에 따른 노동공간 특성을 드러내고자 했다.

세 번째 주제에서는 오름 탐사 이야기를 다루었다. 오름 탐사는 이미 20년 전에 끝난 일이나, 다양한 모습을 지닌 오름의 자태는 예나 지금이나 변함이 없다. 평소 자연을 벗 삼아 자연을 즐기는 일은 정말 멋있고 좋은 일이나, '탐사'라는 이름으로 어김없이 글을 써야 하는 상황이라면 단순히 자연을 즐길 수만은 없다. 이런 점을 생각하면, 30여 년 전에 330여 개 오름을 답사하여 3권의 책『오름나그네』(1995, 높은오름)를 엮어낸 고(故) 김종철 선생이 대단한 위인으로 다가온다. 필자는 공동 탐사단의 일원으로 참여하여 순차적으로 돌아오는 기회에 고작 20여 회에 걸쳐 탐사의 글을 썼을 뿐이다. 당시를 회상해보면, 탐사 뒤에는 언제나 유사한 이야기가 꼬리에 꼬리를 무는 듯한 느낌의 무미건조한 글을 생산하여 독자들의 눈을 어지럽히지 않았나 하는 후회가 뒤따른다.

제주에 분포하는 많은 오름은 지리학적으로도 연구할 가치가 매우 높은 대상이다. 예를 들면, 여러 오름의 지리적인 기본 속성(위치, 행정구역, 분화 형태, 구성물질, 식생 분포 등)을 바탕으로 토지 이용 실태(농경지, 묘지, 목장지, 잡목지 등), 인문자원의 존재 형태, 유적(지)의 존재 여부, 오름별 경관 특성, 마을 주민과의 관계(특히 마을 입지), 오름 탐방 실태, 오름의 훼손 실태와 앞으로의 활용 방향 등 인접 학문 분야와 협력해야 하는 관련 주제를 포함해, 오름은 다양한 지리학적 연구 주제가 숨어 있는 실체임이 분명하다.

세 번째 주제는 이상과 같은 지리학적 관점의 주제를 조금이나마 해소해보기 위한 필자 나름의 고민과 상념을 담았다고 말할 수 있다. 오름은 분명히 지리학적 연구 대상으로 중요한 위치를 차지하고 있지만, 필자 개인적으로는 30년 이상의 연구 경력을 쌓아오는 동안에도 오름을 직접 연구하기 위하여 적극적인 자세를 취해본 적이 없다. 그 이유는 많은 시간이 흐르는 동안 김종철 선생을 비롯한 도내의 여러 오름 전문가의 연구 결과물이 끊임없이 쏟아져 나오고 있었기에,

군이 나까지 연구에 동참해야 할 필요성을 느끼지 못했기 때문이다. 결과적으로, 이 시점에서 돌이켜보면 필자에게 오름이란 주제는 한라일보사의 탐사 기획을 통해 작성한 것이 그나마 큰 자산으로 남게 되었다. 이 주제에서는 동쪽의 쇠머리오름에서 시작하여 성산일출봉, 다랑쉬오름, 서거문오름, 물장올, 성널오름 등을 거쳐 중간 지점의 백록담을 정점으로 다시 서쪽의 어승생악, 볼레오름, 노꼬메오름, 금오름, 저지오름, 수월봉에 이르기까지 필자가 경험한 탐사 내용이 정리돼 있다. 탐사단은 전체적으로 많은 오름을 탐사했지만, 여기서는 필자가 탐사한 오름에 한정하여 지리학자의 관점을 소개한 것으로 이해해 주었으면 한다.

마지막 주제는 오름과 더불어 제주의 대표적인 자연자원인 곶자왈에 관한 이야기다. 최근에 이르러 곶자왈은 제주도민이나 관광객들에게도 낯설지 않은 용어로 자리 잡게 되었다. 이러한 배경과 관련해서는 오랫동안 곶자왈 연구자들의 꾸준한 연구와 더불어 시민단체와 지역 매스컴이 중요한 역할을 담당한 것이라 판단된다. 이제 제주의 자연을 이해하기 위해서는 곶자왈을 우선순위에 올려놓아야만 한다. 그만큼 곶자왈은 제주도를 넘어 대한민국 국민 모두가 즐길 수 있는 자연의 일부로 자리 잡기에 이른 것이다. 이러한 상황을 맞이하기까지는 그동안 곶자왈을 끼고 있는 여러 마을이나 제주시와 서귀포시 등 행정기관에서 곶자왈 탐방자들을 위한 다양한 편리를 제공하고자 노력한 것도 사실이다.

네 번째 주제에서는 곶자왈의 인문환경과 곶자왈 내부에 잔존하는 주요 문화자원을 중심으로 꾸렸다. 필자는 인문지리학이 주 전공이기 때문에 곶자왈의 자연과 생태, 식생 등에 대해서는 학술적 지식이 충분치 못해 거의 다룰 수 없었다. 따라서 곶자왈의 자연과 생태, 식생에 대해서는 관련 분야 전문가의 논문이나 단행본을 참고해 주었으면 하는 바람이다. 필자로서는 그동안 제주도민들이 곶자왈에 존재하는 다양한 자연자원을 활용해 온 배경과 흔적을 좇는 작업에 몰두해왔기 때문에, 시간이 더 흘러가기 전에 곶자왈 내부의 문화자원을 서둘러 정리할 필요성을 느끼고 있었다.

네 번째 주제인 곶자왈의 인문환경과 문화자원에서는 제주도민들이 곶자왈 내부에 남겨놓은 문화자원을 발굴하여 그것들의 속성과 특징을 정리하는 데 많은 지면을 할애하였다. 또 문화자원의 특성이나 그것들이 남겨지게 된 배경을 이해하는 데 필요한 인문환경의 특성을 정리함으로써, 전체적으로 곶자왈 내 문화자원의 분포 실태와 특징, 문화자원의 존재적 가치 등을 폭넓게 이해할 수 있도록 구성하였다.

한 가지 덧붙이자면, 곶자왈 내에 분포하는 다양한 문화자원의 특성에 대해서는 필자가 이전에 펴낸『제주의 용암 숲, 곶자왈의 인문지리』(2023, 한그루)에도 부분적으로 삽입되어 있다. 이번 책에 정리한 문화자원 관련 내용은 용어 표현이 조금 다르지만, 내용상으로는 중복되는 경향도 없지 않다. 그러나 전체적인 주제를 구성하는 과정에서 서로 관점과 체제를 달리하여 정리하였기에, 혹시라도 관심을 가진 독자들께서는 함께 참고했으면 하는 바람이다.

끝으로, 이 책을 발간하는 데 적극적으로 협력해주신 김영훈 대표와 김지희 편집장 그리고 한그루의 여러 식구에게 깊은 감사를 드린다. 한그루에는 이 책을 포함하여 네 번의 번거로움과 수고로움을 끼치게 되었다. 제주라는 작은 지역사회에서도 한 치의 흔들림 없이 좋은 책 만들기에 힘쓰는 한그루에 늘 아낌없는 찬사를 보낸다. 더불어 이 책을 30여 년의 교직 생활 동안 큰 불만 없이 내조해준 아내에게 바친다.

2024년 9월

여름이 끝나갈 무렵, 노형동 자택에서 지은이 씀

제1장

고향 마을
산책

신엄마을 이야기

이 원고는 『함께 만드는 마을지 ⑦ 신엄리』(2023, 제주문화원) 편에 실린 필자의 원고 「Ⅰ. 지리적 환경」의 일부(9~44쪽)이다. 『신엄리 마을지』는 제주문화원이 매년 추진하는 '우리 마을 역사문화 기록화 사업'의 일환으로 탄생하게 되었다. 마을지 편찬을 위해 신엄리와 제주문화원이 사전 협의를 통해 약 10개월 동안 협력하며 진행해 왔으며, 여기에는 13명의 주 집필자와 38명의 마을 협력자(주민)의 매우 면밀한 공동조사가 있었음을 밝혀둔다.

필자는 신엄리 출신이어서 집필자의 한 사람으로 참여하게 되었는데, 원래 계획으로는 신엄리의 '지리적 환경과 특징'만을 조사·정리하고자 하였다. 그러나 몇 차례에 걸친 마을 주민들과의 협의 및 조율 과정에서 '마을 내 소지명'을 포함하게 되었다. '마을 내 소지명'은 마을지의 목차 구성상 「Ⅰ. 지리적 환경」 내에서도 '2. 마을 내 소지명'(45~78쪽)으로 편재되어 있으며, 여기서는 지면 관계상 싣지 않았음을 밝힌다. '마을 내 소지명'에 관심을 가진 독자가 계신다면, 『신엄리 마을지』(2023, 제주문화원)를 참고해 주시기 바란다.

고향 마을의
지리적 환경

고향 마을의 위치

　　　　　　　　신엄리는 제주도 북서 지역에 위치하
는 애월읍의 9개 해안 마을 중 하나로, 이들 마을 중에서는 거의 중
간 지역에 위치해 있다(그림1). 신엄리는 제주시 중심부(시청)로부터 약
16㎞ 정도 떨어져 있으며, 동쪽으로는 중엄리와 구엄리, 서쪽으로는
고내리, 남쪽으로는 용흥리와 하가리, 북쪽으로는 남해(南海)와 면하
는 형국이다. 2023년 시점을 기준으로 본다면, 과거와는 달리 도로
와 교통편이 매우 발전하여 제주시 중심부까지는 자동차로 약 30분
정도면 이동할 수 있다. 신엄리는 2006년 7월 북제주군이 제주시로
통합된 이후부터 인구가 꾸준히 증가하면서 슬레이트와 양옥형 단
독 주택 일변도의 경관에서 빌라, 연립주택과 다세대주택의 증가는
물론이고 2~5층 높이의 주상복합건물(住商複合建物)이 다수 들어선 건

물 경관으로 탈바꿈하고 있다.

신엄리의 면적은 약 5.19㎢로 주변 마을인 중엄리(1.57㎢)나 구엄리 (1.92㎢) 그리고 고내리(2.6㎢)보다는 넓은 데 반하여, 봉성리(28.74㎢)와 납읍리(8.06㎢) 및 상가리(14.28㎢)보다는 훨씬 좁은 것으로 확인된다. 신엄리의 면적은 애월읍 전체 면적(202.16㎢, 2022년 12월 기준)의 2.6%를 점하고 26개 행정리 중에서는 12위에 해당한다.

2023년 현재 행정적으로 인식되는 신엄리의 자연마을은 본동(本洞), 서동(西洞, 섯동네) 및 윤남동(윤내미) 등 3개로 구성되는 것으로 알려져 있지만, 마을 안에서는 더 작은 지구 단위, 즉 윤남동, 동삭거리, 안골, 가운메기(과원목이), 베룻골(배렛골 또는 벼룩골), 시(쇠)커리, 창남거리('너븐팡거리' 포함), 큰동네, 답단이, 섯동네, 당거리 등으로 구분

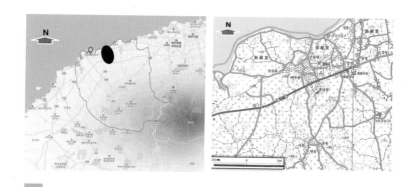

〈그림 1〉 신엄리의 지리적 위치와 개략적인 지형.
출처: Daum 지도[https://map. kakao.com/], 국토지리정보원 지형도[2004년 수정판].

〈사진 1〉 신엄리의 주요 자연마을(2023. 8.).

하여 부르는 것이 일반적이다(사진 1). 이들 3개의 자연마을이나 더 작게 구분되는 11개의 동네(지구)는 다시 14개의 반(班)으로 나뉘면서 마을 내의 여러 행사나 자치활동을 실행하는 기본 단위가 되고 있다.

입지적 환경에서 본
고향 마을의 특성

2023년 5월 현재, 애월읍에는 24개 법정리와 26개 행정리가 있다. 1970년대 시점의 도로 사정과 교통기관 등의 여건을 고려해 볼 때, 이들은 해안 마을과 중산간 마을로 구분할 수 있다(표 1). 여기서 해안

〈표 1〉 애월읍 소속 마을의 성격 구분에 따른 비율(행정리 기준)

마을 성격	해당 마을	마을 수(개, %)	자연마을 수(개, %)
해안 마을	애월리, 곽지리, 금성리, 고내리, 신엄리, 중엄리, 구엄리, 하귀1리, 하귀2리	9(34.6)	27(40.9)
중산간 마을	봉성리, 어음1리, 어음2리, 납읍리, 상가리, 하가리, 용흥리, 상귀리, 수산리, 소길리, 장전리, 유수암리, 고성1리, 고성2리, 광령1리, 광령2리, 광령3리	17(65.4)	39(59.1)
합계	-	26(100.0)	66(100.0)

출처: 제주특별자치도·제주특별자치도문화원연합회, 2013, 『애월읍 역사문화지』, 55쪽.

마을에는 신엄리를 시작으로 애월리, 곽지리, 금성리, 고내리, 구엄리, 중엄리, 하귀1리 및 하귀2리 등 9개 마을이 포함되고, 중산간 마을에는 봉성리를 시작으로 어음1리, 어음2리, 납읍리, 상가리, 하가리, 용흥리, 상귀리, 수산리, 소길리, 장전리, 유수암리, 고성1리, 고성2리, 광령1리, 광령2리 및 광령3리 등 17개 마을이 포함된다. 이러한 사실로 볼 때, 1970년대까지 전통사회가 제대로 유지되던 시기에는 애월면(읍) 지역에 바다나 해안에 의존하던 해안 마을보다 중산간 마을이 훨씬 많았음을 알 수 있다.

신엄리의 입지적 환경을 살펴보면, 바다에 면하는 해안 마을의 특성이 잘 반영되는 가운데 마을길이나 농로를 포함한 택지(대지)를 차지하는 지구는 거의 해발고도 20~50m 사이에 포함된다(표2). 일단 해발고도 상으로는 신엄리의 입지적 환경이 제주도의 여러 해안 마을이나 애월읍의 여러 마을과 비교해 볼 때 상대적으로 우위에 있다고 말할 수는 없으나, 그렇다고 해서 열악하다고 평가하기도 어렵다. 특히 이러한 평가의 기저에는 자연 의존도가 높은 1970년대 이전의 생활상이 깔려 있으며, 당시 마을 주민들의 식수 구득과 관련하여 다소 부정적인 평가가 나올 수 있다고 본다. 과거 해안으로부터 용천수('노꼬물' 또는 '녹고물')를 이용하던 시기에 신엄리는 주택이 밀집된 지구에서 용천수까지는 무거운 물허벅을 등에 지고 적어도 20~30분 정도의 거리를 왕복해야 했기 때문이다. 더욱이 신엄리 주민들의 주요 식수였던 '노꼬물'이 위치하는 지점에서 마을 내부까지는 완만하지만, 경사지를 오르내려야 하는 상황이었기에 더욱 고통스러웠다. 그리고 신엄리는 식수용으로 사용하는 '노꼬물'과 '남도리물(ㄷ물)' 외에 다른 대체 식수원이 전혀 없었다는 사실이 마을 주민들의 생활을 더욱 어렵게 만들었다.

이러한 배경은 〈표 2〉에서도 여실히 드러난다. 애월읍 내의 여러 해안 마을의 경우를 살펴보면, 주택 밀집 지구의 해발고도 차는 서로 조금씩 차이를 나타내지만, 그래도 해발고도가 낮은 마을은 5m 이하로 애월리(4m)를 비롯하여 금성리(5m), 고내리(2m), 구엄리(3m), 하귀1리(3m) 및 하귀2리(2m)가 보이며, 나아가 5~10m 사이를 보이는 마을로서 곽지리(8m)와 중엄리(10m)가 뒤를 잇고 있다. 이에 비하면, 신엄리는 주택 밀집 지구의 해발고도 차가 가장 낮은 지구라 하더라도 약

〈**표 2**〉 애월읍 소속 마을의 해발고도와 마을 성격

마을 명 (자연마을 수)	해발고도(m)	마을 성격	마을 명 (자연마을 수)	해발고도(m)	마을 성격
애월리(4)	4~14	해안 마을	상가리(3)	75~105	중산간 마을
곽지리(2)	8~38	해안 마을	하가리(1)	55~75	중산간 마을
금성리(2)	5~20	해안 마을	용흥리(2)	70~85	중산간 마을
고내리(2)	2~20	해안 마을	상귀리(3)	50~90	중산간 마을
신엄리(3)	20~47	해안 마을	수산리(4)	37~120	중산간 마을
중엄리(1)	10~30	해안 마을	소길리(1)	170~190	중산간 마을
구엄리(3)	3~35	해안 마을	장전리(2)	120~160	중산간 마을
하귀1리(5)	3~15	해안 마을	유수암리(3)	205~335	중산간 마을
하귀2리(5)	2~50	해안 마을	고성1리(1)	120~130	중산간 마을
봉성리(6)	60~100 555~565*	중산간 마을	고성2리(1)	280~310	중산간 마을
어음1리(2)	110~170	중산간 마을	광령1리(3)	125~230	중산간 마을
어음2리(2)	190~230	중산간 마을	광령2리(1)	190~210	중산간 마을
납읍리(3)	65~90	중산간 마을	광령3리(1)	95~130	중산간 마을

주: 해발고도는 지형도상에서 마을별 주택이 가장 밀집된 지구를 중심으로 계측한 자료이며, 봉성리의 * 표시는 화전동을 나타냄.

출처: 제주특별자치도·제주특별자치도문화원연합회, 2013, 『애월읍 역사문화지』 56쪽.

20m를 보인다. 이러한 사실은 과거에 신엄리 마을 여성들이 식수를 길러 다니는 왕복 구간의 고도차를 극복하기 위하여 상당히 고생할 수밖에 없다는 배경이 되었다. 제주도 내의 해안지구에서 평소 10m 의 고도차를 이겨내야 하는 일상생활은 그리 만만하지 않다. 이 점은 일상생활에서 경험해 본 사람이면 쉽게 이해할 수 있는 대목이다.

한편 2020년대 시점에서 신엄리의 입지적 환경을 평가한다면, 주변 지역의 여러 마을과 비교해 볼 때 상대적으로 우위에 있다고 평가해도 좋을 것이다. 먼저 남북 방향인 1132번 지방도(일주서로)를 기점으로 보면, 마을 내 택지가 밀집된 시커리와 큰동네, 동삭거리를 지나 바다로 향하면서 아주 완만하게 경사진 지형적 특성을 보인다. 1970년대까지의 마을 생활에서는 오히려 걸림돌이었던 지형적 조건이 시대가 바뀌면서 오히려 많은 택지가 조성될 수 있는 긍정적인 환경으로 작동되고 있다. 동서 방향으로도 중엄리와 고내리로 이어지는 구간에 특별히 생활에 걸림돌이 되는 악지(惡地)는 존재하지 않으며, 택지와 경지가 평탄하게 이어질 수 있는 배경을 제공한다. 이러한 사실은 신엄리 지경에 오름이나 하천이 단 한 개도 없다는 사실을 전제하면 쉽게 이해할 수 있다. 다시 말하면, 화산지형에서 오름이나 하천과 같은 일차적인 지형 요소가 없다는 사실은 결과적으로 평탄지나 저지대가 연결될 수 있는 배경을 제공하는 것이기 때문에 일반적인 삶터를 꾸리는 데는 더없이 좋은 조건을 제공하는 것으로 평가할 수 있다. 물론 여기서 오름과 같은 지형 요소가 마을 내에 위치한다면, 다른 마을의 사례와 같이 공동묘지나 공동목장 등 공동자원(共同資源)으로 활용할 수도 있는 실체가 되기 때문에 긍정적인 측면이 존재하는 것도 사실이다. 그렇다손 치더라도 오름과 같은 자연요소는 마을 주민의 힘으로 설치한다거나 아니면 행정기관의 도움으로 자리 잡게 할 수 있는 것이 아니기에, 원래의 존재 여부에 따라서 얼마든지 긍정적 혹은 부정적 해석도 가능하다. 따라서 여기서는 그에 대한 논의는 접어두고자 한다.

오늘날과 같이 교통이 발달한 상황 속에서는 마을의 입지적 조건을 조금 다른 각도에서 살펴볼 수도 있다. 신엄리사무소(1063번지)를 기준으로 볼 때, 일상생활에서 필요한 기관이나 여러 장소, 지점 사이를 보면 도보로는 직선거리로 짧으면 약 3~10분 거리, 먼 거리라도 약 14~23분 거리에 위치한다(그림2). 물론 직선거리로 측정한 값이기 때문에 다소의 오차가 발생할 수 있다. 실제의 사례를 도보 기준(직선거리)으로 보면, 신엄리사무소와 신엄중학교(입구)까지는 3분(남동 방향), 마을 내 마트까지는 5분(남서 방향), 인접 마을인 중엄리 마을 내 사거리(중심지)까지는 6분(정동 방향), 그리고 마을 내 노꼬물(또는 해녀의 집, 정북 방향)과 중엄리사무소까지는 7분(동남 방향), 윤남못 근처의 신엄 빌라까지는 8분(정남 방향), 구엄초등학교까지는 10분(동남 방향), 구엄리사무소까지는 14분(동북 방향), 남두연대까지는 15분(북서 방향), 남도리포구까지는 23분(정서 방향) 등으로 나타난다. 이와 더불어 상위기관인 애월읍사무소의 경우는 자동차로 불과 15분 남짓의 거리를

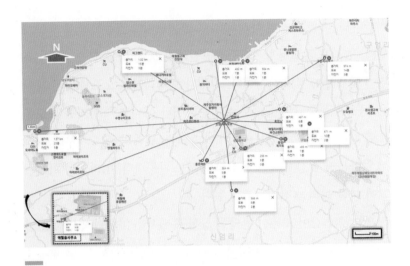

〈그림 2〉 신엄리사무소를 기준으로 본 여러 공공장소(지점)의 물리적 거리(2023. 7.).
출처: Daum[https://map.kakao.com] 위성지도를 바탕으로 재구성.

보인다. 이처럼 일상생활에서 필요한 공공기관을 비롯한 마을 내의
여러 시설, 그리고 필요한 여러 공공장소나 목표 지점까지의 물리적
거리는 큰 불편함을 느낄 수 없을 정도로 짧은 거리를 유지하고 있
다. 따라서 1970년대 이전과 비교해볼 때 상대적인 입지적 조건은
아주 유리해졌다고 말할 수 있다.

이러한 사실은 최근 약 20여 년(2003~2022년)에 걸친 신엄리 인구증
가의 양상을 보면 더욱 확실해진다. 2003년 이후 신엄리 인구증감의
경향성은 일부 연도에서 다소 감소한 사실도 눈에 띄지만, 전반적으
로는 계속해서 증가하는 상황을 보인다. 실제로 2003년 1,081명이

었던 신엄리 인구수는 2012년에 1,167명으로 증가하였고, 2022년에는 1,829명으로 2012년에 대비해 볼 때 더욱 가파르게 증가하는 상황을 보인다. 따라서 신엄리의 입지적 특성은 주변의 다른 마을과 비교할 때 상대적으로 비교우위(比較優位)에 있는 것으로 이해할 수 있다. 다시 말하면, 신엄리 인구수의 증가는 제주시 중심부로부터 비교적 가까운 거리를 유지하고 있는 데다가 시간의 흐름과 더불어 빼어난 해안 경관이 널리 알려지는 호기(好期)를 맞이하면서 거주환경과 상업활동을 위한 입지 조건의 탁월성을 인식하는 이주민(移住民)들이 많아진 배경과 깊게 관련된다.

용천수의 관점에서 본
고향 마을의 특성

용천수(산물 또는 ᄃᆞᆯ물)는 특정 마을을 형성하는 데 아주 중요한 역할을 담당한다. 특히 해안 마을의 경우에는 용천수가 몇 개인지, 그리고 용천수의 수량이 얼마나 되는지에 따라 마을의 크기(인구)가 달라지고 마을 세력(勢力)이 달라지기도 했다. [1] 1970년대 이전에는 일

---

1)   정광중, 2016, 「제주도 생활문화의 특성과 용천수 수변공간의 가치 탐색」, 『국토지리학회지』 50(3), 265쪽.

상생활에서의 식수는 물론이고 빨랫물과 목욕물 그리고 가축 급수용 등 여러 용도의 물이 절대적으로 필요했던 만큼 용천수나 봉천수가 한 마을의 형성과 성장에 큰 역할을 담당했던 배경을 충분히 이해할 수 있다.

신엄리에는 6개의 용천수가 있다(그림3, 사진2). 이들 중에서 식수용으로 마을 여성들이 자주 이용하던 용천수는 '노꼬물'과 '남도리물(도물'이다. 그렇지만 남도리물의 경우에는 특별한 상황이 아니라면, 웬만해서는 식수용으로 이용하지 않았다. 그 이유는 마을과의 거리도 멀거니와 마을까지의 경사도도 노꼬물보다 더 심하기 때문이다. 물

〈그림 3〉 여러 용천수의 위치(2023. 8.). 출처: Naver 위성사진을 바탕으로 재구성.

허벅을 등에 지고 마을까지 이동하기란 좀처럼 쉽지 않았다. 따라서 남도리물은 그 주변에 농경지를 소유한 가정에서 간혹 사용하는 정도였다. 그리고 남도리물을 식수용으로 이용하는 마을 주민은 상대적으로 거리가 가까운 섯동네 주민인 경우가 많았다. 일반적으로도 마을 주민들은 남도리물 자체를 평상시의 식수용 물로 생각하지 않았기 때문에, 물이 있는 주변부에 물허벅과 물구덕을 내려놓거나 올려놓는 물팡 시설도 없었다.

그래서 남도리물은 여름철에 주로 남성들이 목욕용으로 자주 사용하였으며, 더불어 마을 내 고기잡이하는 사람들도 자주 이용하던 물이었다. 1970년대 전후한 시기에 신엄리에는 '낚배'가 6~7척 정도 운영되고 있었다. 어부들은 여름철이나 가을철 고기잡이가 끝나고 나면, 여러 가지 어로 도구를 정리·정비하거나 몸을 깨끗이 하는 데 남도리물을 긴요하게 이용하였다. 2개의 남도리물 중에서 남도리 큰물은 여름철에 남성들이 주로 이용하던 용천수였지만, 서쪽으로 조금 떨어진 남도리 족은물은 일부 여성들이 사용하는 목욕용 물로 구분되고 있었다. 서쪽으로 다소 치우쳐 위치하는 족은물은 용출량도 아주 미미하고 또한 집수시설이나 보호시설 등이 없었지만, 용출량이 많은 큰물에서 약 50~60m 떨어져 있던 관계로 노년층 여성들이 자주 사용하곤 하였다.

남도리물(큰물)은 용암류 경계에서 물이 흘러나오는 지점을 중심으로 1차와 2차로 칸을 구분하여 물을 달리 사용할 수 있도록 하였다(**사진 2**의 남도리물). 물이 흘러나오는 지점은 일차적으로 깨끗한 물이 모일 수 있도록 작은 타원형으로 큰 돌과 작은 돌로 에워싼 후 목이 마를 때면 직접 얼굴을 수면에 갖다 대어 마시거나 두 손으로 물을 떠서 마셨다. 물론 이 작은 물통 안에서 얼굴을 씻거나 손발을 씻는 것은 허락되지 않았고, 혹시라도 손발을 담그거나 얼굴을 씻다가 어른들한테 들키는 날이면 불호령이 떨어지곤 했다. 남도리물(큰물)은 이차로 구획된 두 번째 칸도 큰 타원형을 이루도록 하여 첫 번째 칸에서 흘러나온 물을 여러 용도로 사용할 수 있도록 하였다. 두 번째 칸에 고인 물은 잠시 체류하다가 다시 밖으로 빠져나가면서 바닷물과 합류하는 상황이 된다. 더불어 남도리물(큰물)은 밀물이 되면 바닷

〈**사진 2**〉 여러 용천수의 모습(2008. 7. / 2014. 12.).

물 속에 잠기게 되어 썰물이 되기 전까지는 전혀 사용할 수 없었지만, 여름철 신엄리 남성들에게 더없는 목욕 장소이자 대화 장소였다고 할 수 있다.

해식동굴 안에서 솟아나는 암무기물도 남도리물(큰물)처럼 여름철에 주로 남성들의 떡 감기 장소이자 물놀이장이었다. 그런데 암무기물은 어린아이들한테는 접근하기 어려운 장소이기에 마을 안에서는 주로 남자 어른들만 즐길 수 있는 물놀이 공간으로 인식되고 있었다. 실제로 암무기물의 접근로는 가파른 해식단애(海蝕斷崖)의 일부를 깎아서 벼랑길을 만들었기 때문에, 여성들이나 아이들이 통행하기에는 상당한 어려움이 뒤따른다. 더불어 용천수가 나오는 수변공간까지의 접근도 여러 겹의 험악한 용암 암반을 헤치듯 통과해야 하기 때문에 암무기물은 특히 어린아이들에게는 큰 위험이 뒤따르는 용천수였다.

신엄리의 성인 남성들은 무더위가 쏟아지는 여름철이면 해수욕과 더불어 휴식을 즐기는 장소로 암무기물을 자주 찾았다(사진 3). 암무기물은 해식동굴의 안쪽 하단부에서 솟아나는 용천수이기 때문에, 물의 온도가 상당히 낮아서 한여름철 더위를 식히기에는 더없이 좋은 조건을 갖추고 있었다. 그러나 암무기물은 밀물이 들어오기 시작하면 원래의 출입구로 빠져나올 수 없어서, 간혹 해식동굴의 안쪽 벽을 타고 밖으로 나와야 하는 아주 위험한 상황이 되기도 한다.

암무기물에서 조금 떨어진 소물도 성인 남성이 주로 이용했지만,

〈사진 3〉 과거 암무기물 주변에서 휴식을 취하고 있는 마을 남성들.
출처: 신엄리사무소 제공(2023. 6.)

어린아이들을 동반하여 자주 찾는 물놀이장이었다(**사진 2**의 '소물' 참조).
그만큼 소물은 어른이든 아이든 접근하는 데 별문제 없는 좋은 멱 감
기 장소였다. 한 가지 아쉬운 점은 바로 인접하는 두 군데의 노꼬물
에 비하면 용출량이 아주 적다는 것이다. 그래서 일단 용출구에서 솟
아 나온 물을 길쭉하게 만든 2개의 칸에 오랫동안 고이게 한 후에 바
다 쪽으로 흘러나가도록 구안한 것이 특징이다. 이처럼 원래의 용출
량이 다소 적더라도, 일정한 시간이 흐르면 자동으로 2개의 칸에 물
이 넉넉하게 많이 고이도록 장치되어 있었고, 또한 칸 구획 자체도
사람들이 좌우 양쪽에서 물을 이용할 수 있도록 하였기에 목욕물로
이용하는 데는 별반 큰 문제가 없었다.

소물은 용천수가 흘러나오는 지점이 물웅덩이를 이루어서 '소(沼)'
물인지, 아니면 용출량이 적어서 '소(少)' 물인지는 정확히 알 수 없다.

정황적으로 볼 때도 두 가지가 모두 해당하는 상황이어서 추단(推斷)하기는 다소 어렵다.[2] 그러나 2개의 칸으로 구획한 점이나 용천수의 양이 적은 점을 배경으로 고려해 볼 때 후자일 가능성이 크다. 이런 사실은 어릴 적 조부(祖父)로부터 "아이고, 소나이 목욕탕(소물)은 물이 족아노난 소물이엔 헐 수밖에 어서!(어이구, 남자 목욕탕은 물이 적으니까 소물이라고 할 수밖에 없어!)"라는 말을 간혹 접했던 기억과도 맥락이 닿는다.

이어서 신엄리의 대표 용천수인 노꼬물에 대해 정리해 보자. 의심할 여지도 없이, 노꼬물은 신엄리의 중심 용천수이다. 만약에 노꼬물이 없었다면, 신엄리 주민들의 생활은 정말 녹록지 않았을 것이다. 주변의 다른 해안 마을과 비교하면, 마을 내 주택가와 노꼬물 사이의 거리는 꽤 먼 편이고 또 시간도 더 걸리기는 했지만, 그래도 신엄리 주민들에게 노꼬물은 없어서는 안 될 소중한 생명수였음이 분명했다. 결과적으로 생각해보면, 신엄리 주민들에게는 노꼬물 외에 식수를 구할 수 있는 특별한 대책이 없었다고 봐야 할 것이다.

그렇다고 신엄리 주민들이 노꼬물을 쉽게 이용할 수 있는 상황도

---

[2] 일부 마을 주민 중에서는 1970년대 이전부터 주변에서 방목하던 소들이 가끔 물을 마셨기 때문에, '소(牛)'물일 수 있다는 지적이 있었다. 그러나 이 경우에는 제주어로 '쇠물'로 표현해야 옳기 때문에, 타당성은 매우 적어 보이는 것으로 판단된다. 실제로 '소물'을 '쇠물'이라 말하는 마을 주민은 전혀 없었다.

아니었다. 앞에서 서술한 것처럼, 노꼬물을 식수로 이용하려면 가파른 동산길(노꼬물질)을 20~30분씩 오르내려야 했기 때문에, 오래전부터 신엄리 주민들은 식수 확보 문제로 많은 고민과 고생을 겪어야만 했다. 이러한 식수 확보의 어려움을 해소하기 위하여 신엄리 주민들은 개빗빌레 지구(당시 정동식 씨 소유의 밭, 1011-1번지)에 지하수 관정(管井)을 파서 물을 얻고자 하였다.[3] 마을 주민들은 1959년부터 지하수 관정을 파기 시작하여 1960년까지 무려 2년 동안 지하 약 100자(33m) 깊이까지 파 내려갔으나, 결국 물은 나오지 않았다. 그 이후에 박정희 최고회의 의장(당시)의 지시로 노꼬물을 이용한 공동수도(상수도)가 설치되었는데, 특히 공동수도의 통수식(通水式)에는 때마침 박정희 의장이 제주도를 순시하던 시기여서 직접 참석하기도 하였다. 신엄리 주민들이 식수를 얻기 위해 관정을 팠던 곳은 이후에 다시 원상태로 메꾸어 밭으로 이용하다가 지금은 빌라형 주택이 들어서 있다.

노꼬물은 물이 솟는 지점이 두 군데이다(그림 3 참조). 하나는 바닷물과 바로 만나는 지점의 노꼬물(사진 2의 노꼬물 1, 알물)이고, 다른 하나는

---

[3] 신엄리 주민들 사이에서는 식수를 얻기 위해 2년 가까이 지하수 관정을 팠던 이야기가 지금까지도 전설처럼 회자되고 있으며, 특히 70대 이상의 남성 주민들에게는 아주 회한의 일처럼 거론되기도 한다.

30여 m 남쪽으로 떨어진 지점의 노꼬물이다(사진 2의 노꼬물 2, 웃물). 바다와 바로 만나는 노꼬물(알물)은 물이 솟아나는 지점, 즉 거대한 용암 암반의 경계층을 기준으로 거의 정사각형의 물 가두기 통을 만들어서 사용하였다. 물 가두기 통의 가장자리는 현무암을 깔끔하게 깎아 만든 판석을 사용하였으며, 판석 사이에는 시멘트 모르타르를 사용하여 틈새를 메꾸어 쉽게 물이 빠져나가지 못하도록 하였다. 그러나 노꼬물(알물)은 밀물이 어느 정도 차오르기 시작하면 용천수가 솟아나는 지점을 바닷물이 뒤덮는 형국이 된다. 결국 밀물이 차오르면 노꼬물(알물)은 식수로는 이용할 수 없는 상황이 되고, 다시 썰물이 될 때까지 기다려야만 했다.

그런데 노꼬물(알물)에서 30m 정도 남쪽 지구에 떨어져 있으면서, 다소 높은 장소에 자리 잡은 노꼬물(웃물)은 상황이 아주 좋은 편이다. 사리 밀물 때가 아니면 노꼬물(웃물)은 언제든지 식수를 길어갈 수 있는 용천수였다. 그래서 노꼬물(웃물)에는 물허벅과 물구덕을 내려놓을 수 있는 물팡이 길게 연결되어 있기도 했다. 언제든지 여러 사람이 동시에 물을 길어갈 수 있도록 구안한 것이다.

노꼬물(웃물)은 기본적으로 식수를 얻기 위한 용천수이지만, 빨래터이기도 하고 또 여성들만의 목욕장이기도 했다. 노꼬물(웃물)은 물이 솟아나는 지점을 중심으로 시멘트 모르타르로 방형의 공간을 만들어 이물질이 들어가지 못하도록 하였으며, 내부의 아래쪽에는 일차로 잠시 고였던 물이 밖으로 흘러나오도록 하였다. 그리고 방형 공간에서 흘러나온 물은 2개의 칸으로 나누어진 좌우 양쪽의 수변 공간에서 물을 길어갈 수 있도록 조치하였다. 2차로 물이 고이는 이 수변공간은 사실상 모든 사람이 암반에서 흘러나온 물을 식수로 길어갈 수 있는 장소였다. 따라서 이 수변공간에서는 얼굴과 손을 씻거나 머리를 감는 행위가 용납되지 않았다.

식수로 사용하는 작은 수변공간에 바로 이어서 다시 3차로 수변공간이 길게 마련되어 있었다. 큰 암석으로 수변공간을 구분해 놓았지만, 물은 아래쪽에서 계속 흘러나가도록 조치하였기 때문에 갑자기 물이 더러워지거나 물의 양이 줄어들거나 하는 일은 결코 없었다. 3차로 마련된 수변공간은 빨래터로 이용하거나 여성들이 자유롭게 멱을 감는 공간이었다. 더불어 3차 수변공간도 좌우 양쪽에서 접근하여 빨래나 목욕 등을 할 수 있어서, 적어도 10명 이상이 한 번에 물을 사용할 수 있는 넓은 공간이었다. 노꼬물(웃물)은 출입구에서 물을 이용하는 장소(수변공간)까지의 거리가 약 10m로 경사지면서 이어지는 가운데 수변공간의 한쪽 방향은 사람들이 왕래하는 길가로부터 지형적으로 가려지는 형국이었기 때문에 신엄리 여성들에게는 천국과도 같은 물놀이 장소이기도 했다.

노꼬물은 후에 마을 공동수도용으로 개발되어 이용되기도 했다. 해안가의 노꼬물을 수중 모터로 끌어올려서 한길가(일주서로 변의 마을 우측 입구)에 높게 세운 물탱크(배수탑)에 저장한 후 여러 가정으로 급수하는 형태였다(사진 4). 그 당시 노꼬물과 물탱크까지 물을 끌어 올리

<사진 4> 물탱크의 과거와 현재 모습. 출처: 신엄리사무소 제공(2023. 6. / 2023. 5.).

는 송수관과 8개의 공동수도로 이어지는 배수관은 북제주군청의 도
움을 받아서 설치되었다(사진5). 애당초 섯동네에는 공동수도가 설치
되지 않았기 때문에 주민들은 비교적 먼 거리를 이동하여 '큰동네'의
공동수도를 이용하는 상황이었는데, 1~2년 후에 한 재일교포의 재
정적 지원으로 섯동네에도 공동수도가 두 군데 설치되기에 이르렀
다. 이들 공동수도는 약 10여 년간 이용되다가 1973년을 전후한 시
기에 가구마다 개별 수도가 들어오면서 노꼬물의 이용 시대 또한 막
을 내리게 되었다.

1961년 이후 신엄리의 물탱크(배수탑) 축조와 함께 이듬해부터 공
동수도로 급수하던 배경에 대해서는 당시 지역신문인《제주신보》(濟

〈사진 5〉 과거 공동수도의 이용 모습과 공동수도 터.
출처: 신엄리사무소 제공(2023. 5. / 2014. 12. / 2023. 5.).

州新報)의 주요 기사(1962년 11월 1일자)로도 다루어지고 있다.⁴⁾ 그 내용
을 요약하면 아래와 같다.

> … (전략) 또 애월면 신엄에는 해안가 자연용천(湧泉)을 수원으로 하여
> 일단 배수탑까지 양수하여 그곳에서 8개의 수도전으로 보내졌다. 공사
> 비는 1백 17만 원으로 중앙건설이 시공하였다. … (후략)

---

4)   제주도, 1997,『도제 50년 제주실록』, 제주도, 253쪽(『제주신보』 1962년 11월
     2일자 기사).

이상의 신문 기사에서 확인할 수 있듯이, 당시 신엄리 주민들의 식수 공급을 위한 공동수도는 용천수가 솟아나는 노꼬물에서 한길가(일주서로) 배수탑(물탱크)까지의 송수관과 8개의 공동 급수장으로 이어지는 배수관 그리고 수도전(水道栓) 시설 등과 관련된 특별 경비(117만 원)를 사용한 결과로 얻어진 것이라 할 수 있다. 안타깝게도 한길가에 우뚝 솟아있던 배수탑의 물탱크는 약 23~24년 전(1999년 전후)에 헐려 사라져버렸고, 오늘날 그 자리는 신엄리 표석이 자리 잡고 있다(사진 4의 물탱크 자리).

행정구역의 변천과
고향 마을의 인구 변화

고향 마을을 중심으로 본 행정구역의 변천사

신엄리(新嚴里)를 중심으로 본 행정구역의 변천사는 어떻게 정리할 수 있을까. 사실상 하나의 마을을 단위로 하여 행정구역의 변천사를 논의한다는 것은 큰 의미가 없다고 여겨질 수도 있지만, 상대적으로 좁은 지역을 사례로 검토해 보면 상황에 따라서는 해당 마을의 예상치 못한 생활 역사나 문화적 특성을 엿볼 수도 있다. 이러한 취지를 바탕으로, 신엄리를 중심에 놓고 행정구역의 변천사를 정리해 보고자 한다.

오늘날 신엄리는 법정리(法定里)와 행정리(行政里)의 지위를 가지고 있지만, 법정리에서는 인접하는 중엄리(中嚴里)와 용흥리(龍興里)를 껴안고 있는 형국이기 때문에 이들 마을을 방문하는 사람들은 물론이고 세 마을에 거주하는 주민들조차도 간혹 불편을 느끼는 것이 사실이다. 이러한 상황은 오래전부터 신엄리의 인구가 증가하며 주변 지구로 주거지가 확산하는 과정에서 행정구역의 재편과정이 계속 진행돼왔기 때문이다. 한마디로 요약하자면, 행정구역의 변천사와 밀접하게 연관되어 있는 것이다.

신엄리의 옛 이름은 여러 어른이 전하는 이야기나 혹은 이전에 조사한 오창명 교수의 연구 결과에 따르면, '엄쟁이(嚴莊里)' 또는 '새엄쟁이(新嚴莊里)'로 정리된다.[5] 괄호 속의 '리(里)'가 붙는 한자어의 마을 이름은 특히 면리제(面里制)가 시행된 조선 시대 후기(특히 17C 말)에 이르러서 본격적으로 사용했을 것으로 판단된다. 따라서 신엄리 주민들은 물론이고 주변 지역의 주민들은 일반적으로 '엄쟁이'와 '새엄쟁이'로 통용되었다고 볼 수 있다.

오늘날의 신엄리는 앞에서 검토한 '엄쟁이'라는 마을 이름에서 확

---

5)   오창명, 2007, 『제주도 마을 이름의 종합적 연구 I 』(행정명사·제주시 편), 제주대학교출판부, 233쪽.

인할 수 있는 것처럼, 원래는 '엄쟁이'로 불리다가 새롭게 분리되면서 '새엄쟁이'가 된 것으로 보인다. 따라서 신엄리의 원촌(原村) 또는 모촌(母村)은 '엄쟁이'가 될 수밖에 없으며, 여기서 '엄쟁이'는 신엄리, 중엄리(中嚴里) 및 구엄리(舊嚴里)를 포함하는 이름이다. 3개의 마을로 분리(分里)되기 이전에는 개별 마을의 경계선은 없었다. 그리고 마을의 형성과정이나 확산과정에서 이른 시기의 설촌(設村)은 물론이고 중심지 역할을 한 마을은 오늘날의 구엄리이다. 이 점은 여러 고문헌과 고지도 등을 통해서 충분히 입증되는 상황이다(표 3).

오늘날의 신엄리는 15C 전반 이전에 남두연대(南頭煙臺)가 설치되어 운영되었다는 주장을 근거로 보자면,[6] 그 이전부터 구엄리의 서쪽 지구로 많은 사람이 이동하고 동시에 주거지를 마련하면서 새로운 마을로 자리 잡게 된 것으로 추정된다. 그렇다고 해서 신엄리 지경에 처음으로 사람들이 거주하기 시작한 시기가 구엄리에서 분리되는 시기라는 것은 아니다. 마을의 형성이나 주거지 확산과는 관계없이 선구자적인 안목으로 넓은 농경지를 차지하면서 몇몇 사람들이 먼저 들어와 거주하는 것은 얼마든지 가능하기 때문이다. 단지, 그러한 상황을 입증할 수 있는 물적 증거(유물)나 관련 문헌을 발굴하

---

6)   제주특별자치도·제주특별자치도문화원연합회, 2013, 『애월읍 역사문화지』, 303쪽.

〈표 3〉 신엄리를 중심으로 본 행정구역의 변천 과정

시기·연도	구체적인 내용	출처와 관련 사항
고려시대	- 애월읍 지역에 제주의 속현 중 하나인 애월현(涯月縣), 귀일현(貴日縣), 고내현(高內縣), 곽지현(郭支縣)이 설치됨	• 『新增東國輿地勝覽』(1530) • 이 시대에 '엄장(嚴莊)'이나'엄장리(嚴莊里)'의 기록은 안 보임
1679~1680년	- 『남사일록』에 엄장포(嚴莊浦), 남두포(南頭浦), 남두연대(南頭煙臺)가 등장	• 『南槎日錄』(李增, 1679~1680)
17C 말	- 「탐라도」에 엄장포(嚴莊浦), 엄장리(嚴莊里), 남두연대(南頭煙臺)가 등장	• 「耽羅圖」(17C 말)에는 귀일리, 군랑촌, 수산촌, 嚴莊里, 장전촌, 고내리, 애월촌, 모슬촌(금성리), 곽지리, 납읍촌, 부면촌(어음1리), 가락촌, 어음비리(어음2리), 우로촌(소길리), 유수암촌, 항파촌(고성리), 광령촌, 유신리(광령2리), 감은덕촌(유수암리), 도내산리(봉성리) 등 20개 마을이 등장
1703년	- 『탐라순력도』의 「한라장촉」에 엄장포(嚴莊浦)가 등장 - 「한라장촉」에 지명은 표기되어 있지 않으나, '嚴莊浦'라는 글자 바로 위에 남두연대(南頭煙臺)가 검은 사각 점으로 표기되어 나타남	• 『耽羅巡歷圖』의 「漢拏莊瞩」(李衡祥, 1703)
1704년	- 『남환박물』(지문)에 엄장면(嚴壯面)이 등장	• 『南宦博物』(李衡祥, 1704)
1709년	- 「탐라지도」에 엄장리(嚴莊里)와 엄장포(嚴莊浦)가 등장	• 「耽羅地圖」(1709)
18C 초·중반	- 「제주삼읍도총지도」에 신엄장촌(新嚴莊村), 엄장포(嚴莊浦)가 등장	• 「濟州三邑都摠地圖」(1734~1755)
18C 중반(미상)	- 『탐라방영총람』(방리)에 신엄장리(新嚴莊里)와 남두연대(南頭煙臺)가 등장	• 『耽羅防營摠覽』(坊里, 右面)(18C 중반, 미상)

시기·연도	구체적인 내용	출처와 관련 사항
18C 중·후반	- 오늘날의 애월읍이 제주목 우면(右面)에 속했다가 우면이 구우면(舊右面)과 신우면(新右面)으로 나뉠 때 애월읍은 신우면에 소속됨 - 당시 신우면에는 귀일면(貴日面), 엄장면(嚴莊面), 애월면(涯月面) 등 3개의 작은 면을 두었음 - 『증보탐라지』(제주목, 면촌·과원)에 신엄장(新嚴莊)과 엄쟁이과원이 등장	• 『增補耽羅誌』(尹蓍東, 18C 중후반)에는 당시 貴日面에 하귀일, 상귀일, 유신동(광령2리), 광령(광령1리) 등 4개 마을이, 嚴莊面에는 구엄장(구엄), 중엄장(중엄), 新嚴莊(신엄), 수산, 신금물덕(유수암), 우로(소길), 장전 등 7개 마을이, 涯月面에는 애월, 고내, 하가락(하가), 상가락(상가), 납읍, 어음(어음2리), 부면(어음1리), 어도내산(봉성), 모슬포(금성), 곽지 등 10개 마을이 소속 • 『增補耽羅誌』(濟州牧, 果園)에 엄장남과원(嚴莊南果園), 엄장중과원(嚴莊中果園), 엄장북과원(嚴莊北果園) 3곳이 등장
18C 말	- 귀일면(貴日面), 엄장면(嚴莊面), 애월면(涯月面) 등 3개의 작은 면은 귀일면과 애월면 2면으로 조정했다가 다시 신우면(新右面) 하나로 병합됨 - 『제주읍지』에 신엄장리(新嚴莊里), 남두연대(南頭煙臺)가 등장 - 『호구총수』에 신엄장리(新嚴莊里)가 등장	• 『濟州邑誌』(1785~1793)에는 상귀일리, 하귀일리, 광령리, 유신동리(광령리), 新嚴莊里, 구엄장리, 중엄장리, 장전리, 고성리, 수산리, 금물덕리(유수암리), 우로리(소길리), 고내리, 애월리, 상가락리, 하가락리, 납읍리, 부면리(어음1리), 어음비리(어음2리), 곽지리, 어도내리(봉성리), 모슬포리(금성리) 등 22개 마을이 소속 • 『戶口總數』(1789)에는 貴日面에 상귀일리, 하귀일리, 광령리, 유신동리(광령2리), 고성리, 구엄장리, 중엄장리, 新嚴莊里, 수산리, 장전리, 우로리(소길리), 금물덕리(유수암리) 등 12개 마을이, 涯月面에는 애월리, 고내리, 하가락리, 상가락리, 납읍리, 부면리(어음1리), 어음비리(어음2리), 오도내산리(봉성리), 모슬포리(금성리) 등 10개 마을이 소속
18C 말~1930년대 중반	- 애월읍 지역의 여러 마을은 신우면(新右面)으로 병합된 이후, 제주목(濟州牧) 신우면 또는 제주군(濟州郡) 신우면, 제주도(濟州島) 신우면으로 소속이 변경됨	-

시기·연도	구체적인 내용	출처와 관련 사항
1841년	- 『탐라지초본』에는 신엄리 지경의 '과원 목이'에 엄쟁이 과원이 등장	• 『耽羅誌草本』(李源祚, 1841)에는 엄장중과원(嚴莊中果園), 엄장남과원(嚴莊南果園) 및 엄장북과원(嚴莊北果園) 등 3곳이 등장
1872년	- 신우면에는 20개 마을이 소속 - 「제주삼읍전도』에 신엄리(新嚴里)로 등장	• 「濟州三邑全圖』(1872)에는 동광리(광령1리), 서광리(광령2리), 상귀리, 하귀리, 수산리, 구엄리, 중엄리, 新嚴里, 하가리, 상가리, 고내리, 애월리, 곽지리, 납읍리, 어도리(봉성리), 부면리(어음1리), 어음리(어음2리), 금덕리(유수암리), 장전리, 신덕리(유수암리) 등 20개 마을이 등장 • 대략 이 시기부터 신엄장리(新嚴莊里)에서 신엄리(新嚴里)로 '리명(里名)'이 변경된 것으로 확인됨
1899년	- 『제주군읍지』(제주지도)에 신엄리(新嚴里)로 등장	• 『濟州郡邑誌』(1899)에 수록된 제주지도
1904년	- 『삼군호구가간총책』에 신엄(新嚴)이 등장 - 구엄과 중엄도 분리된 상태로 등장	• 『三郡戶口家間摠冊』(1904)에는 하귀, 상귀, 고성, 광령, 구엄, 중엄, 新嚴, 수산, 장전, 소길, 금덕, 고내, 애월, 하가, 상가, 납읍, 어도, 어음, 곽지, 금성 등 20개 마을이 소속
1905년	- 중엄리가 신엄리에 병합됨	• 『애월읍 역사문화지』(2013)
1914년 3월	- 면 소재지가 신엄리에서 애월리로 변경됨 - 행정구역 폐합 당시 신엄리와 구엄리가 등장	• 1914년 행정구역 폐합 당시 신우면의 마을 수는 19개 리로서, 新嚴里와 舊嚴里만 등장 • 당시 19개 마을은 광령리, 상귀리, 하귀리, 수산리, 新嚴里, 舊嚴里, 장전리, 소길리, 고성리, 상가리, 하가리, 금덕리(유수암리), 고내리, 애월리, 납읍리, 어음리, 곽지리, 금성리, 어도리(봉성리)임[越智唯七, 1917]

시기·연도	구체적인 내용	출처와 관련 사항
1933년 (1934년)	- 리(里) 제도에서 구(區) 제도로 변경과 함께 신엄1구(신엄리)는 신엄2구(중엄리), 신엄3구(용흥리)로 분구(分區)됨	• 중엄리 홈페이지(2023. 5.)
1936년 4월	- 제주도 신우면(新右面)이 제주도(濟州島) 애월면(涯月面)으로 변경됨	• 『애월읍 역사문화지』(2013) • 애월면이란 명칭은 당시 면 소재지가 애월리에 있었기 때문임
1946년 8월	- 도제(道制)와 군제(郡制)가 시행됨에 따라 제주도(濟州道) 북제주군(北齊州郡) 애월면으로 소속이 변경됨	• 제주도(濟州道)가 전라남도에서 분리
1948년	- 신엄1구(신엄리), 신엄2구(중엄리) 및 신엄3구(용흥리)가 다시 신엄리로 합리(合里)됨	• 『애월읍 역사문화지』(2013) • 신엄리 홈페이지(2023. 5.)
1952년 7월	- 신엄리를 신엄리와 중엄리로 분리	• '새가름' 일대를 중엄리라 함 • 당시 애월면은 21개 리(행정리 기준)
1953년	- 신엄리를 신엄리와 용흥리로 분리 - 광령리를 광령1리·광령2리·광령3리로 분리	• 당시 애월면은 23개 리(행정리 기준)
1980년 12월	- 애월면이 애월읍(涯月邑)으로 승격	-
1992년 9월	- 애월읍 신엄리, 중엄리, 용흥리로 존속	• 동귀리와 귀일리를 합해 하귀리로 변경 (22개리)
1993년 4월	- 애월읍 신엄리, 중엄리, 용흥리로 존속	• 어도리를 봉성리로 변경
1995년 1월	- 애월읍 신엄리, 중엄리, 용흥리로 존속	• 하귀리를 하귀1리·하귀2리로 분리(24개 리)
1996년 1월	- 애월읍 신엄리, 중엄리, 용흥리로 존속	• 금덕리를 유수암리로 변경
1998년 1월	- 애월읍 신엄리, 중엄리, 용흥리로 존속	• 고성리를 고성1리·고성2리로 분리(26개 리)

시기·연도	구체적인 내용	출처와 관련 사항
2006년 7월 이후~2023년 6월 현재	- 북제주군 애월읍이 제주시 애월읍으로 소속 변경됨 - 북제주군 애월읍 신엄리에서 제주시 애월읍 신엄리로 소속 변경됨	• 2023년 6월 현재, 신엄리는 제주시 애월읍 소속 24개 법정리 중 하나로, 그리고 26개 행정리 중 하나로 존속

출처: 오창명, 2007, 『제주도 마을 이름의 종합적 연구 Ⅰ』, 231~241쪽; 제주특별자치도·제주특별자치도문화원연합회, 2013, 『애월읍 역사문화지』, 302~316쪽; 北齊州郡·(社)濟州學研究所, 2006, 『北齊州郡 地名 總覽』(上), 33~34쪽; 애월읍 홈페이지(https://www.jejusi.go.kr/town/aewol) 및 신엄리 홈페이지[https://www.jeju.go.kr/vill/sineom/intro/info.html] 등을 참고로 재구성.

〈그림 4〉 신엄리 설촌(設村) 관련 장소(집터) 및 지구(2023. 7.).
출처: Naver 위성사진/ 마을 주민과의 인터뷰 및 『애월읍 역사문화지』(2013) 302쪽 등에 의해 재구성.

기가 쉽지 않을 뿐이다.

현시점에서 신엄리 주민들 사이에서 회자(膾炙)하는 마을 내의 최초 거주지는 〈그림 4〉와 같이 정리할 수 있다. 물론 이 자료가 명확한 근거를 토대로 작성된 것은 아니지만, 신엄리 설촌과 관련하여 최초의 거주 지구를 논의하는 과정에서는 지도에 표시한 4개의 장소를 무시할 수 없는 것도 사실이다. 이 문제는 앞으로 좀 더 치밀하게 연구되어야 할 사안이기에, 여기서는 일단 접어두고자 한다.

오늘날의 신엄리가 문자 그대로 '엄쟁이의 새로운 마을'인 '새엄쟁이ᄆᆞ을(新嚴莊村)'로 분명하게 등장하는 것은 18C 초·중반에 제작된 「제주삼읍도총지도」(濟州三邑都摠地圖)이다. 학계에서는 도면상에 표현된 제주목(濟州牧)의 '향교(鄕校)'와 '사직단(社稷壇)' 등의 표기를 근거로 볼 때, 「제주삼읍도총지도」가 1734~1755년 사이에 만들어진 것으로 보고 있다.[7] 따라서 신엄리의 옛 이름인 '새엄쟁이ᄆᆞ을'이 공식적으로 등장하는 것은 바로 「제주삼읍도총지도」이고, 그 시기는 지금으로부터 약 268~289년 전이라는 사실이 중요하다고 말할 수 있다.

더불어 '새엄쟁이ᄆᆞ을'이라는 마을 이름이 등장하는 것은 아니지만, 「제주삼읍도총지도」보다 더 이른 시기에 쓰인 『남사일록』(南槎日錄)(李增, 1679~1680)에는 엄장포(嚴莊浦)와 엄장리(嚴莊里)라는 지명이 등

---

7)   제주대학교박물관, 2020, 『제주 고지도』(제주에서 세계를 보다), 264쪽.

장하는데, 여기서는 신엄리와 관련된 지명인 '남두포(南頭浦)'와 '남두
연대(南頭煙臺)'가 등장한다는 사실이 중요하다. [8] 이처럼 남두연대가
17C 중·후반에 작성된『남사일록』에 등장하는 것으로 볼 때, 적어도
1680년 이전에 축조된 후 관리돼온 것은 분명한 사실로 확인된다. [9]
그리고 17C 말에 제작된「탐라도」(耽羅圖)나 1703년에 제작된『탐라
순력도』(耽羅巡歷圖) 내의「한라장촉」(漢拏莊矚)에도 남두연대가 표기되
거나 표식(表式)되어 나타난다는 사실을 부언해 두고자 한다.

　　18C 중·후반에 작성된『증보탐라지』(윤시동)에는 신엄리가 '신엄장
(新嚴莊)'으로 등장하여 행정 단위가 '촌(村)'인지 아니면 '리(里)'인지는
불분명하지만 설명문 중에 '합7리(合七里)'로 기록된 점으로 보아, [10]
이 당시는 아마도 '신엄장리(新嚴莊里)'로 편재되었을 가능성을 보여준
다. 1765년에 부임해온 윤시동 목사가 편집했을 것으로 추정되는
『증보탐라지』의 면촌(面村) 항목을 보면, 신우면(新右面)에는 귀일면(貴
日面), 엄장면(嚴莊面) 및 애월면(涯月面) 등 소삼면(小三面)이 있는데, 엄
장면에는 구엄장(舊嚴莊), 중엄장(中嚴莊), 신엄장(新嚴莊), 수산(水山), 신
금물덕(新今勿德: 유수암), 우로(牛路: 소길), 장전(長田) 등 모두 일곱 마을
이라고 정리하고 있다. 더불어『증보탐라지』의 제주목(濟州牧) 과원(果

8)　　金益洙 譯, 2001,『南槎日錄』, 濟州文化院, 171쪽.

9)　　고재원, 2021,『제주의 성담과 방어유적』, 서귀포문화원, 186쪽.

10)　　金永吉 譯, 2016,『國譯 增補耽羅誌』, 濟州特別自治道·濟州文化院, 185쪽.

園) 항목에는 지금의 신엄리 '과원목이' 지경에 '엄장남과원(嚴莊南果園)', '엄장중과원(嚴莊中果園)' 및 '엄장북과원(嚴莊北果園)'과 같이 3개의 과원(果園)이 있었음을 기록하고 있다.[11]

이어서 18C 말에 작성된 것으로 알려진『호구총수』(戶口總數: 1789)와『제주읍지』(濟州邑誌: 1785~1793)에서는 연달아 '신엄장리(新嚴莊里)'로 등장한다.[12] 그리고 이보다는 좀 더 앞선 기록인『탐라방영총람』(耽羅防營總攬: 18C 중반)에도 '신엄장리(新嚴莊里)'로 등장하는 것을 고려해 보면, 대략 18C 중·후반부터 19C 중·후반까지는 '신엄장리'로 마을 이름을 사용하며 존속해온 것으로 판단된다. 그리고 18C 말부터는 그 이전까지 애월읍 지역에 존재하던 3개의 작은 면(面)이 신우면(新右面)으로 통합된다. 1930년대 중반까지는 상위 행정구역도 제주목(濟州牧) 신우면(新右面), 제주군(濟州郡) 신우면(新右面) 또는 제주도(濟州島) 신우면(新右面)으로 변화하는 시기로 이어진다.

1872년에 제작된 것으로 알려지는「제주삼읍전도」(濟州三邑全圖)에는 이전까지의 '신엄장리(新嚴莊里)'가 '신엄리(新嚴里)'로 바뀌면서 등장한다. 이러한 사실을 고려하면, 대략 19C 중·후반경에 이르러서야 오늘날에 사용하는 마을 이름인 '신엄리(新嚴里)'가 정착한 것으로 이해

---

11) 金永吉 譯, 2016, 앞 책, 473쪽.
12) 백규상 역주, 2020,『譯註 濟州邑誌』, 제주문화원, 28쪽.

할 수 있다. 다시 말하면, 이전까지의 '신엄장촌(新嚴莊村)'이나 '신엄장리(新嚴莊里)'로 부르던 마을 이름에서 '장(莊)'자가 빠지면서 '신엄리(新嚴里)'라는 새로운 마을 이름이 탄생하게 된 것이다. 「제주삼읍전도」에는 신엄리를 비롯하여 동광리(광령1리), 서광리(광령2리), 상귀리, 하귀리, 수산리, 구엄리, 중엄리, 하가리, 상가리, 고내리, 애월리, 곽지리, 납읍리, 어도리(봉성리), 부면리(어음1리), 어음리(어음2리), 금덕리(유수암리), 장전리, 신덕리(유수암리) 등 20개 마을이 등장하고 있다.

시간이 다소 지난 1904년 시점의 『삼군호구가간총책』(三郡戶口家間摠冊)에도 당시 제주군(濟州郡) 신우면(新右面)에 소속된 20개 마을이 등장하는데, 여기서도 신엄은 하귀, 상귀, 고성, 광령, 구엄, 중엄 다음에 7번째로 등장한다. 그리고 1904년 시점만 하더라도 '중엄(리)'이 명확하게 등장하지만, 1905년에는 그동안 분리되어 있던 중엄리가 신엄리에 병합된 것으로 나타난다.[13] 그러나 지금까지는 신엄리와 중엄리의 두 마을에 대한 병합 과정 관련 자료가 발굴되지 않은 상황이기 때문에, 앞으로 자료 발굴에 따라서는 다소 달라질 수도 있음에 유념해야 한다.

1914년 3월 행정구역 폐합 당시 면(面) 소재지는 신엄리에서 애월

---

13)   제주특별자치도·제주특별자치도문화원연합회, 2013, 앞 책, 262쪽.

리(涯月里)로 변경되었다. 이와 관련된 자료도 아직 발굴되지 않았기 때문에, 앞으로 적극적인 자료 발굴을 통하여 당시 면사무소의 이전에 대한 자세한 이유와 배경을 정리할 필요가 있을 것으로 판단된다. 이 당시 신우면에는 19개의 마을이 있었는데, 삼엄(三嚴) 마을 중에서는 신엄리와 구엄리만 등장한다.[14]

일제강점기인 1933년(또는 1934년)에는 '리(里)' 제도에서 '구(區)' 제도로 바뀌게 되면서, 기존의 신엄리는 신엄1구, 중엄리는 신엄2구, 용흥리는 신엄3구로 바뀌게 되었다.[15] 이윽고 1946년 8월에는 제주도(濟州道)가 전라남도(全羅南道)에서 분리되면서 기존의 행정제도는 '도제(島制)'에서 '도제(道制)'로 변경되었고 동시에 '군제(郡制)'가 시행됨에 따라 신엄리가 소속된 상위 행정구역은 제주도(濟州道) 북제주군(北齊州郡) 애월면(涯月面)이 되었다.[16]

---

14) 그동안의 조사에 따르면(제주특별자치도·제주특별자치도문화원연합회, 2013, 앞 책, 262쪽), 신엄리와 중엄리의 마을 통합이나 분리 등에 대해서는 마을 어른들의 의견이 다소 엇갈리는 것으로 파악된다. 따라서 앞으로 객관적인 자료 발굴과 그에 따른 합리적인 해석 및 판단이 필요할 것으로 여겨진다.

15) 중엄리 홈페이지(http://www.jeju.go.kr/vill/jungeom/intro/info.htm) 내 '마을약사'에 의함(접근일: 2023년 5월 28일).

16) 오창명, 2007, 앞 책, 제주대학교출판부, 234~235쪽.

해방 이후인 1948년에 이르러서는 이전에 분구(分區)되었던 3개의 마을, 즉 신엄1구(신엄리), 신엄2구(중엄리) 및 신엄3구(용흥리)가 신엄리로 통합되었다. 그리고 약 4년 정도가 흐른 1952년 7월에는 속칭 '새가름' 일대를 중심으로 '중엄리(中嚴里)'가 탄생하게 되었고, 다시 이듬해인 1953년에는 속칭 '송냉이' 일대를 분리하면서 '용흥리(龍興里)'가 탄생하게 되었다.

이상과 같이, 이 절에서는 신엄리를 중심으로 하여 행정구역의 변천 과정을 검토하였지만, 특히 신엄리, 중엄리 및 용흥리가 분리(分里)되거나 합리(合里)되는 과정은 일반적으로 지금까지 알려져 있거나 기존에 연구되어 알려진 사실을 바탕으로 정리한 것에 불과하다. 따라서 앞으로 신엄리와 중엄리, 신엄리와 용흥리의 분리 과정 그리고 신엄리, 중엄리 및 용흥리의 합리 과정 등에 대해서는 폭넓은 자료 발굴과 자료 축적이 이루어진 후에 명확히 정리할 필요성이 있다고 판단된다.

고향 마을의 인구 변화

2023년 12월 말 현재, 신엄리를 구성하는 세대수와 인구수는 915세대 1,885명(남: 976명, 여: 909명)으로 확인된다. 신엄리의 인구수는 애월읍 소속 26개 마을 중 6위에 해당하는 높은 수치를 보이는데, 앞으로의 전망은 두 가지로 예측할 수 있다. 하나는 앞으로 신엄리가 더욱더 성장·발전하는 가운데 최고로 많은 인구수가 유입되며 정점을 이룰 수 있고, 다른 하나는 반대로 인구가 외부로 빠져나가면서 최근의 인구수보다 밑도는 상황이 될 수도 있다.

최근 10여 년에 걸쳐 신엄리의 인구가 급증하게 된 배경은 해안 지구의 민박, 펜션, 빌라, 리조트, 호텔, 카페 및 식당 등과 관련된 건축물의 신축 행위가 뒤따르면서 동시에 관련 사업체의 개업과 밀접한 관계가 있다. 말하자면, 대부분은 다른 지역으로부터 이주민들이 들어오면서 증가하게 된 것이다. 2010년대 이후 제주도 내 여러 농어촌 마을의 인구가 증가하는 배경은 모두 대동소이하다. 육지부로부터 제주도로 이주해오는 사람들은 제주시나 서귀포시의 중심지보다는 상대적으로 지가(地價)가 저렴하고 경관이 뛰어난 농어촌 마을을 선택하는 경향이 강한 것으로 드러난다. 특히 이주민들은 농어촌 지역의 마을에 정착한 이후 전원생활을 즐기면서 1~2인 또는 가족 단위 중심의 경제활동, 즉 민박과 펜션을 시작으로 카페와 식당, 편의점 등을 경영하는 특징을 보인다.

이상과 같이 최근의 신엄리 인구 증가에 대한 특징을 먼저 정리해 두고, 이어서 과거의 신엄리 인구실태를 점검하여 어떠한 성장 과정을 걸쳐 왔는지, 그리고 그 과정에서 어떤 특별한 일들이 있었는지를 정리해 보고자 한다.

조선시대나 일제강점기에 걸친 마을 단위의 인구수나 호수(戶數)와 관련된 자료들이 많이 존재하지는 않지만, 아래에 제시한 세 자료에는 다행히도 마을 단위의 인구수와 호수(또는 민호나 연가)[17]가 등장한다(표 4). 한 가지 아쉬운 점은 이들 자료에는 신엄리, 중엄리 및 구엄리 그리고 용흥리 등 4개의 마을 단위로 구분되지 않은 채 등장한다는 점이고, 또 일부 자료에서는 신엄리와 중엄리가 통합된 상태로 인구수와 호수가 제시된다는 점이다. 이러한 사실은 당연히 당시 편재된 행정구역의 영향을 받았기 때문이다. 따라서 여기서는 이 자료를 조선시대 후기나 일제강점기인 1920년대 후반경 신엄리를 중심으로 한 중엄리와 구엄리 주변의 인구수와 호수에 대한 대략적인 경향성을 파악하는 자료로 활용하고자 한다.

먼저 『제주읍지』(1785~1793)에는 신엄장리, 구엄장리, 중엄장리 등 삼엄 마을이 등장하는데, 여기서 신엄장리는 호수 25호, 인구수 137명, 구엄장리는 호수 38호, 인구수 318명 그리고 중엄리는 호수 64호, 인구수 355명으로 확인된다. 이 자료에서 한 가지 유념해야 할 것은 신엄리의 호수나 인구수에는 용흥리의 몫까지 포함되어 있다는 것이다. 그럼에도 불구하고 신엄장리의 호수나 인구수는 구엄장

---

17) 3개의 자료에는 민호(民戶), 연가(煙家) 및 호수(戶數)로 표현하여 용어가 서로 다르지만, 시대적 상황을 고려해 볼 때 오늘날의 호수와 거의 같은 의미로 이해해도 좋을 것으로 판단하여 여기서는 호수로 통일하여 사용하고자 한다.

〈표 4〉 조선시대 후기~일제강점기 삼엄 마을(三嚴里)의 호수와 인구수

구분	마을 명	민호, 연가, 호수(호)	인구수(명)		
			남자	여자	합계
『제주읍지』 (濟州邑誌) (1785~1793)	신엄장리	25	56	81	137
	구엄장리	38	88	130	218
	중엄장리	64	144	211	355
	신우면 전체	1,245	3,042	4,292	7,334
『삼군호구가간총책』 (三郡戶口家間摠册) (1904)	신엄	65	97	104	201
	구엄	67	124	133	257
	중엄	55	86	92	178
	신우면 전체	1,752	3,269	6,498	9,767
『제주도생활상태조사』 (濟州島生活狀態調査) (1928년 전후)	신엄	345	609	706	1,315
	구엄	150	266	323	589
	신우면 전체	4,610	10,099	11,683	21,783

주:『제주읍지』의 '신엄장리'와 『삼군호구가간총책』의 '신엄'에는 각각 오늘날의 용흥리 호수와 인구수가 포함되어 있으며, 『제주도생활상태조사』의 '신엄'에는 오늘날의 중엄리와 용흥리 호수와 인구수가 포함되어 있음에 유의해야 함.
출처: 위의 개별 자료에 의해 필자 정리.

리나 중엄장리의 호수와 인구수에는 훨씬 못 미치고 있음을 알 수 있다. 따라서 18C 말경에는 원 마을(엄장리)인 구엄리에서 중엄리 쪽으로 사람들의 이동과 주거지 확산이 많이 이루어졌지만, 오늘날의 신엄리(용흥리 포함) 방향까지는 이동과 주거지 확산이 덜 이루어진 것으로 추정해 볼 수 있다.

약 110~120년 정도가 더 흐른 1904년 시점에서는 신엄(리)의 호수가 65호, 인구수는 201명으로 호수와 인구수에서 모두 증가한 것으로 확인된다. 물론 이 시기에도 신엄(리)의 호수와 인구수에는 현재의 용흥리 호수와 인구수도 포함된 것이기는 하지만, 전체적으로 볼 때 신엄(리)의 호수와 인구수가 구엄(리)보다는 다소 적고 중엄(리)보다는 조금 많은 상황을 알 수 있다. 그리고 상대적으로 중엄(리)의 인구수는 이전 시기와 비교해 거의 절반 수준으로 감소한 사실을 확인할 수 있다. 결국, 약 110~120년 사이에 중엄(리)에 거주하던 일부 주민과 그 후손들이 신엄(리)과 용흥(리) 쪽으로 많이 이동하며 거주지가 더욱 확산한 것으로 해석할 수 있다.

일제강점기인 1928년 전후 시기에는 삼엄 마을의 호수와 인구수가 어떤 동향을 보이는지 살펴보자. 이 시기에는 이미 1914년에 행정구역 폐합이 이루어진 결과 당시 신우면(지금의 애월읍)의 마을 수가 19개 리로, 삼엄 마을 중에는 신엄(리)과 구엄(리)만 등장한다. 다시 말하면, 용흥(리)은 말할 것도 없이 중엄(리)조차도 신엄(리)에 포함된 상태이기 때문에, 조선총독부에서 작성한『제주도생활상태조사』에는 신엄(리)과 구엄(리)만 등장한다. 이 자료에서는 신엄(리)의 호수가 345호, 인구수가 1,315명으로 파악되며, 신엄(리)은 물론이고 중엄(리)의 호수와 인구수도 상당히 증가한 것으로 추정해 볼 수 있다. 인구수로만 한정해서 보면, 구엄(리)의 인구도 이전 시점에 비하면 2배 이상 증가한 사실을 확인할 수 있으며, 신엄(리)의 경우는 중엄(리)과 용흥(리)의 합계이기는 하지만 엄청난 증가 폭을 확인할 수 있는 상황이 되고 있다. 한 가지 예를 들면, 1904년 시점의 신엄(리)과 중엄(리)의 인구 합계는 379명으로 계산되는데, 1928년을 전후한 시점에서는 1,315명으로 급증한 것을 알 수 있다. 불과 25년을 전후한 시간이 흘렀을 뿐인데, 이전 시점의 3.5배나 증가했다는 것은 어느 시점의 통계 하나가 잘못 집계되었거나, 같은 기간 내에 다른 지역에서 한꺼번에 많은 사람이 집단 이주해온 것으로 해석할 수밖에 없는 상황이다. 이 점은 앞으로 좀 더 연구해 보아야 할 사안이기에, 일단 여기서는 접어두기로 한다.

1962년 이후 2023년까지 신엄리의 인구수와 세대수(1992년까지는 가구수)는 〈표 5〉에 정리하였다. 지금까지 발행한 여러 마을지(鄕土誌) 중 해당 마을의 인구수 자료를 50년 이상 모아놓은 마을지는 거의 없다. 마을의 인구수는 여러 시기에 걸쳐 해당 마을의 규모(크기)는 물론이고 마을 세력(勢力)을 가늠하는 데 가장 기본적인 자료가 된다는 점에서 매우 중요하다. 더욱이 1960~1970년대 마을 단위의 인구수 관련 자료는 발굴해 내기가 상당히 어렵고 까다로운 점을 고려해 볼 때, 앞

〈표 5〉 신엄리 인구수와 세대수(또는 가구수)의 변화

단위: 명, 세대(가구)

연도	남자	여자	합계	세대수 (가구수)	성비	세대(가구) 당 인원수	연평균 증가율
1962	485	483	968	227	100.4	4.3	-
1963	자	-	료	-	결	-	여
1964	515	502	1,017	229	102.6	4.4	5.1
1965	자	-	료	-	결	-	여
1966	자	-	료	-	결	-	여
1967	533	532	1,065	235	100.2	4.5	-
1968	509	530	1,039	232	96.0	4.5	2.4
1969	자	-	료	-	결	-	여
1970	자	-	료	-	결	-	여
1971	자	-	료	-	결	-	여
1972	505	546	1,051	256	92.5	4.1	-
1973	자	-	료	-	결	-	여
1974	506	532	1,038	243	95.1	4.3	-
1975	자	-	료	-	결	-	여
1976	자	-	료	-	결	-	여
1977	544	552	1,096	278	98.6	3.9	-
1978	506	554	1,060	281	91.3	3.8	3.3▼
1979	526	550	1,076	283	95.6	3.8	1.5
1980	526	550	1,076	283	95.6	3.8	1.5
1981	493	547	1,040	268	90.1	3.9	-3.3▼
1982	513	548	1,061	265	93.6	4.0	2.0
1983	489	530	1,019	257	92.3	4.0	-4.0▼

연도	남자	여자	합계	세대수 (가구수)	성비	세대(가구) 당 인원수	연평균 증가율
1984	484	524	1,008	260	92.4	3.9	-1.1▼
1985	자	-	료	-	결	-	여
1986	465	529	994	251	87.9	4.0	-
1987	471	535	1,006	252	88.0	4.0	1.2
1988	464	522	986	249	88.9	4.0	-2.0▼
1989	462	523	985	250	88.3	3.9	-0.1▼
1990	자	-	료	-	결	-	여
1991	434	465	899	259	93.3	3.5	-
1992	441	487	928	283	90.6	3.3	3.2
1993	456	485	941	294	94.0	3.2	1.4
1994	455	475	930	292	95.8	3.2	-1.2▼
1995	465	472	937	291	98.5	3.2	0.8
1996	482	475	957	313	101.5	3.1	2.1
1997	489	474	963	316	103.2	3.0	0.6
1998	490	481	971	316	101.9	3.1	0.8
1999	519	514	1,033	330	101.0	3.1	6.4
2000	539	531	1,070	350	101.5	3.1	3.6
2001	545	560	1,105	366	97.3	3.0	3.3
2002	535	563	1,098	363	95.0	3.0	-0.6▼
2003	535	546	1,081	384	98.0	2.8	-1.5▼
2004	548	533	1,081	383	102.8	2.8	0.0
2005	550	514	1,064	394	107.0	2.7	-1.6▼
2006	563	514	1,077	401	109.5	2.7	1.2

연도	남자	여자	합계	세대수 (가구수)	성비	세대(가구) 당 인원수	연평균 증가율
2007	565	527	1,092	410	107.2	2.7	1.4
2008	575	533	1,108	411	107.9	2.7	1.5
2009	593	547	1,140	439	108.4	2.6	2.9
2010	616	568	1,184	449	108.5	2.6	3.9
2011	611	599	1,170	454	102.0	2.6	-1.2▼
2012	593	574	1,167	441	103.3	2.6	-0.3▼
2013	583	566	1,149	449	103.0	2.6	-1.5▼
2014	550	520	1,070	415	105.8	2.6	-6.9▼
2015	547	530	1,077	432	103.2	2.5	0.7
2016	616	584	1,200	518	105.5	2.3	11.4
2017	704	613	1,317	587	114.8	2.2	9.8
2018	719	636	1,355	629	113.1	2.2	2.9
2019	787	672	1,459	684	117.1	2.1	7.7
2020	826	728	1,554	745	113.5	2.1	6.5
2021	907	835	1,742	821	108.6	2.1	12.1
2022	934	895	1,829	885	104.4	2.1	5.0
2023	976	909	1,885	915	107.4	2.1	3.1

주: 자료 결여는 마을 단위의 인구수가 공표되지 않은 연도를 의미하며, 1979년과 1980년
은 동일한 수치로 기재되어 있음에 유의해야 함.
출처: 『북제주군 통계연보』(1963~1990년) 및 『주민등록 인구통계 보고서』(1991~2023년)
에 의해 작성.

으로 100년 후 또는 200년 후가 되면 엄청난 가치를 발휘할 것으로 믿어 의심치 않는다. 이러한 의미에서 일부 연도에서 자료의 결손(缺損)이 보이기는 하지만, 유의미한 자료라 말할 수 있다.

1960년대 이후 신엄리의 인구 동향을 보면, 1962년 968명을 시작으로 1972년 1,051명, 1982년 1,061명, 1992년 928명, 그리고 2002년 시점에서는 1,098명으로 40여 년이 흐르는 기간에도 아주 미미한 증감을 보일 뿐 큰 차이의 증감은 보이지 않는다. 그런데 2010년대에 들어서면, 신엄리 인구수는 큰 변곡점(變曲點)을 맞이하기 시작한다. 계속해서 10년 단위로 신엄리 인구수를 살펴보면 2012년에 1,167명, 2022년에는 1,829명으로 파악된다. 이처럼 2010년 이전까지는 어느 정도의 증감이 있었지만, 몇몇 연도를 제외하면 그다지 큰 폭의 증감은 없었다는 사실이 확연히 드러난다.

결과적으로, 신엄리의 인구 증가는 2010년대를 전후한 시점부터 나타나기 시작했고, 특히 2016년부터 엄청난 증가로 이어졌다. 이 점은 〈표 5〉의 자료에서도 확인되듯이, 연평균 인구 증가율을 보면 더욱 분명해진다. 즉, 2016년 시점의 신엄리 연평균 인구 증가율은 11.4%, 2017년 9.8%, 2018년 2.9%, 2019년 7.7%, 2020년 6.5%, 이어서 2021년 12.1% 등으로 나타나고 있다. 이러한 인구 증가율은 신엄리가 설촌한 이래 단 한 번도 경험하지 못한 수치이다. 물론 2016년 이후 급격한 인구 증가의 배경은 해안지구를 중심으로 이주민들이 물밀듯이 이주해온 사실과 관련된다. 이러한 인구 증가의 배경

<사진 6> 신엄리 내 신개발 지구(2023. 9.).

은 시간을 거슬러 올라가 보면 1990년대 말부터 조짐을 보여 왔다고 말할 수 있다. 가령 1999년 시점의 신엄리 인구수는 1,033명으로 전년도보다 6.4%의 연평균 인구 증가율을 보였고, 2000년 시점에서는 3.6%, 2001년 시점에서는 3.3%로 나타났다. 신엄리로 들어오는 이주민들 사이에서는 해안 경관의 탁월성과 제주도 내의 도시지역(제주시 동지역이나 서귀포시 동지역)에 비해 상대적으로 저렴한 지가(地價)가 큰 매력으로 작용했다는 것을 시사한다(사진 6).

어떻든, 현시점에서 볼 때 신엄리의 인구수는 앞으로도 좀 더 증가할 가능성이 충분히 잠재되어 있다. 따라서 조만간에 신엄리로 이주해 들어오는 많은 이주민과 원주민(현재의 신엄리 주민) 사이에 소중한 인연의 끈을 맺을 수 있는 창구(窓口)를 적극적으로 마련함으로써,

서로가 함께 윈윈(win-win)할 수 있는 전략을 세우는 것이 필요할 것으로 판단된다.

고향 마을에 거주하는
사람들의 성씨 분포

오늘날 신엄리에 거주하는 성씨(姓氏)가 어느 정도인지를 파악하여 정리해 보고자 한다. 일단 신엄리에 거주하는 사람들의 성씨를 파악하기 위하여 2023년 3월 신엄리 청년회가 발행한 『제16회 신엄리민 단합체육대회』 책자 내의 「우리마을 전화번호」를 활용하여 분석하였다. 여기에는 1~14반까지 반별(班別)로 구분하여 가구별 성명, 신주소, 전화번호(자택) 및 휴대전화 번호(개인) 등이 나와 있다. 가구별로 세대주인 남자 성인을 중심으로 정리된 자료이기 때문에 동일 가구 내에서도 노년층 성인(특히 여성)을 포함하여 아동과 청소년, 대학생 등은 대부분 누락되어 있는 것으로 파악된다. 더불어 2010년 이후 신엄리에 이주해온 이주자들도 상당수가 누락되어 있음을 고려해야 한다. 그러므로 신엄리 청년회에서 작성한 이 자료는 기존의 신엄리 마을회를 구성하는 구성원이자 반원(班員)으로 인정하는 청·장·노년층이 핵심을 이룬다고 말할 수 있다.

이상에서 정리한 것처럼, 여기에 제시한 자료로 모든 가구 단위의 구성원 전체를 파악하기는 어렵기 때문에, 최근까지 신엄리에 거주하는 사람들에 대한 개략적인 성씨(姓氏)의 분포 정도를 이해하는 자료로 삼는 것이 좋을 것으로 판단된다. 거듭 강조하지만, 여기에 제시한 성씨별 인원수가 신엄리의 전체 인구수를 반영하는 것은 아니라는 점을 분명히 지적해 두고자 한다.

「우리마을 전화번호」(128~144쪽)에 등장하는 반별 구성원의 성명을 기준으로 하여 성씨별로 정량적인 파악에 주력하였는데, 그 결과는 〈표 6〉과 같다. 2023년 초 신엄리에 거주하는 사람들의 성씨는 대략 35개로 파악된다. 이들 성씨 중 가장 많은 분포를 보이는 성씨는 김씨(99명)고, 이어서 이씨(42명), 정씨(36명), 강씨(34명), 고씨(32명), 박씨(24명), 하씨(16명), 문씨(14명) 순으로 집계된다. 이들 8개 성씨가 「우리마을 전화번호」에 제시된 전체 반원 371명 중에서 10명 이상을 구성하는 성씨로 집계된다. 그리고 5명 이상 9명 이하를 점하는 성씨는 송씨와 홍씨(이상 8명), 양씨와 현씨(이상 7명) 및 백씨(5명) 등 5개 성씨이고, 4명 이하의 성씨는 오씨를 비롯하여 임씨, 장씨, 전씨, 조씨(이상 3명), 성씨, 안씨, 유씨, 윤씨, 진씨, 최씨, 한씨(이상 2명), 계씨, 공씨, 기씨, 나씨, 동씨, 변씨, 소씨, 심씨, 지씨 및 채씨(이상 1명) 등 22개 성씨이다.

「우리마을 전화번호」상의 35개 성씨를 기준으로 할 때, 10명 이상의 성씨(8개 성씨)는 전체 35개 성씨의 22.9%를 보이고, 5명 이상 9명 이하의 성씨(5개 성씨)는 14.3%, 그리고 4명 이하의 성씨(22개 성씨)

〈표 6〉 신엄리 마을 전화번호를 통해서 본 성씨(姓氏)의 분포(일부 성인 중심)

연번	성씨(姓氏)	인원(명)	연번	성씨(姓氏)	인원(명)	연번	성씨(姓氏)	인원(명)
1	김 씨	99	13	백 씨	5	25	한 씨	2
2	이 씨	42	14	오 씨	3	26	계 씨	1
3	정 씨	36	15	임 씨	3	27	공 씨	1
4	강 씨	34	16	장 씨	3	28	기 씨	1
5	고 씨	32	17	전 씨	3	29	나 씨	1
6	박 씨	24	18	조 씨	3	30	동 씨	1
7	하 씨	16	19	성 씨	2	31	변 씨	1
8	문 씨	14	20	안 씨	2	32	소 씨	1
9	송 씨	8	21	유 씨	2	33	심 씨	1
10	홍 씨	8	22	윤 씨	2	34	지 씨	1
11	양 씨	7	23	진 씨	2	35	채 씨	1
12	현 씨	7	24	최 씨	2	합계	35	371

주: 가구별로 노년층 성인을 비롯한 아동과 청소년 등이 대부분이 누락되어 있음에 유념해야 함.

출처: 신엄리 청년회, 2023, 『제16회 신엄리민 단합체육대회-우리마을 전화번호-』, 128~144쪽.

는 62.8%를 보인다. 그리고 8개 성씨를 구성하는 297명은 전체 371명의 80.1%를 보이고, 5개 성씨의 구성원은 9.4%, 나머지 22개 구성원은 10.5%를 보인다.

1930년대 중·후반경의 자료를 활용하여 신엄리의 성씨별 구성을 분석한 일본인 인류학자 이즈미 세이치(泉 靖一)에 따르면, 당시 신엄리의 마을 주민 중에서는 김씨 성을 지닌 사람이 전체의 28%를 차지하면서 가장 높고 이어서 이씨 11%, 강씨 11%, 홍씨 8%, 정씨 7%, 변씨 7% 그리고 나머지 성씨가 28%를 차지하는 것으로 나타난다.[18] 이로 볼 때, 당시 신엄리 마을 주민 중에서는 상위 6개의 성씨가 전체의 72%를 차지하고 있었음을 알 수 있다.

1930년대 중반 시점과 2023년 시점을 직접 대비할 수는 없겠지만, 전체적인 경향으로는 신엄리가 과거에 비하여 다양한 성씨를 구성하는 상황으로 변화하고 있음은 충분히 확인해 볼 수 있다. 결과적으로, 이와 같은 신엄리 성씨 구성의 변화는 신엄리가 과거 몇 개의 성씨로 구성된 동족취락(同族聚落)의 시대에서 오늘날 다양한 성씨로 구성된 혼성취락(混成聚落)의 시대를 열어가고 있음을 알려주는 것이라 할 수 있다. 따라서 장기적인 관점에서는 신엄리의 발전 가능성

---

18)   泉 靖一, 1966, 『濟州島』, 東京大學出版會, 50쪽.

을 한층 더 기대해 볼 수 있기에 매우 고무적인 현상으로 받아들일
수 있다.

고향 마을의
오방수 이야기

　신엄리에는 오방수 이야기가 전해온다. 물론 이 오방수의 의미와
실체는 풍수지리(설)와 관련성이 깊다. 조금 더 구체적으로 말하면,
'비보풍수(裨補風水)'의 산물이라 할 수 있으며, 오방수 자체는 모자란
부분을 채워서 삶터의 안전함 혹은 완전함을 이루고자 하는 소원의
승화물이다. 따라서 오방수는 두 가지 의미로 접근할 수 있다. 하나
는 다섯 방위(五方: 동서남북 방향과 중앙)를 잘 다스리면서 다섯 방위로부
터 들어오는 액(厄)과 살(煞)을 막아 마을의 평온과 주민들의 안녕을
기약하기 위한 것이다. 특히 마을 내에 화재가 자주 발생할 형국이
라는 풍수지리적인 평가는 오방수(五方水)의 축조로 이어질 수 있다.
　다른 하나는 의미가 전혀 다른 오방(午方: 정남방을 중심으로 15각도 내의
범위), 즉 정남방(正南方) 쪽의 허약함을 보충하여 마을의 재난을 막기
위한 풍수지리적 처세술도 있다. 어느 쪽이든 간에 모두 풍수지리의
힘을 빌려 자연으로부터 오는 재난을 극복하고자 하는 마을 주민들
의 의지가 숨어 있다는 점은 동일하다. 신엄리의 오방수가 어느 쪽

인지를 두고 마을 주민을 대상으로 인터뷰한 결과 두 가지 의견이 모두 등장한다. 한 가지 특이한 점은 마을 주민 중에서도 60대와 70대는 전자의 '오방수(五方水)'라는 의견이 압도적으로 높고, 80대와 90대의 주민은 후자의 '오방수(午方水)'라는 의견이 절대적이었다.[19] 결과론적으로 판단해 볼 때, 신엄리 오방수는 풍수지리설과 깊게 연결되어 있기 때문에, 필자는 후자일 가능성이 크다고 생각한다. 물론 단정적으로 이야기할 수는 없으나, 마을 내의 화재 발생을 억제하기 위한 수단으로 정남방에 방화수(防火水)를 조성한 사례는 대정현성(大靜縣城)이 위치한 보성리(保城里), 안성리(安城里) 및 인성리(仁城里)의 사례에서도 충분히 확인할 수 있다.

80대와 90대의 주민 중에는 신엄리의 오방수가 '午方'(오방)이라는 배경을 개인의 택지 사례에서도 확인할 수 있다고 말한다. 다시 말해, 정시(풍수사)의 조언에 따라 개별 택지도 화재 위험이 크다는 조언을 받아들여 정남 쪽인 오방에 인위적으로 방화수(防火水)를 만들었다는 것이다. 이런 상황과 연관 지어 보면, 풍수지리설에서의 남쪽 방향[午方]은 무엇인가 부족함을 채울 수 있고, 생자(生者)들에게는 활기와 생기를 불어넣을 수 있는 의미를 지닌 방향으로 이해할 수 있다.

---

19)   마을 주민 중에서 60대는 7명, 70대는 3명, 80대는 3명 그리고 90대가 1명이다.

오방(五方)의 허약함을 보충함으로써 마을의 풍요와 주민들의 화목함을 찾으려는 시도는 전국적으로도 쉽게 찾아볼 수 있으나, 우리 제주도에서는 같은 읍 지역인 애월읍 유수암리의 사례에서 확인할 수 있다. 유수암리에는 동서남북 방향과 중앙부에 '오방석(五方石)'이라는 큰 돌(石)을 세워놓고 있다. 물론 다섯 방위에 큰 돌들(동: 선돌[東立石], 서: 선돌, 남: 모남돌, 북: 왕돌, 중앙: 중황석[솔동산 돌])을 배치하여 마을 내로 들어오는 살과 잡신의 접근을 철저히 막고, 마을 내 평화와 번영을 기약하고자 하는 마을 주민들의 염원이 깃들어 있는 것이다.

그렇다면 신엄리의 오방수(五方水)와 오방수(午方水)는 구체적으로 어디를 가리키는 것인가. 여기서는 마을 주민들의 다양한 의견을 수렴하여 정리한다는 취지에서, 두 가지 관점을 모두 살려 정리해 두고자 한다.

먼저, 아래의 〈그림 5〉에는 마을 주민들이 다섯 방위의 방화수로 지목하는 물(통)의 위치를 위성사진 상에 나타낸 것이다. 다섯 방향에 위치한 방화수는 ① 새고릉물, ② 옛저리물, ③ 윤내미물, ④ 진술이물, ⑤ 창남거리물로 집약된다. 이 외에 오방수 중 하나로 '노꼬물'을 지적하는 주민도 있었지만, 일반적으로 다섯 방향의 오방수라고 할 때는 이상에서 정리한 ①~⑤번의 물(통)을 지칭하는 것으로 파악된다. 여기서 한 가지 고민은, 이상에서 정리한 다섯 군데의 물(통)과 오방위(五方位)를 어떻게 연결 지을 것인가 하는 점이다. 이들 다섯 군데의 물(통)은 당연히 동서남북과 중앙이라는 위치와 연결되어야 하기 때문이다. 그런데 이에 대한 해답은 주민마다 이견(異見)이 많아 다소 난감하였다. 이 점은 앞으로 풀어야 할 또 하나의 과제라는 생각이 든다.

마을 주민들의 의견을 수렴·정리할 필요성은 충분히 느낄 수 있지만, 앞에서 지적한 것처럼 이들 다섯 군데의 물(즉, 五方水)이 정남방의 물(즉, 午方水)로 확정되는 순간에는 아무런 의미가 없을 수도 있다. 따라서 여기서는 어디까지나 필자의 주관적인 관점에서 의견을 제시하고자 한다.

〈그림 5〉에서 다섯 군데의 물(통)을 마을 중심부와 연결해 보면, 동쪽의 새고룽물, 서쪽의 옛저리물, 남쪽의 윤내미물, 북쪽의 진술이물, 그리고 중앙이 창남거리물로 배치할 수 있을 것이다. 이러한 다섯 물(통)의 위치도 중앙을 차지하는 물(통)을 어느 것으로 정하느냐에 따라 전체적인 동서남북 방위의 물(통)의 위치도 달라진다. 이 경우에 중요한 사실 하나는 중앙을 차지하는 물(통)이 어느 것인가 하는 문제이다. 기본적으로 필자는 다섯 방위의 물(통)을 전체적인 구도에서 파악하여 방위를 결정하였는데, 이 경우에는 맨 먼저 가장 동쪽에 위치한 물(통)을 결정하면, 나머지 4개 방위의 물(통)도 자동으로 결정될 수 있다.

그런데 다섯 방위의 물(통)을 결정하고 보니, 한 가지 더 우려스러운 점이 부각된다. 다섯 방위 중에서도 마을의 중심부를 차지하는 물(통)은 '창남거리물'이 된다는 점이다. 마을 주민에 따라 의견이 다르

〈**그림 5**〉 신엄리 오방수(五方水)의 위치(2023. 7.).
출처: Naver 위성사진을 바탕으로 재구성.

긴 하겠지만, 마을 중심부를 의미하는 상징적인 건물이 '신엄리사무소'라고 한다면 그 주변부가 중앙이 돼야 한다는 의견이 충분히 나올 수 있다. 만약에 그 의견이 정당성을 확보하게 된다면, 당연히 중앙을 차지하는 물(통)은 '새고릉물'이 될 수밖에 없다. 그렇지만 '새고릉물'이 중앙에 배치하게 된다면, 나머지 동서남북 방향의 물(통)의 위치가 아주 부정확해지는 상황이 된다. 다시 말하면 어느 물(통)이 동쪽이고, 어느 물(통)이 북쪽에 배치되는 물(통)인지 모호해진다는 것이다. 여기서 군이 '새고릉물'을 중앙에 배치한 후에 나머지 물(통)을 동서남북 방위로 배치해 보면, 동쪽은 '창남거리물', 서쪽은 '옛저리물', 남쪽은 '윤내미물', 북쪽은 '진술이물'이 될 것이다. 이러한 배치는 상당히 납득하기 어려운 부자연스러운 형국이 되고 만다.

현시점에서 일부 주민들이 '오방수(五方水)'로 생각하는 다섯 군데의 물(통)은 〈사진 7〉에서 보는 것과 같다. 새고릉물과 옛저리물, 창남거리물은 이미 매립되어 사라진 지 오래되었고, 윤내미물과 진술이물만이 과거의 흔적을 간직하고 있다. 진술이물도 1990년대 이후 도로 확장으로 많이 축소된 상태이다. 윤내미물과 진술이물만큼은 오방수(五方水)와 관련성이 있든 없든, 신엄마을을 상징하는 존재이

〈**사진 7**〉 신엄리 오방수(五方水)의 최근 상황(2023. 7.).

기 때문에 주민 모두가 한마음 한뜻으로 보존해 나가고자 하는 사고와 태도가 무엇보다도 중요하다.

이어서 정남방에 위치한 방화수라는 의미의 '午方水(오방수)'에 대하여 정리해 보고자 한다. 정남방의 방화수라는 의미도 기본적으로는 신엄리가 '화재'라는 재난을 만나기 쉽다는 마을 내의 지형적 조건 혹은 마을과 주변 지역과의 자연적인 부조화에서 비롯된 것으로 이해할 수 있다. 따라서 마을 내의 화기(火氣)를 억누르기 위한 차원에서 타개책을 마련할 방편으로 풍수지리(설)가 작동된 것이며, 구체적으로 남쪽 방향에 인위적인 물(통)을 마련하면 화기를 억누를 수 있다고 본 것이다. 마을 주민들에 따르면, 화기를 억누르기 위한 오방(午方)의 방화수는 '창남거리물'로 공통된 의견을 내놓는다. 이 창남거리물은 아주 오래전에 빗물이 많이 고일 수 있도록 인위적으로 축조했다는 의견이 주를 이룬다.

분명히 오방(午方)에 위치한 물(통)이 '창남거리물'임은 이해할 수 있지만, 이와 관련된 궁금증도 하나 더 생긴다. 오방(午方)에는 이미 '윤내미물'이 있음에도 불구하고 왜 새로운 물(통)로 '창남거리물'을 축조했을까 하는 사실이다. 앞으로, 이 점에 대해서도 적극적으로 논의해 볼 만한 사안이라 여겨진다(그림 6 참조).

신엄리사무소

창남거리물

윤내미물

〈그림 6〉 오방수(午方水)인 '창남거리물'과 마을 중심부와의 위치(2023. 7.).

출처: Daum 위성사진 등을 바탕으로 재구성.

잠깐 쉬어가기 1

물과
제주도민*

　물은 모든 생명을 잉태하고 성장하게 하는 근원이다. 물이 없다면, 인간을 시작으로 모든 생명체가 단 한시라도 이 세상에 존재할 수 없음은 삼척동자(三尺童子)도 다 아는 사실이다. 이처럼 간단명료한 명제 속에서도, 제주도는 예로부터 물과의 전쟁을 치러왔다고 할 수 있을 정도로 가혹한 환경에 놓여 있었다. 화산섬인 제주도는 비가 많이 와도 금세 땅속으로 스며드는 지형적·지질적 특성을 안고 있기 때문이다.

　따라서 제주도는 한국 내에서도 가장 비가 많이 오는 다우지역(多雨地域)임에도 불구하고, 1970년대 초·중반까지도 도내의 여러 마을에서는 물이 부족했거나 또는 물을 얻는 데 많은 시간과 노력을 들여야만 했다. 그런데 물이 부족하여 큰 불편을 감수해야 했고, 가장 큰 고통을 느껴야 했던 사람은 다름 아닌 우리의 할머니와 어머니와 누이들이었다. 이처럼 제주여성과 물은 바늘과 실처럼 매우 긴밀한 관계에 놓여 있었다.

* 정광중, 2021, 「제주도와 물 그리고 제주여성」(제주대학교박물관, 『제주의 물』, 제주대학교박물관 전시도록 XII, 제30회 특별전시), 12쪽.

결과적으로 제주여성들은 매사에 물을 아끼고 또 절약하는 생활태도로 일관할 수밖에 없었다. 특히 계절이 바뀌거나 집안에 대소사(大小事)가 있을 때에는 물을 확보하는 데 한층 더 필사의 노력을 하지 않을 수 없었다. 일상생활에서 제주여성들의 물 씀씀이나 절약하는 정신을 살펴보면, 제주도에서는 한때 물을 얻고 쓰기가 얼마나 힘들었는지 이해할 수 있다.

제주도 내 해안 마을이나 중산간 마을 사람들이 일상생활에서 이용할 수 있는 물은 크게 네 가지로 구분된다. 첫 번째는 용암류 암반 사이에서 솟아나는 용천수(湧泉水)이고, 두 번째는 용천수가 솟아나지 않는 중산간 지역에서 물통(池)을 조성하여 빗물을 받아두는 봉천수이다. 세 번째는 참식나무(신낭)나 동백나무 등에 띠(새)로 엮은 촘을 활용하여 받아내는 촘물이고, 그리고 네 번째는 지하 관정을 통해 끌어올리는 지하수이다.

이들 중 용천수는 주로 해안 마을과 일부 중산간 마을(예를 들면 제주시 영평동, 아라동, 유수암리, 고성리, 감산리 등)에서 이용하는 물이었고, 봉천수는 용천수를 얻지 못하는 대부분의 중산간 마을과 우도, 마라도 등의 부속도서 주민들이 많이 이용하는 물이었다. 또 촘물은 성읍리를 비롯한 송당리, 수망리 등 동부지역의 중산간 마

해안 마을의 용천수(하귀1리 거스린물).

중산간 마을의 촘물(제주민속촌박물관).

을에서 주로 얻는 물이었고, 지하수는 구엄리, 하도리, 가파리(가파도) 등 극히 일부 마을에서 두레박을 활용하여 얻는 물이었다.

제주여성들에게 큰 고역이었던 것은 일상생활에서 온 가족이 사용하는 식수를 운반하는 일이었다. 용천수든 봉천수든 물가에서 물을 긷고 운반하는 일은 평소라면 2~3일에 한 번꼴로, 또 대소사 시에는 하루에도 몇 번씩 물허벅으로 물을 져 날라야 하는 고된 일이었다. 용천수나 봉천수 수변(水邊)에서 물을 긷고 집으로 돌아가는 거리는 집집마다 다르지만, 물허벅을 지고 이동하는 과정에서는 단 한 방울이라도 흘릴세라 조심하면서도 때로는 돌부리에 발이 걸려 넘어질 위기를 능숙한 몸놀림으로 극복하며 돌아오곤 했다.

제주도에는 물의 소중함을 깨닫게 하는 속담이 여럿 전해진다. 그중에서도 "ᄂᆞᆽ 싯(씻)을 때 물 하영 쓰민 저승 강 다 먹어사 ᄒᆞᆫ다.(낯 씻을 때 물 많이 쓰면 저승 가서 다 먹어야 한다.)"라는 속담이 있다. 이것은 특히 집에서 아이들이 세숫물을 많이 사용할 때 쓰는 경구(警句)이기도 하다. 그런데 이 얼마나 섬뜩한 경구인가. 어린아이들에게는 물을 지나치게 소비하지 않도록 강한 제동을 거는 경구인 것이다.

전통사회가 지속되던 시절, 우리 제주 선조들은 물을 아주 효율적으로 사용했던 경험을 가지고 있다. 그러한 전통은 오늘날 용출량이 많은 용천수를 수원지로 활용하고, 또 '삼다수'라는 특별한 상품을 만들어 판매하는 지혜로 이어지고 있다. 이로 생각할 때, 제주도의 물은 과거에도 그랬듯이 오늘날에도 아주 각별한 의미와 가치를 지니고 있다. 궁극적으로 제주도의 물은 제주 선민들의 삶을 이해할 수 있게 하고, 나아가 미래의 소중한 물 자원을 생각하게 하는 매우 각별한 존재라 할 수 있다.

제2장

제주여성의
일터 산책

제주여성의 옥외 노동공간 이야기

이 원고는 『제주여성의 삶과 공간』(2007, 제주특별자치도 여성특별위원회)이란 단행본에 실린 필자의 담당 부분으로 「제주여성의 노동공간」(83~167쪽)에 해당한다. 2000년에 출범한 제주특별자치도 여성특별위원회에서는 제주여성의 역사와 문화 특성을 정립하기 위하여 다양한 사업을 진행해 왔는데, 『제주여성의 삶과 공간』 편찬도 일련의 사업 중 하나라 할 수 있다. 『제주여성의 삶과 공간』은 당시 여성특별위원회에 속해 있던 4명의 위원이 개별 주제(전통 주거 공간-양상호 교수, 옥외의 노동공간-정광중 교수, 통과의례 공간-문순덕 박사, 전통신앙 공간-하순애 박사)에 대해 심층적으로 조사·정리함과 동시에, 분과위원장(김순이 선생)의 '총설'을 덧붙여 완성된 도서이다.

돌이켜보면, 원고를 작성한 시점은 이미 오래전이지만 과거 제주여성들의 전통적인 생활공간은 오늘날의 생활공간과 비교해 볼 때 많은 이야기를 전해줄 수 있는 소재라고 생각하기에 다시 한번 개인 저서에서도 활용하였다. 특히 필자가 작성한 「제주여성의 노동공간」은 단행본으로 발행되기 직전에 먼저 "濟州女性들의 屋外 勞動空間의 性格과 特性에 대한 硏究"라는 제하의 논문으로 『초등교육연구』(2006, 제11집, 제주교육대학교 초등교육연구원, 67~123쪽)에 발표했었음을 밝혀두고자 한다.

제주여성들의
옥외 노동공간

　　　　　　　　　　최근 공간(空間)이라고 하는 용어는 장
소(場所)라는 용어와 더불어 상당히 의미심장한 단어로 사용되고 있
다. 중국계 미국인 지리학자 이-푸 투안(Yi-Fu Tuan)은 "공간과 장소
란 용어는 우리들의 생활세계의 기본적인 구성요소로서, 경우에 따
라 전혀 기대하지 않았던 의미를 찾아낼 수도 있고 전혀 묻고자 하
지 않았던 질문을 제기할 수도 있다."라고 하였다. 나아가 공간과 장
소와의 관계에서는 "공간이 움직임이 일어나는 곳이라고 생각할 수
있다면, 장소는 정지(멈춤)한 곳"으로 이해할 수 있다고 하였다.[1]

　이처럼 지리학 분야에 있어서는 공간과 장소라는 개념이 매우 유
사한 의미를 지니면서, 때에 따라서는 매우 각별한 배경 속에서 차

---

1)　　이-푸 투안 저(Yi-Fu Tuan), 구동회·심승희 역, 1995, 『공간과 장소』, 도서출
　　　판 대윤, 15~22쪽.

별화된 의미로 사용되기도 한다. 특히 공간이란 용어는 어느 정도 한정된 범위를 의미하면서도 어떠한 행위나 상황이 일어날 가능성을 안고 있으며, 더불어 장소라는 구체적인 이미지를 띤 용어를 통해 더욱 확실하게 설명할 수 있는 개념이기도 하다.

이 글에서는 공간이라는 용어가 복잡하고 특수한 상황을 담아내는 지리학적 개념으로서가 아니라 보다 평범하고 일반적인 의미를 지닌 용어, 즉 '사람들이 어떤 행위나 동작을 실행할 수 있거나 상황을 연출할 수 있는 특정적인 범위'라는 정의를 바탕으로 논의해 가고자 한다. 이러한 관점에서 고려하면, 여기서 사용하는 공간이란 용어에는 장소라는 의미를 덧붙여 사용하는 예도 있을 수 있음을 제기해 두고자 한다.

이 글의 목적은 공간이라는 주제어를 바탕으로 하되 과거 어느 한 시점까지를 배경으로, 제주여성들이 옥외 공간에서 어떠한 노동(일)[2]

---

2) 이후부터는 '노동(勞動)'이라는 한자어 외에도 '일'이라는 우리말을 적재적소에서 바꾸며 사용하고자 한다. 사전적 의미에서 볼 때 '노동'과 '일'의 개념은 분명히 서로 다르다. 그러나 노동이라는 한자어의 배경에는 반드시 그 대가로서 '임금(賃金)'이나 '급료(給料)'가 전제된 듯한 이미지가 깔려 있어 상황에 따라서는 문맥이 매우 어색해질 수 있다고 판단하였다. 그리고 실제로 노동이라는 용어가 적절치 않은 경우도 많았다. 아울러 '노동문화'나 '노동공간'과 같이 두 단어를 붙여서 표현할 때는, 노동이라는 용어의 원 의미를 중시하여 사용하고자 한다.

들을 행하며 생활을 설계해 왔는지에 대하여 검토하고 분석하는 것이다. 따라서 이 글을 작성하는 기본 시점은 시기적으로 대략 1970년대까지, 즉 제주도민들 대부분이 자연환경에 적극적으로 의지하며 전통사회가 제대로 유지되던 시기를 기준으로 삼고 있다. 그렇다고 해서, 1980년 이후에 나타나는 제주여성들의 경제활동이나 노동공간이 색(色)이 바래서 논의할 필요가 없다는 의미는 결코 아니다. 한 가지 구차한 변명으로 대신하자면, 현시점에서 평가하는 제주여성들의 경제활동이나 노동공간이 그 이전 시기로부터 물려받은 하나의 유산이라 가정한다면, 이제는 뇌리에서 잊히기 전에 정리해 둘 필요성을 느꼈기 때문이라 할 수 있을 것이다.

그런데 이 글에서는 제주여성들의 노동공간이라는 관점을 부각하여 접근해 갈 때, 일의 성격이나 내용과 관련하여 시점(時點)이 매우 중요하게 작용할 수 있다. 다시 말해, 적어도 1970년대 이전까지 많이 행하던 노동이 조사 시점에서는 거의 행해지지 않는 것들도 존재하기 때문에, 그 중요성을 판가름할 때 다소 고려되어야 할 것으로 생각된다. 덧붙이자면, 조사 시점에서 생각할 때는 이미 사라져버린 노동도 포함될 수 있는데, 이처럼 사라져버린 노동도 제주여성들의 노동문화라는 측면에서 논의할 때는 결코 경시할 수 없다는 것이다.

이 글의 작성은 주로 청취조사와 문헌연구로 이루어졌다. 과거에 일부 제주여성들이 행하던 일거리 중에서는 아주 섬세하고도 단련된 숙련기술이 동반돼야만 가능했던 것들이 있다. 따라서 일의 단계나 과정을 제대로 이해하고 정리하기 위해서는 청취조사에 의존할 수밖에 없었다. 나아가, 조사 시점에서 볼 때 이미 사라져버린 일거리 중에서도 매우 특수하거나 생존자가 거의 없어 청취조사가 불가능한 경우에는 이미 선학들에 의해 발표된 연구 결과를 최대한으로 활용하였음을 밝혀둔다.

제주여성들의 옥외 노동과
노동공간의 특징

제주여성들의 노동공간은 아주 특이한 면을 가지고 있다. 단순하게 생각하면, 우리의 어머니나 할머니들의 손이 닿고 발길이 머무는 장소, 그리고 앉아있는 장소나 공간이 곧 노동공간이었다고 할 수 있다. 그만큼 전통사회가 유지되던 시기의 제주여성들은 한시라도 손에서 일거리를 놓지 않고 생활하는 맹렬 여성이었다. 제주여성들은 한 가지 일거리를 처리하고 있으면서도, 머릿속에서는 이미 다음의 일거리를 정하며 삶을 살았다.

집 안의 노동이 일상생활에서 가장 가까운, 즉 오늘과 내일 또는 며칠 안으로 필요한 의식주 관련 노동이라고 설정할 때, 들과 밭과 바다 등 집 밖의 노동은 가까운 미래나 먼 장래에 가족들의 의식주를 해결하기 위한 노동으로 구분해 볼 수 있다. 전통사회 제주여성들의 옥외 노동공간은, 주거지로부터 거리 개념을 도입하여 구분하면 길가(마을길), 빨래터, 시장, 밭(농경지)과 들녘(들판), 바다 등을 들 수 있다. 여기서는 이들 노동공간의 성격과 제주여성들의 노동과정의 특성을 결부시켜 검토해 보고자 한다.

길가(마을길): 솜씨의 노동공간

집 밖의 길가(마을길)라고 하는 공간은 사회생활이 시작되고 마무리되는 곳이다. 아침에 눈을 뜨고 집 밖을 나서면, 동네 사람들과의 만남이 시작되는 공간이 집 밖 길가의 공간, 즉 마을길이다. 마을길의 공간은 도로의 흐름에 따라 다양한 방향으로 이어져 있다(그림 1). 이처럼 길은 인적 교류가 이루어지는 가장 기본적인 공간이지만, 제주여성들에게는 노동이 행해지는 공간으로서도 의미가 있다. 더욱이 제주도 농어촌의 마을길은 상당히 다양한 역할을 담당해 왔다.

제주여성들의 노동공간으로서 마을길은 선적(線的) 공간의 특징을 담고 있다. 선(線)은 어느 한 지점에서 시작되어 계속 이어지거나 어느 한 지점에서 맺어지는 속성을 지닌다. 선의 속성을 지닌 마을길은 일직선으로 이어지기보다는 꾸불꾸불한 곡선 형태로 이어지는 것이 일반적이다. 따라서 이러한 길의 속성을 인지하고 있는 제주여성들은 저마다 나름대로 지혜를 발휘하여 일하곤 했다.

제주여성들은 평소에 마을길에서 어떤 일들을 해 왔을까. 몇 가지 구체적인 사례를 들면, 농작물 타작, 타작한 농작물 말리기(날레 널기) 및 불리기(바람에 날리며 티 골라내기), 걸름(거름) 쌓기, 집줄 놓기, 미

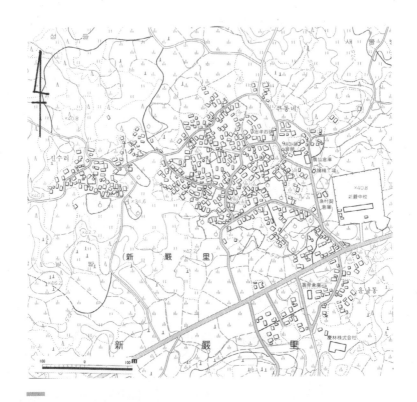

〈그림 1〉 제주시 애월읍 신엄리의 마을길.

출처: 1:5,000 지형도 한림 〈翰林 075〉 도폭(1984년 편집, 국립지리원 발행).

역, 톳, 감태 등 해산물 말리기 등을 들 수 있다. 이에 관한 내용을 사
례로 정리하면서 마을길이 주는 공간성의 의미를 음미해 보자.

마을길 주변에서 가장 손쉽게 볼 수 있는 장면 중 하나는 농작물
타작이다. 농작물 타작은 보통은 집 안 마당에서 행하거나 혹은 밭

에서 베어낸 후에 할 때도 있지만, 상황에 따라 여의치 않을 때는 마을길에서 행하는 경우도 있다. 물론 이 경우, 지나가는 마을 사람들에게는 다소의 피해도 돌아간다. 그러나 서로가 피치 못할 집안 사정을 아는 처지라 이해할 수밖에 없음을 안다.

농작물 중에서도 마을길을 자주 점령하는 것들은 춤꽤(참깨), 유채, 콩, 팥, 고추 등 알맹이를 털어 내야 하는 작물류가 많다. 그런데 이런 일거리는 남성보다도 주로 여성들이 담당했다. 춤꽤나 콩, 팥 등의 타작은 일단 한낮 동안 잘 말리는 작업부터 시작된다(사진 1). 햇살이 좋은 날 2~3일 잘 말린 유채나 콩, 팥, 녹두, 참깨 등은 쉽게 알맹

〈사진 1〉 마을길에서 춤꽤(참깨) 말리기(안덕면 덕수리, 2006. 9.).

이를 털어 내기 위한 작물의 상태가 중요하다. 따라서 작물의 양에 따라서도 다르겠지만, 통풍이 잘되면서 그늘이 지지 않고 많은 일사 량을 필요로 하는 장소로서 마을길은 안성맞춤이라 할 수 있다. 그러나 마을길이라 해도, 자신의 주택을 기준으로 할 때 기껏해야 직선거리로 200~300m를 벗어나지 않는 게 보통이다. 물론 그 배경은 시간을 절약하고 관리상의 문제가 뒤따르기 때문이다. 제주도의 마을은 여러 개의 자연마을로 구성되는데, 하나의 자연마을은 많은 집들이 연속적으로 연결되는 것이 일반적이다. 따라서 집 앞의 마을길은 통행에 우선적인 의미가 부여된 것이 사실이지만, 필요시에는 서로가 사용할 수 있는 제2의 '마당'이라 할 수 있다. 결국, 어느 집이건 간에 자신과 이웃의 앞뒤를 연결하는 마을길 200~300m의 구간은 서로가 양보하고 배려할 수 있는 공동의 소유 공간이자, 공동 운영권이 통하는 노동공간이라 할 수 있다. 이런 배경에서, 어떤 연구자는 마을길(주택가 길)을 '거주지의 연장공간', '주민들의 사회적인 교류공간' 및 '어린이들의 놀이공간'으로 취급함으로써 길이 매우 중요한 사회적 기능을 담당하는 요소라고 강조한 바 있다.[3]

둥그런 고랫방(빵)석이나 멍석 위에다 유채나 콩, 팥, 녹두 등의 농작물을 놓고 마을길에 한 줄로 늘어놓은 장면은 여름부터 늦가을까

3) 최유선, 2000, 「주택가 길의 사회적 기능」, 『地理學叢』 28, 27~37쪽.

지 제주도의 농어촌을 수놓는 또 하나의 풍경이다. 참깨의 경우는 한 다발씩 묶어 돌담에 의지하여 며칠 동안 말리기도 한다. 어떻든 마을길 따라 쭉 늘어선 농작물은 마을길의 공간적 의미를 한층 깊게 대변한다.

며칠간 햇볕에 말린 농작물은 비교적 집안의 한가한 날을 택하여 타작 작업에 들어간다. 타작 과정은 해당 농산물에 따라 다소 다르다. 가령 유채나 콩, 팥, 녹두 같은 경우는 직사각형의 멍석 한가운데 몰아넣고 도깨(도리깨)로 타작해야 알갱이가 잘 터져 나온다. 특히 양이 많은 경우에는 일일이 손으로 처리할 수 없으므로, 도리깨의 역할이 매우 중요하며 이 도리깨를 놀리는 솜씨가 좋아야 타작 과정이 빨리 끝난다. 제주도의 도리깨는 크게 손잡이가 달린 중심대 부분인 '어대(또는 장부)'와 중심대 끝에 연결된 타작대 부분인 '아들 (혹은 열)' 그리고 중심대와 타작대를 연결하는 '틀레(도리깨 꼭지)'로 구분할 수 있다.[4] 도리깨는 양손으로 중심대 끝부분을 잡고 타작대인 아들을 어깨 위로 넘기면서 멍석 위의 농작물을 힘껏 내리치며 타작한다. 대개 농촌에 거주하는 부모 세대들은 남성이건 여성이건 도리깨를 자주 사용한 경험이 있으므로 자유자재로 장소를 이동하며 활용할 수 있지만, 아들딸 세대인 젊은 사람들에게는 그 조작이 만만치 않다.

---

4)   김동섭, 2004, 『제주도 전래 농기구』, 민속원, 167~172쪽.

말하자면 도리깨질 자체는 나름대로 노하우가 필요하며, 좌우로 장소를 이동하면서 내리칠 때는 한층 더 숙련된 노련미(경험)가 필요하다. 이런 점에서 마을길은 제주여성들의 솜씨가 돋보이는 공간이기도 하다.

타작 과정이 마무리되면 알맹이와 껍질, 부스러기(예를 들면 유채 가지, 콩깍지 등)를 서로 구분하고, 최종적으로는 알맹이들 속에서도 아주 작은 티끌이나 흙먼지 등을 털어 내는 작업이 이어진다. 말하자면, 알맹이 골라내기 작업이라 할 수 있다. 이 단계에서는 작업용 도구도 체(篩)나 푸는체(키) 따위로 바뀐다. 대개 타작 작업은 양이 적을 때는 앉아서도 할 수 있지만, 양이 많을 때는 선 자세에서 힘차게, 그것도 2~3인이 번갈아 도리깨질하며 진행하는 경우가 많다.

그러나 알맹이 골라내기 작업에서는 보통 앉아서 여유 있게 진행할 수 있다. 이쯤 되면, 동네 행인들이 지나가다가 작업자의 한쪽 옆에 쪼그리고 앉아서 세상 이야기를 하는 상황이 되기도 한다. 이것은 그만큼 알맹이 골라내기 작업에서는 작업하는 당사자도 정신적인 여유를 가질 수 있음을 의미한다. 어떻든 알맹이 골라내기 작업을 하는 과정에 동네 행인들이 하나둘 모여드는 상황에 이르면, 그야말로 온갖 세상 이야기와 살림 이야기로 이야기꽃이 피게 된다. 가령 어느 집안에 결혼식이 또는 대소상(大小喪)이 며칠 남았다느니, 내일모레 오일장이 서는데 어떤 농산물을 갖고 가서 팔아야 좋을 것인지, 어저께 물질(잠수일)에서 큰 전복을 하나 놓쳐서 분하다느니 등등

어느 한쪽이 이야깃거리를 늘어놓으면, 또 다른 한쪽이 물음에 맞는 대답이나 의견을 내놓는다. 이 정도까지 이야기가 진전되면, 마을길의 한쪽 구석은 정보 교환의 장으로 탈바꿈한다.

그런데 이처럼 마을길 한쪽에서 오가는 제주여성들의 대화도 잘 귀담아들어 보면, 정해진 상황에 맞게 서로가 무슨 일을 해야 할 것인지, 무엇을 미리미리 준비해야 한다는 등의 내용이 주를 이룬다. 그렇기 때문에, 지나가던 사람도 작업자도 단순히 앉아서 이야기만을 즐기는 상황은 아니다. 행인은 행인대로 해결책을 찾기 위해 구체적인 답변을 요구하기도 하고, 작업자는 부지런히 손을 놀리며 나름대로 자신의 의견이나 답변을 개진함으로써 상대방에게 위안과 해결의 실마리를 제공한다. 이렇게 되면, 지나가던 사람도 뜻하지 않은 자리에서 평소의 고민거리를 해결할 수 있고, 작업자도 길바닥에서 혼자 작업하는 무료함을 달랠 수 있는 것이다. 또 사안에 따라서는 마을길에서 작업하는 여성도 미처 입수하지 못했던 정보를 얻게 돼서 좋은 점이 있다.

한편, 〈그림 2〉를 살펴보자. 〈그림 2〉는 마을길에서 주로 작업하는 농산물인 콩, 팥, 녹두와 참깨의 생산량을 그래프화한 것으로, 1968~1988년까지 약 20여 년의 변화를 나타낸 것이다. 이와 같은 기준을 선정한 것은 경제성장이 이루어지기 직전인 대략 1960년대 말부터 경제성장이 한창 진행 중인 1980년대 말까지를 의식했기 때문이다. 이 자료에 의하면, 제주도에서 생산되는 농작물 중에서도 두

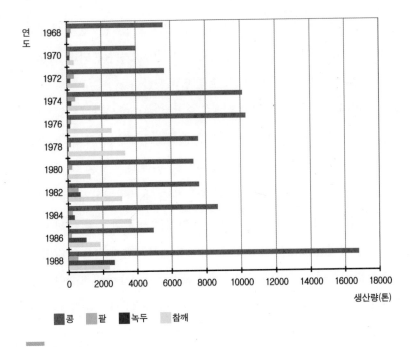

<그림 2> 제주도의 주요 두류와 특용작물의 생산량 변화(1968~1988년).
출처: 제주도, 각 연도, 『제주통계연보』에 의해 작성.

류(豆類)나 일부 특용작물과 같이 깍지 속의 알맹이를 필요로 하는 농
산물은 비교적 종류는 적지만 나름대로 일정한 생산량을 유지하고
있었다. 이들 콩(대두), 팥(소두), 녹두, 참깨는 물론 유채 등은 많은 농
가에서 자가 소비는 물론이고,[5] 필요시에는 물물교환이나 판매를 통
해 현금화를 꾀할 수 있는 아주 유용한 작물이다. 그리고 〈그림 2〉
에 제시한 농작물들은 현재도 여러 농가에서 많이 재배하는 것들이

다. 여러 농산물 중에서는 한국인의 식탁에 빼놓을 수 없는 된장의 주원료인 콩의 생산량이 압도적으로 많고, 여러 가지 조리에 필요한 참기름의 원료인 참깨 생산량도 비교적 많다. 콩이나 참깨보다 생산량은 적지만, 팥과 녹두는 주식인 보리밥(또는 조밥)을 맛깔스럽게 하는 주요소이다. 아무튼 이들 농작물의 공통점은 제주여성들의 섬세한 손놀림에 의한 타작 공정과 알맹이 걸러내기 공정을 거쳐야만 최종적으로 식탁 위에 오를 수 있다는 것이다.

이상과 같이 모든 두류와 특용작물이 앞에서 서술한 타작 과정을 거치는 것은 아니지만, 특히 식탁 위에 오르는 것이나 혹은 가까운 날에 오일장으로 가지고 갈 몇몇 농산물들은 집 앞의 마을길에서 타작과 마무리 공정을 거치는 것이 예사이다(사진 2). 따라서 그러한 일을 하는 장소와 공간은 일시적으로나마 제주여성들이 피로를 풀며 평소에 못다 한 정담을 나누고 정보를 교환하는 장으로도 활용된다는 사실에서, 제주의 마을길은 원래의 주 기능인 통행에 못지않게 부차적인 기능이 있음을 이해하게 된다. 바로 이러한 점이 평소에

---

5) 유채는 같은 기간에 4개의 농작물과는 비할 수 없을 정도로 생산량이 많아 동일한 단위로 표현할 수 없어서 생략하였다. 유채 생산량은 예를 들어 1968년에는 41,334t, 1974년에는 18,205t, 1980년에는 15,648t, 1986년 6,225t 등으로 다른 작물에 비하면 생산량 단위가 상당히 높게 나타난다.

〈사진 2〉 마을길에서 콩(대두) 불리기(구좌읍 하도리, 2006. 11.).

우리가 잊고 있거나 미처 생각지 못했던 마을길의 공간성이 아닐까
한다.

　마을길에서 농작물 타작과 마무리 공정 같은 일만 행해지는 것은
아니다. 가장 간단한 일 중의 하나는 날레[6] 널기, 해산물(미역, 감태, 톳,
오징어, 옥돔 등) 널기 등 햇볕을 이용하여 타작한 곡식을 말리거나 바

---

6)　　날레는 곡식을 바람에 쐬거나 햇볕에 말리기 위하여 멍석에 널어놓은 것을
　　　말한다(濟州道, 1995, 『濟州語辭典』, 제주도, 91쪽.).

다에서 잡은 해산물을 말리는 작업이다(사진3). 한여름에 마을길 한쪽으로 타작한 보리(알맹이)를 멍석 위에 풀어놓고 해가 질 무렵까지 말리는 광경은, 또 다른 마을길을 만들어 놓은 듯한 착각 속에 빠지게 한다. 말하자면 제주여성들이 만들어 놓은 직사각형 멍석의 보릿길인 셈이다. 한낮에 보리 알맹이를 당그네(고무래)라는 도구로 몇 번이고 휘젓는 모습(즉 '날레 젓기')이나 널어놓았던 날레를 거두어들이는 모습(즉 '날레 거두기')도 제주도의 농촌을 대변하는 경관으로 손색없다. 한편에서 생각하면, 이러한 날레 젓기나 날레 거두기도 마을길처럼 길게 이어진 공간이 아니고서는 결코 행할 수 없는 일이라 할 수 있

〈사진 3〉 해안도로에서 우미(우뭇가사리) 말리기(구좌읍 하도리, 2006. 6.).

다. 나아가, 이런 일거리도 대부분은 제주여성들의 날렵한 솜씨가 필요하다. 제주도의 마을길은 때때로 제주여성들의 손길을 재촉하는 분위기를 조장하면서도, 때로는 서로의 마음을 은근히 사로잡아 바쁘게 달려온 과거를 잠시나마 잊게 하는 역할을 하기도 한다. 이 또한 평소 우리가 느끼지 못했던, 마을길이 가져다주는 의미 있는 공간성이라 해야 할 것이다.

빨래터: 대화와 상념의 노동공간

제주도의 빨래터는 육지의 분위기와는 사뭇 다르다. 육지의 경우는 주로 흐르는 시냇가에 나가 빨래를 하지만, 제주도에서는 해안가에서 솟아나는 용천수(泉水)나 인위적으로 만든 봉천수(대개 주민들은 '물통'이라 한다.)를 이용하여 빨래를 했다. 제주도에서는 빨래를 '서답'이라 한다. 그래서 보통 바구니에 빨랫감을 넣고 바닷가나 봉천수로 향할 때, 혹시라도 지나가던 동네 사람이 행선지를 물으면 대개 "○○로 서답하러 간다."는 식으로 답하곤 했다.

상수도로 수돗물이 공급되기 이전인 1970년대 초까지만 해도 제주도에서는 물이 너무나 귀하여 빨래도 아무 때나 할 수 있는 상황이 아니었다. 가족들의 옷을 비롯한 여러 가지 빨랫감을 한곳에 잘 모아두었다가 정기적으로 용천수나 봉천수에 마련돼 있는 빨래터로 나갈 수밖에 없었다(사진 4). 특히 계절이 바뀌는 시기가 오면, 우리의

〈**사진 4**〉 용천수 빨래터의 풍경. 출처: 제주여성특별위원회, 『제주여성, 시대를 어떻게 만났을까』, 2003, 58쪽.

어머니들은 빨랫감이란 빨랫감은 모조리 꺼내 들고 빨래터로 향해야만 했다. 빨래하는 일은 오로지 여성들의 몫이었으며, 특히 어른들의 옷이나 이불 빨래 등 집안의 큰 빨랫감은 어른인 어머니나 할머니들이 도맡아 해야만 했다. 그래서 "여자로 나느니 쉐로 나주.(여자로 태어날 바엔 소로 태어나지.)"라는 제주 속담이 있듯이,[7] 제주여성들에게는 쉴 새 없이 할 일들이 밀려드는 게 현실이었고, 또 제주여성

---

7)   고재환, 2001, 『제주속담총론』, 민속원, 62쪽; 179쪽.

들은 그러한 현실을 어쩔 수 없이 받아들였던 것도 사실이다. 다시 말해, 과거의 제주여성들에게는 집안일은 물론이고 밭일과 잠수 일 등 가장 아닌 가장으로서 할 일이 너무나도 많았다.

아래의 글은 빨래터의 상황을 잘 묘사한 어느 제주여성의 글이다.[8] 당시 빨래터의 분위기를 잘 느껴 볼 수 있는 글이어서, 여기에 인용하고자 한다.

> 긴 겨울이 끝나고 춘삼월이 되면 우리 어머니들은 겨우내 입었던 두꺼운 무명옷과 때에 찌든 이불깃을 들고 빨래터를 찾으셨다. 이웃집에서도 마찬가지로 빨래터를 찾게 되고 약속이나 한 듯이 삼삼오오 모여 앉아 빨래를 하는 여인들로 붐볐다. 이때 약방의 감초처럼 빨랫감 속에 따라오는 것이 빨랫방망이였는데, 힘들이지 않고 손쉽게 빨래할 수 있도록 도와주는 유일한 도구였다.(11쪽)

> 빨랫방망이는 '마께'라고도 불렀고 비누가 부족했던 그 시절에는 어느 가정에서나 없어서는 안 될 생활필수품 중의 하나였다. 빨랫방망이로 두드리는 단골 메뉴는 광목으로 만든 이불깃과 무명옷, 속내의, 논밭에서 흙으로 범벅이 된 덩치 큰 옷들이 많았으며 걸레야말로 동네북처럼

---

8) 김강임, 1998, 「빨래터」 『되돌아본 그때 그 시절-제주인의 슬기로운 삶 이야기-』, 제주시, 11~15쪽.

100 인문지리학자의 제주 산책

매일 얻어맞는 가엾은 신세가 되고 말았다. 이러한 풍경은 주로 겨울이 끝나갈 무렵, 물이 흐르는 냇가에서나 공동샘터에서 볼 수 있었으며 동네 아낙네들은 시집살이 이야기며 이웃 마을의 소문으로 꽃을 피웠다….(11쪽)

윗글에서는 봄이 오는 길목에서 제주여성들이 집안의 모든 빨래를 해야 했던 배경과 빨래터에서 흔하게 오가던 정담들이 있었음을 알려주고 있다. 인용문에서는 빨래터를 '물이 흐르는 냇가'나 '공동샘터'라 말하고 있으나, 전자의 경우는 필자의 생각과 조금 다른 듯하다. 제주도 내에서도 사시사철 물이 흐르는 냇가는 몇 되지 않기 때문이다. 즉, 제주시의 산지천과 외도천, 서귀포시의 연외천(일명 선반내라고도 함)과 강정천(일명 도순천), 한림읍의 옹포천(일명 건남내, 월계천) 그리고 남원읍과 서귀포시 사이를 흐르는 효돈천 등 일부 하천을 제외하면,[9] 영구하천(永久河川, permanent stream)[10]은 거의 존재하지 않기 때문이다. 이들 산지천을 비롯한 6개의 하천도 하천의 중류나 하류 구간에서 지하수나 용천수의 용출로 물줄기가 형성되는 것이기

---

[9]   제주도·한라산생태문화연구소, 2006, 『한라산의 하천』(한라산 총서 Ⅷ), 45쪽.
[10] 학술적으로는 연중 유출수가 있는 하천을 말하며 항상하천(恒常河川)이라고 도 한다(한국지리정보연구회편, 2004, 『자연지리학사전』(개정판), 한울아카 데미, 402쪽.).

때문에, 육지부의 하천과 같이 전 구간을 흐르지 않고 중·하류의 일부 구간에서만 흐르는 것이 일반적이다. 게다가 이들 하천도 계절에 따른 수량 변화가 커서, 마음먹은 대로 아무 때나 활용할 수 있는 상황은 아니었다.

이렇게 생각할 때, 인용문에서와 같이 '물이 흐르는 냇가'에서 빨래를 할 수 있는 사람들은 그나마 6개의 하천을 끼고 있는 주변 지역의 여성들이라 할 수 있다. 아울러 이들 하천을 끼고 있는 주변 지역의 제주여성들은 도내 다른 지역의 여성들보다 크게 혜택을 입은 여성들이었다고 말할 수 있다. 그러므로 제주도 내 여성들도 해안 마

〈사진 5〉 중산간 마을의 우마용 봉천수 겸 빨래터(애월읍 용흥리, 2006. 10.).

을의 경우는 해안 용천수가 있는 바닷가로, 중산간 마을은 봉천수(또는 용천수가 있는 장소)를 찾아서 빨래를 해결하였다. 물론 봉천수나 용천수가 있는 장소에는 빨래터 시설을 갖추고 있었다(사진 5).

여기서 잠깐 빨래터 풍경을 스케치해 보자. 보통 중산간 마을의 봉천수 빨래터의 경우는 주로 우마용(牛馬用)으로 사용하는 봉천수의 한쪽에 마련돼 있다. 즉 우마용 봉천수의 한쪽으로 사람들이 왕래할 수 있도록 디딤돌이 마련돼 있는데, 이 디딤돌은 우마가 물을 먹는 동안 사람들이 기다리는 장소이기도 하고 여성들에게는 빨래하는 장소로도 이용된다. 특히 왕래용 디딤돌 앞으로 몇 개의 판돌을 마련해 두는데, 이 판돌은 빨랫감을 올려놓는 용도로 쓰인다. 마을에 따라서는 빨랫감을 1~2차로 나누어서 할 수 있도록 빨래터를 두 군데로 구분해 놓은 예도 있었다(그림 3). 이것은 아무리 우마용 봉천수라고 하더라도, 비누나 양잿물을 사용하여 빨래를 하고 나면 이들 성분이 물속에 가라앉게 되어 나중에는 우마에게 큰 피해가 돌아갈 수 있기 때문이다. 그러므로 일차적으로는 우마용 봉천수에서 흙과 오물을 깨끗이 털어 내고, 그 후에 별도로 마련된 2차 빨래터에서 비누나 양잿물을 사용해서 마저 빨래를 하도록 했다.[11] 물론 이 경우에는 2차로 사용할 빨래용 물을 우마용 물통에서 운반해야 하는 번거

---

11) 제주시 애월읍 용흥리의 사례로서, 동 마을 출신인 강춘일(여, 55세) 씨와의 인터뷰 내용에 의함.

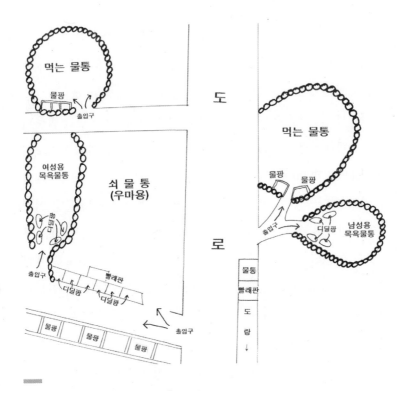

먹는 물통

물팡

출입구

여성용
목욕물통

쇠 물 통
(우마용)

물팡

출입구

디딜팡

빨래판

물팡

물팡

물팡

출입구

도

로

먹는 물통

물팡

물팡

출입구

디딜팡

남성용
목욕물통

물통

빨래판

도
랑
↓

〈그림 3〉 빨래터가 이중으로 구분된 중산간 마을(제주시 애월읍 용흥리)의 사례.
출처: 현지 청취조사(2006. 10. 15.)에 의해 작성.

로움이 있다. 이러한 상황은 천수(天水)에 의존해야만 하는 중산간 마
을 여성들의 고민거리였으며, 결과적으로 한정된 물을 효율적으로
사용해야 한다는 어른들의 지혜였음을 이해하게 된다.

〈표 1〉은 서귀포시 안덕면 덕수리의 봉천수 실태를 나타낸 것이
다. 마을 사람들과의 인터뷰를 통하여 밝혀낸 점을 정리해 보면, 봉

천수는 여러 개가 있지만 식수용과 우마용을 구분하고 있었으며, 우마용의 경우 대부분 목욕용이나 빨래용으로도 사용할 수 있도록 나름대로 구안하고 있었다는 것이다. 물론 봉천수의 다소(多少) 여부는 마을의 크기나 인구수와도 비례하는 것이라 할 수 있다. 그러나 식수용이나 우마용 물 못지않게 목욕용이나 빨래용 물의 확보도 중요했다.

한편, 해안가의 용천수에 마련된 빨래터는 다소 분위기가 다르다.

〈표 1〉 중산간 마을의 봉천수와 빨래터의 유무 현황(서귀포시 안덕면 덕수리 사례)

봉천수 이름	위치 (자연 마을 단위)	용도별 개수(개) 및 유무 현황(O, ×)				잔존 유무 (조사 시점)	비고
		식수용	우마용				
			개수	목욕용	빨래용		
① 곶바구리물	동부락	1	1	○	○	○	주변 지역 정리로 다소 축소돼 있음
② 흘왓	동부락	1	1	○	×	○	
③ 동부락물통	동부락	2	1	○	○	×	
④ 서부락물통	서부락	2	1	○	○	×	
⑤ 새물통	서부락	2	0	×	×	△	일부 남아 있음
⑥ 몰모릿도	서부락	0	1	○	○	×	
⑦ 어구왓물통	서부락	1	1	○	○	×	
⑧ 도래(도ᄅ)못	상부락	1	1	○	○	△	일부 남아 있음
⑨ 군물	사계리 지경	2	1	○	○	○	도로 확장으로 다소 축소돼 있음

출처: 현지 청취조사(2006. 7. 31.- 마을 이장 / 2006. 9. 8.- 마을 향장)에 의해 작성.

용천수의 물가는 물이 솟아나는 주변 지형과도 결부되어 다양한 형태의 빨래터가 조성된다. 예를 들면, 물이 용출(湧出)하는 지점을 기점으로 하여 길게 직선 형태로 조성되기도 하고 원형이나 타원형으로 조성되기도 한다. 그렇지만 용천수의 빨래터는 어떤 형태가 되든 간에 기본적으로는 물이 계속 용출하면서 바다 쪽으로 흘러나가는 형국이 되기 때문에, 빨래하는 물은 항상 새롭게 바뀌게 돼 있다. 그리고 용천수의 빨래터는 직선 형태이든 원형·타원형이든 간에 여성들이 마주 앉거나 혹은 좌우 양옆으로 앉아 대화를 나누며 빨래할 수 있는 구조가 일반적이다. 이것은 그만큼 물이 풍부하여 여러 사람이 동시에 빨래할 수 있음을 보여주는 것이다. 그러므로 해안 마을에서는 용천수에 마련된 빨래터로 여성들이 삼삼오오 짝을 지어 빨래하러 가는 풍경도 흔하게 볼 수 있었다.

제주도 내의 용천수는 1998~1999년에 걸쳐 조사한 바에 따르면, 〈표 2〉와 같이 전체 911개소로 확인되고 있다. 용천수는 표에서 확인할 수 있듯이, 중산간 지역이나 산간 지역보다 해안 지역에 압도적으로 많이 분포하고 있음을 알 수 있다. 이러한 상황은 이미 잘 알려진 바와 같이, 아주 먼 과거부터 사람들이 주로 해안 지역에 모여 집촌(集村)을 형성하게 하는 배경이 되었으며, 결과적으로 제주도 내의 전체 취락이 환상(環狀)의 형태로 나타나게 하는 계기가 된 것이다.

과거 해안 마을에서는 비교적 용천수가 풍부하여 식수는 물론이고 목욕용이나 빨래용으로도 많이 이용되었다. 그런데 문제는 해

<표 2> 제주도 내 지역별 용천수의 분포 실태(1999년)

(단위: 개소, %)

지역별	해안 지역 (해발 200m 이하)	중산간 지역 (해발 200~600m)	산간 지역 (해발 600m 이상)	합계
제주시	111(78.2)	23(16.2)	8(5.6)	142(100.0)
서귀포시	151(89.9)	12(7.1)	5(3.0)	168(100.0)
북제주군	378(95.0)	14(3.5)	6(1.5)	398(100.0)
남제주군	201(99.0)	-(0.0)	2(1.0)	203(100.0)
합계	841(92.3)	49(5.4)	21(2.3)	911(100.0)

출처: 제주도, 2000, 『2000 환경백서』, 제주도, 110쪽에 의해 필자가 일부 수정 보완함.

안 마을이라 해도 마을 중심부에서 용천수가 있는 해안까지는 멀리 떨어져 있는 마을들이 많아서, 제주여성들이 물을 길어오거나 빨래를 하러 왕래하는 데 많은 시간과 어려움이 뒤따랐다는 것이다.[12]

보통 빨래터에서는 제주여성들이 디딤돌에 앉은 자세로 빨랫감을 판돌에 올려놓고 물을 적시며 빨랫방망이로 두드리고 손으로 문

---

[12] 예를 들어 제주시 애월읍 신엄리는 지도상에서는 분명히 해안 마을에 해당하지만, 마을 중심부에서 해안 용천수가 있는 장소까지는 거의 왕복 1㎞의 거리를 왕래해야만 했다. 거기에다 해안 용천수로 향하는 길이 오르막과 내리막이 이어지는 비포장도로였기 때문에, 여성들이 물을 허벅으로 운반하거나 무거운 빨래를 지고 오가는 데 상당한 어려움이 있었다고 토로한다(성봉추(여, 73세, 전 신엄리 거주)와의 인터뷰 내용에 의함.).

지르며 오물이나 이물질을 깨끗하게 씻어낸다. 아울러 빨랫감은 그 종류에 따라 조금씩 다른 과정을 거친다. 가령 흙이 많이 묻은 작업복(남성용 갈중이나 여성용 몸빼 등)은 1차로 물에 담가 흙을 깨끗이 떨어낸 후에, 2차로 양잿물이나 빨랫비누를 사용하여 남아있는 이물질이나 때를 벗겨낸다. 물론 더욱 깨끗이 해야 하는 속옷이나 내의 등은 3~4차에 걸쳐 비누칠과 헹굼 과정을 거치는 것이 보통이며, 흐르는 물에 얼마간 담가 두기도 한다.

이상과 같이, 중산간 마을이나 해안 마을의 빨래터도 제주여성들에게는 삶의 공간의 연장선에 있었음을 새삼 확인할 수 있다. 제주여성들은 빨래터에서도 가족들의 앞날 걱정, 시부모와 친부모의 건강 걱정 등 머릿속에서는 끊임없이 이어지는 상념을 지닌 채 빨랫물에 손을 담그곤 했다. 그런 와중에도 동료들과의 대화는 끊임없이 이어진다. 이런 의미에서, 빨래터는 제주여성들에게 상념의 공간이자 대화의 공간이라 할 수 있을 것이다.

장터: 교환경제를 위한 노동공간

여성들에게 시장이 안겨다 주는 의미는 매우 각별하다고 할 수 있다. 시장은 여성들에게 현실적인 경제활동의 장이라는 느낌이 강하기 때문이다. 시장에 들어서 보면, 남성들이 없는 것은 아니지만, 여성들이 역동적으로 움직이는 모습이 더 강렬하게 다가온다. 시장에

관해 오랜 연구를 해온 한 전문가에 따르면, 시장은 '사람과 사람, 공간과 공간을 한데 묶는 끈'이라 했다.[13] 충분히 이해할 수 있는 대목이다. 시장에 가면, 평소에 자주 만나지 못하던 사람들이나 혹은 꼭만나고 싶었던 사람들이 약속이나 한 듯이 나와서 서로를 기다리곤했다. 나아가 장날이 되면, 이 마을 저 마을, 특히 제주도에서는 시장 주변의 해안 마을은 물론 중산간 마을 사람들도 모두 합세하게된다. 이런 점에서 보면 시장은 작은 지역사회 안에서도 마을과 마을을 연결하는, 공간과 공간을 연결하는 네트워크(network)라 할 만하다.

시장은 물질적 욕구의 해결공간이자, 나름대로 정신적 안도를 추구할 수 있는 공간이다. 동시에 경제적인 고민과 걱정이 일시적으로쌓이는 공간이면서, 또 항상 만족스럽지는 못하나 평소의 고민과 걱정을 일부 해결할 수 있는 공간이기도 하다. 따라서 여성들이 시장으로 향할 때는 즐거움과 근심스러움을 동시에 짊어지고 가게 된다. 그리고 시장으로부터 돌아올 때는 일부의 근심거리를 해결하여 즐거운 마음일 수도 있고, 때에 따라서는 애초의 생각만큼 만족스럽지못한 결과 때문에, 또 다른 근심과 걱정을 가지고 돌아와야만 하는상황에 봉착하기도 한다. 이러한 배경은 기본적으로 생각할 때, 집

---

13)   정승모, 1992, 『시장의 사회사』, 웅진출판, 18쪽.

에서 생산한 상품(농·수·축산물)의 가치와 시장가격과의 차이에서 빚어지는 것이라 할 수 있다.

오늘날에는 상설시장, 즉 매일 시장이 비교적 큰 읍내라면 어디든지 한두 군데는 존재한다. 여성들에게는 그만큼 편리해진 것이 사실이며, 그에 따른 여성들의 노동공간 내지는 활동공간도 이전과 비교하면 훨씬 넓어진 것도 사실이다. 또한 과거보다 질적 노동시간의 연장에 따라 여성들의 임금도 상대적으로 크게 상승한 점도 부인할 수 없다. 그렇다고 해서 여성들의 걱정과 근심, 혹은 가내(家內)의 불행이 다 사라지는 것은 아니다.

제주도에는 상설시장이 생겨나기 이전에 먼저 정기시장이 형성되었는데, 그중에서도 오일(시)장 개설이 중심이었다. 제주도의 오일장은 일제강점기에 들어서기 직전인 1906년경부터 정기적으로 열리게 되었는데, 이는 당시 윤원구(尹元求) 군수가 부임하면서 도민들의 물자 유통을 원활히 하기 위한 목적으로 제주 읍내를 비롯해 삼양, 이호, 외도, 애월, 조천, 김녕, 세화 및 서귀포 등에 개설한 것이 효시가 되었다.[14] 물론 오일장이 개설되기 전에는 제주도민들 서로가 생산한 농·수·축산물 및 임산물의 일부를 맞바꾸어 생활에 필요한 것들을 구입하는, 말하자면 물물교환 방식이 행해져 왔다.

---

14)   진관훈, 2004, 『근대제주의 경제변동』, 도서출판 각, 42쪽.

오일장터에서는 서로가 생산자이고 소비자라 할 수 있다. 제주도
민들은 과거로부터 자급자족에 의존했던 생활방식을 지속해 왔기 때
문에 거의 모든 이들이 1차산업에 종사하는 상황이었고, 그 결과 오
일장터로 가지고 오는 생산물도 대부분은 농·수·축산물이나 임산물
이었다. 따라서 오일장터에서는 서로가 생산한 물품 중 잉여분(剩餘
分)을 가지고 와서 팔고, 또 자신이 필요한 것을 사서 가는 형태가 주
를 이루었다.

제주도 내의 시장 실태가 어떠했는지, 좀 더 구체적으로 접근해
보기로 하자. 〈표 3〉은 1950년대 말부터 1970년대 말까지 제주도 내
의 시장과 점포 수의 변화를 나타낸 것이다. 1950년대 말이라고 하

〈표 3〉 1950년대 말~1970년대 말까지의 제주도 내 시장 및 점포 수 실태

구분 연도(연)	상설시장(개소)		정기시장(개소)		합계(개소)	
	시장 수	점포 수	시장 수	점포 수	시장 수	점포 수
1959	4	630	23	950	27	1,405
1963	5	301	22	1,294	27	1,595
1966	5	301	25	1,295	30	1,596
1969	5	498	25	686	30	1,184
1972	8	842	25	834	33	1,676
1975	11	1,241	24	1,067	35	1,676
1977	12	1,291	20	935	32	1,676

출처: 濟州道, 1982, 『濟州道誌』(下卷), 濟州道, 183쪽에 의해 간략화.

는 시대적인 상황은, 전국적으로 볼 때 한국동란으로 인해 모든 국민의 살림살이가 어려웠던 시기였으며, 제주도도 예외는 아니었다. 그리고 1970년대 말은 대한민국의 경제적 성장 기반이 한창 조성돼 가는 한편, 농·산·어촌 지역에서는 새마을 운동이 한창 진행되는 가운데 모두가 가난에서 탈출하여 잘살기에 동참하려는 매우 역동적인 시기였다. 제주도 역시 그 역동적인 시기의 한 축에 있었던 지역임은 말할 나위도 없다. 따라서 서민들의 경제활동의 장(場)인 동시에, 가족들을 위한 노동공간인 시장의 특성과 변화를 잘 살펴볼 수 있는 시기라 말할 수 있다.

1950년대 말 제주도 내의 시장은 상설시장이 4개소에 630점포가, 정기시장이 23개소에 950점포가 입점(立店)하여 장사하고 있었다. 그 이후에 상설시장이나 정기시장은 크고 작은 변화를 동반하게 되지만, 그 특징을 단적으로 요약하면 1960년대와 1970년대를 거치면서 상설시장이 점점 증가하는 한편, 정기시장은 점점 감소하는 상황을 맞고 있다는 사실이다. 특히 제주도에서는, 오일장으로 대표되는 정기시장이 1960년대 중반부터 1970년대 초까지 25개소로 가장 많은 분포를 보이다가 그 이후 점차 감소하는 경향을 보인다.

이러한 상황은 사회가 점차 발전함에 따라 시장에 등장하는 상품도 농·수·축산물과 임산물에서 공산품으로 바뀌게 되어 결국 시장경제의 성격도 바뀌는 상황으로 이어졌다. 더불어 사회가 발전하고 경제가 활발해질수록 일상생활에서는 다양한 물품이 필요함과 동시에,

사들여야 하는 시기도 빨라질 수밖에 없게 되었다. 그래서 일정한 기간을 단위로 하는 정기시장은 사회 변화 속에서 중심축(軸)이 되지 못하고, 항상 필요한 물건을 수시로 구매할 수 있는 상설시장이 주목받으며 중심 무대로 등장하게 된 것이다.

〈표 4〉에서는 〈표 3〉에 나타난 정기시장의 쇠퇴 실태를 한층 더 실감 나게 보여준다. 제주도 농어촌 지역의 경제를 떠받치는 한편 많은 제주여성들의 일터라 할 수 있는 오일장이 1990년대로 접어든 이후에도 계속해서 사라져버린 결과, 제주시 오일장을 비롯하여 14개소만 남게 되었다. 나아가 2006년 시점에서는 제주시, 한림, 세화, 서

〈표 4〉 제주도 내 오일시장 실태(1990년대 이후)

소재지		개장일	소재지		개장일
제주시		2, 7, 12, 17, 22, 27일	서귀포시 중문		4, 9, 14, 19, 24, 29일
북제주군	한림	4, 9, 14, 19, 24, 29일			3, 8, 13, 18, 23, 28일
	세화	5, 10, 15, 20, 25, 30일	남제주군	대정	1, 6, 11, 16, 21, 26, 31일
	하귀	1, 6, 11, 16, 21, 26, 31일		표선	2, 7, 12, 17, 22, 27일
	애월	3, 8, 13, 18, 23, 28일		고성	4, 9, 14, 19, 24, 29일
	고산	5, 10, 15, 20, 25, 30일		성산	1, 6, 11, 16, 21, 26일
	신창	3, 8, 13, 18, 23, 28일		남원	3, 8, 13, 18, 23, 28일

＊행정구역은 2006년 6월 말까지 이어지던 체제이며, 북제주군의 하귀, 애월, 고산, 신창 오일장과 남제주군의 남원 오일장 등은 1990년대에 들어와 폐장됨.
출처: 제주도, 1993, 『제주도지(제2권)』, 제주도, 868쪽.; 제주도지편찬위원회, 2006, 『濟州道誌(第4卷)-산업·경제-』, 제주도, 423쪽 등에 의해 재작성.

귀포시(중심부), 중문, 대정, 표선, 고성, 성산 등 9개소로 감소하는 상황이 되고 말았다. 결국 오일장 수가 감소한 만큼, 제주여성들의 경제활동의 역동성도 과거에 비해 많이 떨어질 수밖에 없다고 하겠다.

이어서 제주도 오일장터의 풍경을 그려보자. 오늘날의 오일장터는 현대적 시설(상하수도, 차양 시설, 인도와 차도, 주차장 등)을 갖추고 있는 데다가 사람들의 움직임도 나름대로 질서정연한 모습을 보인다(사진 6). 그러나 과거 오일장터의 모습은 한 폭의 그림과 같이, 사람들의

〈사진 6〉 제주시 민속오일시장 모습(제주시 도두1동, 2023. 2.).

행동이나 장사용 좌판과 진열대 등이 다소 흐트러진 모습을 비치지
만, 왠지 모르게 사람들의 얼굴에는 여유가 있어 보이고 정이 넘쳐
흐르는 듯한 분위기를 엿볼 수 있었다(사진 7). 젊은 사람이건 나이를
지긋하게 먹은 사람이건 자신이 가지고 간 물건을 앞에 두고, 행인
들에게 미소를 띠며 계속해서 눈길을 보낸다. 때에 따라서는, 여기
저기서 자신이 가지고 온 물건을 싸게 팔 테니 구매하라고 목소리를
높이기도 한다. 그러다 보면, 행인들이 한 번 지나갈 때마다 주변은
왁자지껄해질 수밖에 없다. 여기서도 제주여성들의 목소리는 한층

〈사진 7〉 세화 민속오일시장 모습(구좌읍 세화리, 2006. 11.).

더 크게 행인들의 귓전을 울리게 된다.

앞에서 지적한 것처럼, 1970년대까지만 해도 제주도의 오일장터에서는 거의 모든 사람이 생산자이고 소비자였다. 그 이유는 말할 것도 없이 대부분 도민의 생업은 주로 농업이었고, 부분적으로 어업이나 임업, 축산업 등에 종사하고 있었기 때문이다. 이런 의미에서 오일장터의 이용자는 소농민(peasant farmers)으로 구성된 소비자로서, 구매자와 판매자의 역할을 동시에 했다고 볼 수 있다.[15]

제주도에서도 다소 예외라고 한다면, 제주시나 서귀포시 또는 각읍면 소재지를 중심으로, 일부 제조업을 비롯한 상업과 서비스업에 종사하는 사람들이 있었다. 결국, 농어민 대부분은 장날에 장터 한쪽 구석에 자신이 생산한 물건을 가지고 와서 앉아있으면 판매자가 되었고, 자신의 것을 팔고 나서 집안에 필요한 물건을 사게 되면 소비자로 변신하는 상황이었다. 그런 가운데서도 '물건 팔기'를 도맡아 하는 사람은 우리의 어머니이자 할머니라 할 수 있는 제주여성들이었다. 1970년대까지 이런 상황은 결코 제주도만의 모습은 아니었다. 전국의 농어촌 지역에서는 어디를 가도 흔하게 접할 수 있었던 장터의 모습이었고, 전국적으로는 그 수를 헤아리기도 어려울 정도였다.

장터에 사람들이 많아지는 읍내의 오일장터에는 주변 마을로부

---

15)　이재하·홍완순, 1992, 『한국의 場市-정기시장을 중심으로-』, 民音社, 42쪽.

터 많은 농어민이 몰려오기 때문에, 물건의 종류도 다양해지고 또 팔고 사려는 의욕으로 상당히 활기가 넘치게 된다. 특히 추석이나 설을 앞둔 대목장에서는 평소에 볼 수 없는 다양하고 진귀한 물건들도 등장한다. 따라서 제주여성들의 손길도 부산하게 움직이게 된다. 이런 장날에는 집안 제사를 지내야 할 제수용(祭需用) 물건도 사들여야 하고, 또 제수용 물건을 사기 위해서는 자신의 물건도 팔아야 하기 때문이다. 그리고 같은 물건이라도 부지런하고 재빠르게 움직여야 좋은 물건을 구매할 수 있다. 그러면서도 같이 간 동료나 이웃 사람끼리는 어느 편에 가면 어떤 물건을 얼마나 싸게 파는지, 열심히 정보를 교환하는 모습도 찾아볼 수 있다. 이 모습 역시 제주여성들의 부지런한 일면이다.

한편 오일장터에는 어떤 물건들이 쏟아져 나왔을까. 일반농가라면 다양한 농산물 중 보리쌀, 쌀, 조(차조, 메조), 콩, 팥, 녹두, 참깨, 유채, 지슬(감자), 감저(고구마), 양파, 양애(양하) 등과 돼지, 닭, 토끼, 염소 등일 터이고, 어업을 겸업으로 하는 겸업농가에서는 수산물 중 도미, 옥돔, 갈치, 자리돔, 우럭, 고등어, 오징어, 볼락, 복어, 멸치, 전복, 소라, 어랭이(놀래미)와 미역, 톳, 우미(우뭇가사리) 등 제주 연안에서 주로 많이 잡히는 어종과 패류 및 해조류들이며, 임업을 겸업으로 하는 겸업농가의 경우는 표고버섯을 비롯하여 장작(신탄), 숯, 고사리, 오미자 등을 판매용으로 들고 나왔다. 이 외에 보통 농가가 아닌 상인, 즉 정기적으로 오일장터를 따라다니는 일반 상인들은 옷(옷감)과 이불,

농기구(낫, 호미, 작두, 괭이, 목괭이, 섭괭이, 쇠스랑, 갈쿠리, 골채[삼태기], 톱, 삽 등), 신발, 옹기(사발, 물잔, 물허벅, 단지, 대소 항아리[물항, 장항, 쏠항] 등), 그리고 각종 생활용품 및 잡화(소·대형 대바구니, 되, 좀팍[솔박], 빗자루, 멕[멱서리], 글겡이[갈퀴], 푸는체[키], 총체[체(篩)의 일종], 대체[大篩], 초석, 주전자, 머리빗, 참빗, 성냥, 담배, 과자 등)를 들고 팔러 나온다. 거기다 엿장수, 고물장수, 뻥튀기 장사, 신발·가방 수선공 등등이 각기 적당한 장소를 차지하여 손님들을 불러들인다.

오늘날의 오일장에는 말 그대로 없는 것이 거의 없다고 해도 과언이 아니다. 농·임·수산물과 다양한 공산품은 종류별로 장터의 한 영역을 차지하고, 먹거리장터, 화훼장터(꽃시장), 할머니 장터 등 내용물과 판매하는 나이에 따라서도 쉽게 접근하여 싸게 살 수 있는 환경을 만들고 있다. 특히 귤나무, 유자나무 그리고 여러 가지 꽃이나 남녀용 갈옷, 갈천을 이용한 각종 모자나 가방 등은 제주도의 오일장터에서 쉽게 구매할 수 있는 특색 있는 상품들이다.[16]

대개 오일장터는 온갖 정보가 다 모여드는 정보의 집산지 기능을 겸하고 있다. 그리고 그러한 정보를 만들어내고 전파하는 사람 대부분은 여성들이다. 제주도에서도 마찬가지다. 특히 오일장터는 예나

---

16) 주영하·전성현·강재석, 1996, 『한국의 시장-사라져가는 우리의 오일장을 찾아서-』(제3권 전라남도·전라북도·제주도·광주 편), 공간미디어, 267쪽.

지금이나 선거철에 빼놓을 수 없는 공간으로 작동하기도 한다. 여러 후보자들이 오일장터를 찾아 여성 유권자들을 향한 공약(公約)을 많이 내걸기도 한다. 이러한 현상은 제주에서는 더욱 강렬하게 나타나고 후보자들은 더 열성적으로 오일장터의 제주여성들을 쫓아다닌다. 몇 년을 주기로 반복되는 다양한 선거는 제주의 오일장터와 제주여성들을 무시할 수 없는 존재로 만든다. 아울러 선거 관련 시기의 오일장터는 제주여성들이 평소와는 다른, 일시적으로나마 미래를 걸 수 있는 희망의 공간으로도 변신하게 된다.

오일장터에서 일하는 제주여성들은 너무도 많다. 그러나 어떤 업종에 종사하는 여성의 삶을 그리는 것이 좋을지 언뜻 혜안(慧眼)이 떠오르지 않는다. 그래서 오일장터에서 오랜 세월을 버티며 굳세게 생활해온 어느 할머니의 삶을 통해 한 제주여성의 노동의 지속성을 살펴보고자 한다. 이 할머니의 사례를 통하여 오일장터가 궁극적으로 노동의 대가를 주고받는 열린 공간이자, 이러한 현실적인 생활공간이 어떠한 의미를 담고 있는지 음미해 볼 수 있을 것으로 생각된다. 여기서는 약초를 캐다가 제주시와 서귀포시의 오일장에서 팔며 생계를 꾸려온 양순자(가명, 81세) 할머니의 사례를 아래에 인용하고자 한다(사진 8).[17]

---

17)   유철인, 2006, 「약초할머니의 삶과 약초 이야기」, 『한라산이야기』(한라산 총서 Ⅶ), 제주도·한라생태문화연구소, 226~254쪽.

저기 (정석) 비행장 근처 오름, 거기가 정의오름인가? 그 오름에 가면 이 만씩 한 것들[더덕]을 캤는데, 그때는 산에 지금처럼 풀이 없어, 내창에도 풀이 별로 없고.(228쪽)

약초 캐러 제주도 하나 다 돌았지. 해안도로로 다니고, 해안도로 없을 때도 다 다녔어. 요즘에는 차 있으니까 막 돌아다녀. 막 캐어. 그렇게 다닌 사람들이 다 말해부니까게, 다 말해버리지. 잘 가는 곳은…거기 김녕 위에도 잘 가고, 정석비행장에도 잘 가고. 바당[바다] 근처에도 막 많아.

〈사진 8〉 제주시 민속오일시장에서 약초를 판매하는 할머니.
출처: 유철인 교수 촬영 자료, 2005. 11.

(약초가) 중산간에도 많지만, 바당 쪽에도 많아. 거막오름[거믄오름] 아래, 오름 있는 곳에는 다 있더라. 약초 캘 때 벗하고 갈 때도 있고, 혼자 갈 때도 있고, 그때는 약초 캐러 다니는 사람들 많지 않으니까.(229쪽)

난 더덕 하면서 바로 장사를 했주. 캐어서(장사하는) 사람들 줘서 돈 받아본 적은 없고, 그대로 팔았지. 다 그대로 팔았어. 그때는 아무 곳이나 앉으면 장터에서 자리를 잡았지. 아무 데나 앉아서 그 목이 괜찮다고 생각되면 거기서 자리 잡아서 팔고 했지. 저기 동쪽의 장에 가도 그렇게, 저기에 가도 그렇게. 여기서 몇 군데나 했는지는 모르고. 가는 데마다, 그때 장터는 심은 터니까. 우리도 거기는 돈 줘서 산 게 아니지. 심은 터들이지 그냥. (제주시 오일장에서) 그 약초 허는[파는] 사람들, 전부 내가 장사를 시켜 준 사람들. 게도 한 3~4년에서 5년 되어 가니까, 다 집들 장만했더라. 때도 굶던 사람들이 다 집 마련했지. 집도 정말 좋게 마련했져.(230쪽)

(제주시 오일)장에 저쪽 귀퉁이 길 건너에 앉은 큰아이도 (산에) 가면 더덕을 캐오고. 여러 개 캐오면 어떻게 나한테만 가져와. 그러면 나한테 와서 주지 말고 장사를 하라고 했주게. 장사할 자리가 잘 나오는 게 아니니까, 자리 나면 말해준다고 했지. 이 장사하는 사람들이 시기해서, (이 사람 저 사람에게) 말해주면서 장사를 시킨다고 나한테 막 뭐랜들 허여.(230~231쪽)

양 할머니는 2005년 조사 시점에서 81세의 제주여성이었는데, 32살(1956년) 때부터 약초를 캐다가 오일장에서 팔면서 생활해 온 것으로 확인된다.[18] 그러니까 양 할머니는 약 50년 동안 오일장에서 약초 장사를 한 셈이다. 이 할머니는 수년 전까지만 해도 직접 여러 오름은 물론이고 해안 지역이나 중산간 지역으로 약초를 캐러 다니기도 했다. 오로지 한길만을 걸으며 남편을 봉양하고 자식들을 길렀다. 이런 점에서 양 할머니가 제주여성으로서 독립성과 강인함을 바탕으로 한평생 살아왔음을 이해할 수 있다.

애당초 오일장에서의 약초 장사가 절대 순탄치 않았을 것이라는 사실은 쉽게 상상할 수 있다. 약초를 팔기 위한 특별한 말주변이 있었던 것도 아니고, 처음부터 오일장터에 의지할 수 있는 친인척이 있었던 것도 아니다. 모든 것은 할머니 혼자서 결정하며 개척했다. 그렇게 힘들고 어려운 상황이었지만, 그나마 양 할머니가 허리를 내리고 앉아있을 수 있는, 오일장터라는 공간이 있어서 천만다행이었다. 다시 말해 양 할머니가 약초를 캐고 팔러 다닐 수 있었던 것은 일단 오일장터라는 열린 공간이 있었기 때문에 가능했다. 양 할머니에게 오일장터의 존재는 엄청난 행운이었던 것이 분명하다. 여러 사람에게 약초를 팔며 생계를 유지할 수 있게 해 준 원천(源泉)이 바로 도내의 오일장터였기 때문이다.

---

18) 유철인, 2006, 앞 논문, 226쪽.

양 할머니는 자신이 약초를 캐고 오일장터에서 내놓아 팔았던 소박한 정보를 나중에는 다른 사람들에게도 알려주면서 같이 약초 장사를 할 수 있게 하였다. 처음에는 양 할머니 자신도 어떻게 약초를 팔아야 좋을지 모르고 머뭇거린 적이 한두 번이 아니었을 것이다. 그리고 오일장터에서도 어디에다가 팔 장소를 정해야 할지, 캐온 약초는 어떤 방식으로 진열해야 좋을지를 몰랐을 것이다. 양 할머니는 그 당시 얻었던 소중한 경험을 젊은 사람들에게 전수해 주면서, 약초 장사를 할 수 있게 길을 열어준 것이다. 위의 인용문에서는 세상은 어려울수록 더불어 살아야 한다는 양 할머니의 생활철학을 읽을 수 있다. 그러다 보니, 은혜를 입은 젊은 사람들도 양 할머니에게 은혜를 갚으려는 상황이 더불어 나타나고 있다.

이처럼 오일장터는 사람과 사람들의 인연이 맺어지고, 또한 한번 맺어진 인연은 평생 소중하게 이어나갈 수 있도록 도움을 주는 의미 있는 공간으로 다가온다. 최근에 정기시(定期市)를 꾸준히 연구해온 어느 학자는 오일장과 같은 정기시는 한 지역의 역사와 문화를 반영하는 투영체(投影體)이기 때문에, 사회와 경제가 발전한 오늘날에는 지역 발전을 위한 새로운 자원으로 활용할 수 있음을 밝히고 있다.[19] 오일장터는 특정 지역의 민속을 끌어모은 집합체라 할 수 있다. 그

---

19) 전경숙, 2006, 「전라남도의 정기시 구조와 지역 발전에 관한 연구」, 『한국도시지리학회지』 9(1), 113~126쪽.

만큼 오일장터는 지역 민속과의 결합도가 아주 강하다는 의미가 된다. 그리고 오일장터에는 그러한 민속을 창조하는 지역 주민들이 항상 왕래한다. 따라서 독창적인 아이디어가 나온다면, 어느 지역의 오일장터도 축제의 장으로 변신할 수 있고, 그 축제가 전국적으로 소문이 날 정도라면 해당 지역은 발전하지 않을 수 없다. 이 정도라면, 오일장터가 지역 발전을 위한 훌륭한 자원이 될 수 있다는 주장에 어느 정도 공감할 수 있을 것이다. 오일장터에는 항상 수많은 여성이 자리를 잡고 있다. 그리고 여성들이 많이 모여 있는 오일장터는 쉽게 축제의 장으로 변신할 수 있다. 축제의 결과가 지역 발전으로 이어진다면, 그 이상 좋을 일은 없다고 말할 수 있다. 조사 시점에서 볼 때 제주도 내에 남아있는 오일장터는 몇 개 되지 않는다. 더는 늦기 전에 심각하게 고려해 볼 만한 일이다. 오일장터의 제주여성들이 지역 주민들의 결속도를 높이고, 오일장터를 축제의 장으로 승화시켜 지역 발전에 이바지할 수 있다는 사실을 간과해서는 안 된다. 더불어 제주도의 오일장터를 축제의 장으로 변화시킬 수 있다면, 열려 있는 역동적인 공간에서 제주여성들의 파워(power)를 느끼게 될 것이다.

들녘: 생활자원 조달을 위한 노동공간

제주도의 들녘은 제주여성들에게 어떤 일거리를 안겨주던 공간이었을까. 그리고 제주도의 들녘은 제주여성들의 어떤 희로애락을 담고 있을까. 평소 제주도의 들녘은 늘 푸르게만 보인다. 푸른 초지대와 곶자왈 지대 그리고 해발고도를 더해갈수록 숲 지대가 연속적으로 이어져 나타나기 때문이다. 해안 지역의 들녘은 주로 농경지로 개발돼 있어서 상대적으로 광범위한 녹지(임야 또는 숲 지대)는 적다. 그러나 해안 지역에서는 아무리 작은 임야나 덤불숲이라 할지라도, 일상생활에서는 필요 불가결한 기능을 담당하는 곳이었다고 말할 수 있다.

제주도의 들녘은, 제주여성들에게는 생활에 필요한 물건들을 쌓아두고 기다리던 생활자원(生活資源)의 보고(寶庫)였다. 그 들녘이 해안 지역에 위치하든, 중산간 지역에 위치하든 가치가 달라지는 것은 아니다. 넓으면 넓은 대로 좁으면 좁은 대로, 제주도민들에게 생활의 편리함을 주고 근심과 걱정을 덜어주던 공간이었다. 위치적으로나 거리상으로 보면, 해안 지역의 들녘은 주로 해안 마을 사람들에게, 그리고 중산간 지역의 들녘은 중산간 마을 사람들은 물론이고, 해안 마을 사람들에게도 크게 도움을 주던 생활자원의 공간이었다. 이처럼 중산간 지역의 들녘은 제주도 전체 면적에서도 차지하는 부분이 아주 크기 때문에, 많은 마을 사람들에게 생활자원을 조달하던 공간으로 작용했다(사진 9).

제주여성들이 해안 지역과 중산간 지역의 들녘으로부터 늘 갈구하던 생활자원들은 대체 무엇들이었을까. 전통사회에 기반을 두고 생활하던 과거를 전제로 나열해 보면, 우선 지들커(땔감: 땔낭[장작], 솔잎, 낭[나무]뿌리, 삭다리[썩은 나뭇가지] 등), 촐(꼴), 새(띠, 茅) 그리고 각종 산나물(고사리, 고비, 쒜피[제피], 양애[양하], 두릅, 펭마농[달래], 냉이, 멩게순[청미래덩쿨순], 솔순 등), 약용식물(배체기[질경이], 표고버섯, 영지버섯, 칡, 오갈피, 더덕, 삼마[산마], 하늘레기[하늘타리], 인도꼬장[인동초] 등) 및 야생 열매(삼동[상동나무 열매], 삥이[삘기], 탈[산딸기], 구기자, 오미자, 칡, 똥꼬리[찔레나무순], 모람[모람나무 열매], 개볼[산괴불나무 열매], 볼래[보리수나무 열매], 마망구슬[맥문동 열매] 등) 등을 들 수 있다.

이상과 같이, 제주도의 들녘은 제주도민들의 일상생활에 없어서

〈사진 9〉 중산간 지역의 들녘(애월읍 장전리, 2008. 5.).

는 안 될 중요한 생활자원들을 제공하는 소중한 공간으로 작용해 왔다. 위에 열거한 생활자원들이 모두 여성들에 의해서만 채취되는 것은 아니지만, 그렇다고 해서 여성들의 손을 거치지 않는 자원도 거의 없다.

먼저 땔감은 평소 정지(부엌)에서 주로 사용하는 것이라면, 여성들의 손에 의해 수집되는 솔잎과 삭다리가 주를 이룬다. 물론, 평소의 땔감이 솔잎과 삭다리뿐만은 아니다. 이들과 함께 보리낭(짚)과 조짚, 콩깍지와 유채낭(나무) 등이 주요 땔감이었다. 보릿짚이나 조짚, 콩깍지와 유채줄기는 농작물의 씨앗을 털어낸 후에 남는 찌꺼기다. 이들과 함께 솔잎은 일상생활에서도 가장 기본적인 가정용 땔감이었으며, 특히 보릿짚과 솔잎은 제주도 농어촌 지역의 가정이라면 거의 모두 사용했던 땔감이었다고 해도 과언이 아니다. 보릿짚의 경우는 여름철 보리 탈곡을 하고 나면 당연히 대량으로 남는 것이어서, 집안 내 어느 한 곳에 눌(낟가리)을 만들어 쌓아놓고는 일 년 내내 사용하곤 했다(사진 10). 특히 보릿짚은 단순히 땔감으로만 사용하지도 않았다. 가령, 거름을 만들기 위하여 통시(돼지우리)나 쇠(소)막에 일정량을 정기적으로 깔아주는 재료로도 사용했고, 경우에 따라서는 집안 내의 건물 벽을 보수하는 보조 자재로도 사용했다. 이처럼 보릿짚은 중요한 땔감이면서 거름 생산이나 건물 벽의 보수 재료 등 다양한 용도로 활용되었다.

보릿짚과는 달리, 솔잎은 해안과 중산간 들녘에서 여성들이 열심

〈사진 10〉 지들커(땔감)인 보릿짚 또는 소먹이인 촐(꼴) 등을 보관하는 눌(낟가리)(표선면 표선리 제주민속촌박물관, 2006. 11.).

히 긁어모아야만 하는 땔감이었다. 따라서 소나무가 밀집해 있는 임야지(林野地)는 여성들이 우선하여 즐겨 찾을 수밖에 없었다. 결국, 부모들은 초등학교 고학년 정도의 여자아이들에게도 솔잎을 긁어오라는 명목으로 야외의 들녘으로 내몰곤 하였다. 집안 내 어머니의 경우는 특별한 일이 생기기 전에는, 바쁜 농사일 때문에 마음먹고 솔잎을 채취하러 가기가 쉽지 않았기 때문이다. 물론 한동안 쌓아두었던 솔잎이나 삭다리가 거의 다 동날 무렵에는, 한 집안의 모녀가 솔잎이나 삭다리 등 땔감을 대거 얻으러 나서는 일도 없지 않았다. 이런 상황에서도 집안 내의 남자들은 마치 특권을 가지고 있는 것처럼, 기세등등한 모습으로 들녘으로 나가는 어머니나 누이들의 뒷모습을 바라보곤 했다. 이처럼 제주도의 들녘은 제주여성들과 떼려야 뗄 수 없는 공간이었다.

솔잎을 채취하러 들녘으로 나간 여성들은 자신의 등짐으로 한 짐이 될 때까지 열심히 한 장소에 긁어모은다. 대략 한 짐 정도의 양이 되면, 짊어지고 오기 편하도록 직사면체 모양으로 가지런하게 모양새를 단장한다. 물론, 어른은 어른대로 아이는 아이대로 나름대로 무게와 크기를 가늠하여 짐을 꾸리게 된다. 어른은 2단의 큰 형태로 짐을 꾸리고, 어린 여자아이는 작은 1단으로 짐을 꾸려 같이 집으로 돌아오기도 한다. 제주여성들의 손 솜씨는 놀라울 정도로 섬세하다. 짐으로 꾸린 솔잎단(段)은 사방으로 촘촘하게 정동줄(댕댕이덩굴 줄기)이나 칡줄(칡 줄기)로 동여매어서, 집으로 이동하는 중에도 솔잎이 쉽게 떨어지는 경우가 거의 없다. 자연으로부터 소중하게 얻은 자원을 집까지 온전하게 운반해 가려는 제주여성들의 지혜에는 정말 놀라지 않을 수 없다.

중·고등학교에 다니는 여학생들이라면, 솔잎을 긁어모아 짐을 꾸려놓은 후에, 한바탕 재미있게 뛰어놀거나 주변에서 얻을 수 있는 산나물이나 야생 열매를 따기도 한다. 이를테면, 정한 시간 내에 뜻한 바 일을 모두 마치고 스스로 자축하는 시간을 갖는 것이라 말할 수 있다. 특히 중·고등학교에 다니는 또래의 여학생들은 토요일 오후나 일요일에 솔잎을 긁으러 가자는 약속을 하여 야외의 들녘으로 나가기도 한다. 이런 경우에는 집안 농사일에 휩쓸리기 싫어서, 보다 자유로운 활동이 가능한 들녘의 솔잎 채취 쪽을 선택하는 것일 수도 있다. 농사일을 돕는 것보다는 땔감을 하러 나가는 편이 부모의 눈치를 훨씬 덜 보게 되고, 또 나름대로 자유의 시간을 만끽할 수 있기 때문이다. 이렇게 되면, 제주도 들녘의 이미지는 또다시 바뀐다. 그것은 다름 아닌 젊음의 기운이 넘쳐흐르는 환희의 공간이다.

제주도의 들녘은 소와 말을 살찌우는 공간이기도 하다. 특히 중산간에는 드넓은 초지대가 펼쳐져 있어 소와 말의 방목에는 안성맞춤이라 할 수 있다. 동시에 소와 말을 집에다 놓고 기르는 겨울과 초봄 사이에는 미리미리 들녘에서 촐(꼴)을 준비하기도 한다. 이처럼 제주도의 들녘은 소와 말에게도 없어서는 안 될 소중한 공간이다. 제주도가 소와 말의 천국이라 할 수 있다면, 그것은 넓은 방목지와 먹이인 꼴을 손쉽게 마련할 수 있다는 공간을 배후에 두고 하는 말이다.

〈그림 4〉는 1957년 이후 1990년까지 제주도 내 소와 말의 사육두수에 대한 변화를 살펴본 것이다. 이 자료에 따르면, 제주도 내의 소는 1960년대 초·중반과 1970년대 중·후반에 걸쳐 2번의 절정기를 맞으며 사육의 호황기를 맞고 있었고, 말은 1960년대 중반이 사육 호황기를 맞고 있었다. 이처럼 1960~70년대까지만 해도, 제주도에서

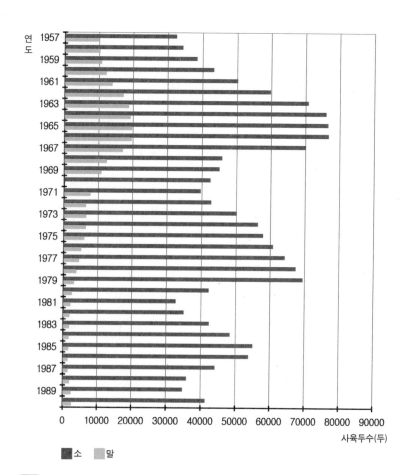

연도

사육두수(두)

■ 소 ▨ 말

〈**그림 4**〉 제주도의 소와 말 사육두수의 변화(1957~1990년).

출처: 제주도, 2006, 『濟州道誌(第4卷)』 제주도, 230~232쪽에 의해 필자 작성.

는 소와 말의 축력(畜力)을 이용한 농업 경제활동이 중요한 부문을 점하고 있었다. 다시 말해, 농경지인 밭을 갈거나 곡식이나 무거운 짐을 운반하는 데 소나 말은 중요한 수단이었다. 물론 달구지를 끌 때도 소나 말을 이용했다. 그러나 경운기가 등장하고 이어서 트랙터가 도입되기 시작하면서 소와 말의 사육에는 큰 변화가 나타나기 시작했다. 특히 1980년대로 접어들면서부터 소는 주로 식용(食用)과 함께 우유 생산을 위한 사육 형태로, 또 말은 식용과 경마용 등을 생산하기 위한 사육 형태로 그 성격이 크게 바뀌었다.

아무튼 1960~70년대의 전성기에는 제주도 내 대부분의 농가가 소나 말을 1~2두 정도 사육할 정도로 중요한 존재였으며, 따라서 집에서 사육하는 소나 말의 촐(꼴)을 매년 정기적으로 준비하거나 때에 따라 2~3일에 1번씩 들녘에서 싱싱한 먹이를 구해 오는 일에도 제주여성들은 손을 놓을 수가 없었다. 제주도의 들녘은 제주여성들에게 또다른 일거리를 안겨다 주지만, 나날이 커지는 소와 말의 모습은 막연한 기대를 갖게 하기도 했다.

중산간 들녘이나 오름 자락에는 새(띠, 茅)도 잘 자란다. 띠는 초가의 지붕을 이는 재료로서 절대로 없어서는 안 될 귀중한 자원이다. 물론 띠가 자라는 곳은 '새밭(띠밭)'이라 하여 개인이나 문중에서 소유하는 밭이 대부분으로, 누구든지 아무 곳에서나 띠를 베어올 수 있는 상황은 아니다. 그만큼 띠는 중요한 재료였기 때문에, 띠밭은 대대로 물려받는 귀한 유산이었다. 중산간 들녘은 기후적으로도 띠의 성장에 매우 유리한 환경을 제공하고 있다. 띠가 지붕의 재료로 이용되기까지는 여러 단계의 시행착오가 뒤따랐겠지만, 최초의 도입은 몽골의 간섭 시대에 목마를 위한 방화(放火)로 환상(環狀)의 토지 이용이 행해지면서 이용되었을 것으로 추정하고 있다.[20] 그렇다고 한다면, 제주도 전통 초가에서의 띠의 사용은 700여 년 이상이나 지속돼 왔다고 볼 수 있다.

그러나 무엇보다도 중요한 것은, 띠는 여성들의 섬세한 손놀림으로 베어지고 집까지 운반되어 가족들의 소중한 보금자리를 꾸미는 데 사용된다는 점이다. 띠는 잘못 다루면 쉽게 손을 베기도 하고, 지붕의 재료로 이을 때도 느슨하게 동여매거나 하면 바람에 불려 나갈 수 있다. 또한 띠는 지붕을 잘 이은 후에도 화재에는 약한 속성을 가지고 있다. 더불어 띠는 바람에 쉽게 흔들리고 꺾이기 쉽지만, 초가 지붕의 재료로 얹어지면 1~2년 동안은 모든 비바람과 추위를 막아 주는 특별한 기능을 한다. 마치 띠는 제주여성들의 성격이나 마음을 그대로 대변하는 상징적인 존재와도 같다.

제주도의 전통 초가는 대개 2년에 1번씩 새로운 띠로 바꾸어 줘야 한다. 그리고 집 한 채를 띠로 이려면 상당한 양의 띠가 필요하다. 그만큼 제주여성들의 노동력과 시간이 필요하다는 얘기가 된다. 가

---

[20]   吳洪晢, 1980, 『聚落地理學』, 教學社, 197쪽.

령, 안거리(內棟)와 밖거리(外棟) 또는 모커리(行廊棟)까지 2~3채를 동시에 새롭게 단장하려면 상당한 양의 띠가 필요함은 말할 필요도 없다. 그래서 집을 새롭게 이어야 하는 한 해(年)의 늦가을은 제주여성들이 한없이 바빠지는 계절이기도 하다. 이처럼 제주여성들은 정기적으로 지붕을 단장하는 데도 빠질 수 없는 중요한 존재이다.

제주도의 들녘은 제주여성들에게 아주 소중한 선물을 안겨주기도 한다. 다름 아닌 계절 따라 생겨나는 다양한 산나물과 야생 열매이다. 제주도의 봄, 여름, 가을이 안겨주는 풍요로움을 감수성이 뛰

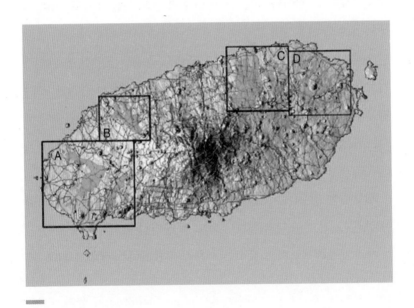

〈그림 5〉 제주도 내 곶자왈의 분포. 출처: 송시태, 2000, 「제주도 암괴상 아아용암류의 분포 및 암질에 관한 연구」, 부산대학교 박사학위논문, 20쪽.

어난 여성들이 먼저 느끼게 되는 것은 어쩌면 당연하다고 할 수 있다. 여러 가지 산나물이나 야생 열매 및 약용식물은 주로 제주도 동서지역에 펼쳐진 곶자왈에 많이 분포한다(그림 5). 제주도에는 〈그림 5〉와 같이 크게 4개로 구별되는 곶자왈이 존재하는데, A는 한경-안덕곶자왈, B는 애월곶자왈, C는 조천-함덕곶자왈 그리고 D는 구좌-성산곶자왈을 나타낸다.[21] 이 그림에서와 같이, 제주도의 곶자왈은 동서지역의 중산간 지역과 일부 해안 지역에 걸쳐 주로 분포하고 있음을 알 수 있다. 필자는 「곶자왈과 제주인의 삶」이란 연구에서 전통적인 생활방식 아래에서는 곶자왈로부터 많은 자연자원을 얻을 수 있음을 밝혔는데,[22] 그 내용의 일부를 인용하면 아래와 같다.

　　…곶자왈 지대에서는 약용식물이나 산나물 혹은 야생 열매를 조달하는
　　경우도 많았다. 비가 온 후, 곶자왈 지대 내 곳곳에는 일시적으로 물웅덩
　　이를 형성하거나 습기를 머금는 장소가 많이 존재한다. 따라서 그런 장
　　소에는 식용 고사리, 고비(고배기), 양하(양애) 혹은 달래(꿩마농) 등이
　　집단으로 자라는 경우가 많다. 봄철에 뜯어온 이들 산나물은 가정마다
　　한 가지 정도는 반드시 식탁에 오르곤 했다. 특히, 고사리는 많은 양을

---

21)　송시태, 2000, 「제주도 암괴상 아아용암류의 분포 및 암질에 관한 연구」, 부산
　　　대학교 박사학위논문, 18~20쪽.
22)　정광중, 2004, 「곶자왈과 제주인의 삶」, 『濟州敎育大學校 論文集』 33, 41~65쪽.

채취했다가 오일시장 등에서 팔거나 집안의 제사 등에 긴요하게 사용하기도 했으며, 양하나 달래는 삶아서 무침류 또는 절임류 반찬으로 만들어 먹는 데 유별나게 애용되는 대상이었다. 특히, 고사리 꺾는 일은 요즘에도 봄철만 되면 여성들이 망중한을 보낼 수 있는 소일거리가 되고 있듯이, 과거에도 마찬가지로 여성들의 봄철 소일거리 중 하나였다.(55쪽)

곶자왈 지대에는 영지버섯이나 표고버섯, 칡, 오갈피, 더덕, 마(麻, 삼마), 쑥, 하늘타리(하늘레기), 인동초(인도꼬장) 등 약용으로 사용되는 식물들도 많다. 이것들은 해안 지역의 임야지 등지에서도 많이 발견되는 것이기는 하나, 곶자왈과 같이 사람들이 많이 다니지 않는 장소는 평소에 채취량이 많지 않기 때문에 훨씬 크고 굵은 것들을 발견할 수 있는 좋은 환경이 된다. 그래서 봄철 중산간 지역의 들녘에서는 산나물과 야생 열매를 따는 남녀노소의 즐거운 비명이 들려오곤 했다.(55~56쪽)

곶자왈 지대는 이들 외에도 계절에 따라 찔레순(똥꼬리), 청미래덩굴순(맹게순), 두릅나무순(들굽순) 등 식물의 줄기와 순 그리고 모람, 맥문동 열매(마망구슬), 상동나무의 열매(삼동), 산딸기(탈), 으름(졸갱이), 보리수 열매(볼래 또는 보리볼래), 오미자, 구기자, 시로미 등 상당히 많은 식물의 열매를 거두어들일 수 있는 환경을 제공한다.(56쪽)

이미 연구된 자료에서 야생식물을 이용한 음식의 일부를 열거해 보면

쑥밥(속밥), 떡쑥밥(본속밥), 조릿대열매밥(ㄱ대밥), 소나무껍질죽(송피죽), 쑥죽(속죽), 풀죽(들풀+밀가루), 쑥범벅(속범벅), 느티나무범벅(누룩낭범벅), 고사리국, 닭의장풀국(고낭귀국), 질경이국(배체기국), 개자리국(개자리풀+된장), 냉이국(난시국), 두릅나무순무침(들굽순무침), 달래김치(꿩마농김치), 제피장아찌(쥐피지) 등을 들 수 있다.[23] 여기에 제시한 음식의 재료들은 대부분 곶자왈 지대에서 채취할 수 있음을 더는 거론할 여지가 없다.(56~57쪽)

이상에서 확인할 수 있는 것처럼, 제주도 들녘의 중심이라 할 수 있는 곶자왈에는 다양한 반찬 재료와 약용 재료, 그리고 어린아이들의 간식 재료가 산재하고 있어서, 특히 봄과 가을이 되면 항상 우리의 어머니와 할머니를 비롯한 많은 제주여성들이 저마다 설레는 마음을 안고 곶자왈로 향하게 된다.

밭(농경지): 생계를 위한 실질적 노동공간(1)

제주도민들은 대부분 밭농사에 의존해 왔다. 과거로부터 산남지역의 중문, 강정, 하효, 서귀, 법환, 서홍(호근동), 월평, 보목과 산북지

---

23) 김순이, 1996, 「救荒植物」, 『濟州의 民俗(Ⅳ) 衣生活·食生活·住生活』, 濟州道, 382~428쪽.

역의 고산, 용수, 명월, 하귀, 광령, 이호(덕지답), 종달, 시흥 등 극히 일부 마을[24]을 제외하면, 거의 모두가 밭농사에 의존하는 마을이었다. 이러한 배경은 이미 널리 알려진 것처럼, 제주도가 화산지형으로 인하여 물을 효율적으로 이용할 수 없는 지형적 조건에 기인한다. 그나마 앞에서 열거한 마을의 경우는 주변에 점성이 높은 조면암 지역과 함께 하천의 중·하류에서 비교적 용천수가 풍부한 지역의 마을이라 할 수 있다.[25]

논농사하는 마을이든 밭농사를 하는 마을이든, 논과 밭은 가족들을 위해 부지런히 일해야 하는 제주여성들의 노동공간이라는 사실에는 별반 차이가 없다. 오늘날 제주도가 감귤 산지로 주목받은 것은 1960년대 이후의 일이기 때문에, 1970년대 중반까지만 해도 주로 보리(대맥), 조, 산뒤(육도), 콩, 팥, 참깨, 유채, 고구마, 감자 등 밭작물 중심의 농업체계가 이어지고 있었다. 그러므로 제주여성들은 사시사철 밭농사에 전념할 수밖에 없었고, 밭은 말 그대로 온 가족의 식

---

24) 여기에 등장하는 마을들은 대략 조선시대 말기부터 최근에 이르기까지 논농사를 지었던 마을들을 정리한 것이나, 2006년 시점에서는 완전히 폐답되어 논농사를 짓지 않는 마을들이 상당히 많다(박태훈·고은경·현진미, 1998, 「제주도 논농사 현황에 관한 조사연구」, 『濟大社會科敎育』16, 77~96쪽.).

25) 高榮基, 1996, 「제주도의 벼농사」, 高麗大學校大學院 地理學科 碩士學位論文, 11~12쪽.

량을 생산해야만 하는 노동공간이었다.

　제주도의 밭을 이루는 토양은 〈그림 6〉과 같이 암갈색토, 농암갈색토, 흑색토 및 갈색삼림토의 4가지로 나눌 수 있다. 이 중에서도 단위면적당 생산량이 가장 높은 토양은 암갈색토로, 분포지역은 제주시, 조천읍, 애월읍, 한림읍, 한경면, 대정읍 등 주로 북부와 서부 지역의 해발고도 200m 이하 해안 지역이다. 그리고 가장 넓은 분포 면적을 보이는 농암갈색토는 동부지역의 일부를 제외한 중산간 지

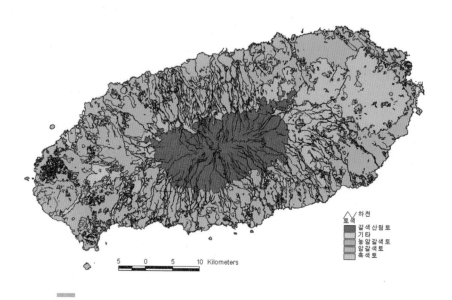

〈**그림 6**〉 제주도의 토양분포. 출처: 안중기, 2006, 「제주도의 강수량과 토양」, 『한라산의 하천』, 제주도·한라산생태문화연구소, 18쪽(원자료: 농촌진흥원 농업기술연구소, 1976, 『정밀토양도』, 제주도.).

역 전역과 남부지역 대부분의 해안 지역에 분포한다.[26] 흑색토와 갈색삼림토를 포함하는 밭에서는 다양한 종류의 비료가 생산되어 보급되기 전까지는 일반적인 밭작물을 생산하기가 거의 불가능했다. 암갈색토와 농암갈색토를 포함하는 밭에서는, 앞에서 열거한 밭작물들을 비교적 무난하게 생산할 수 있었다. 그러나 해안 지역과 중산간 지역에서도 밭의 위치에 따라서 생산량의 차이는 다양하게 나타났다. 아울러, 제주도의 밭은 기본적으로 화산회토(火山灰土)의 비율이 높아서, 육지부의 밭과 비교하면 상대적으로 비옥도가 떨어짐은 물론이고 농업 생산량도 낮은 게 사실이다.

결국, 제주여성들은 조금이라도 밭작물의 생산량을 높이기 위하여 아침부터 저녁 늦게까지 검질매기(김매기)나 거름 나르기 작업 등을 밥 먹듯이 하였다. 〈표 5〉에 제시한 제주시 영평마을 일대의 사례에서 보듯이, 제주도는 기후적으로 고온 다습하여 육지부보다 훨씬 잡초가 잘 자라는 풍토이며 종류 또한 많은 편이다. 이러한 제주도의 농업환경에 대해 송성대 교수는 "제주도의 농사는 잡초와의 싸움이라고 할 정도로 검질매기 작업이 빈번하게 이루어지며, 따라서 제주여성들은 가사를 위해 집 안에 있는 시간보다 생산 현장인 밭에

---

26) 김태호, 2004, 「제2장 제주지방자연 및 생태환경」, 『한국지리지-전라·제주편-』, 국토지리정보원, 539~561쪽.

〈표 5〉 제주도의 밭에 자생하는 잡초(풀)의 종류: 제주시 영평마을 일대의 사례

종류 \ 월별(음)	1	2	3	4	5	6	7	8	9	10	11	12
제완지						▨						
속		▨	▨	▨								
쉐비늠		▨	▨	▨	▨							
쉐터럭			▨	▨	▨							
천상클			▨	▨								
보클			▨	▨								
고낭귀			▨	▨	▨							
촘비늠					▨	▨						
물클					▨	▨	▨					
멩클					▨	▨						
빈내		▨	▨	▨								
빈다리						▨	▨					
ㄱ라지							▨					
진풀	▨											▨
절만이	▨											
쉐스렁클	▨	▨										
사스라클	▨	▨	▨									
대오리			▨									

출처: 濟州道, 1994, 『濟州의 民俗 Ⅱ(生業技術·工藝技術)-濟州文化資料叢書 ②-』, 濟州道, 47쪽.

있는 시간이 더 많다."고 지적한 바 있다.[27] 이처럼 검질매기 작업만큼은 특별한 일이 없는 한 주로 여성들의 몫이었다(사진 11). 특히 봄에서 가을까지 계속 이어지는 보리밭, 조밭, 콩밭, 참깨밭, 유채밭의 검질매기는 제주여성들의 숱한 이야깃거리를 만들어내는 화제의 현장이기도 하다. 제주여성들이 주고받는 많은 이야기 중에서는 대개 집안 이야기나 동네 사람 이야기가 주류를 이루었지만, 그 가운데서

〈사진 11〉 제주여성들의 검질(김)매기. 출처: 국립제주대학교박물관, 『晚農 洪貞杓 先生 寫眞集(만농 홍정표 선생 사진집) 제주사람들의 삶』, 1993, 19쪽.

---

27) 송성대, 2001, 『문화의 원류와 그 이해-제주인의 海民情神(개정증보판)-』, 도서출판 각, 417~418쪽.

도 자식들의 고등학교·대학교 진학 관련 소식이나 시부모와 친부모의 근황, 가족들의 병치레 소식, 그리고 마을 내 어느 집의 결혼 소식이나 대소상 관련 소식 등은 항상 도마에 오르내리는 단골 메뉴였다. 그리고 많은 이야기를 나누는 도중에 한탄과 하소연을 하기도 하고 눈물을 글썽거리기도 하며 힘든 노동을 잊으려고 부단히 노력했다. 또한 자신을 스스로 달래려고 열심히 노래도 불렀다. 그래야만 가슴속에 응어리진 한(恨)이 조금이라도 풀릴 것 같은 기분이 들었기 때문이다.

검질매기 작업은 동네의 여러 가구가 어울려서 수눌음으로 해결하기도 하였다. 한 집안에서 경작하는 밭을 짧은 기간 안에 혼자서 또는 딸들을 동반하여 모녀지간이 전부 마치기에는 벅차기 때문이었다. 봄에는 보리밭과 유채밭, 여름에는 조밭, 콩밭 또는 참깨밭 등 수확기인 7~10월까지는 검질매기가 끝없이 이어지며, 1년 중 1/3 정도의 기간은 검질매기로 일관해야만 하는 상황이었다. 더욱이 검질매기는 작물마다 1년에 1번으로 끝나는 것이 아니라 비가 한 번 내리고 나면 검질(잡초)들이 무서운 속도로 자라기 때문에, 예를 들어 조는 3회, 콩·참깨·유채는 2회, 보리는 1~2회 정도 검질매기를 해야만 한다.[28]

---

[28]   애월읍 신엄리 출신 성봉추(여, 73세) 씨와의 인터뷰 내용에 의함.

제주도의 밭은 전체적으로 자갈 함유량이 상당히 높다. 그래서 밭을 경운하거나 검질매기를 하는 과정에서는 쉴 새 없이 자갈을 골라내며 어느 한쪽으로 치워야 하는 번거로움이 있다. 심지어 돌이 많은 밭은 '작지왓(멀왓)' 또는 '장멜왓(장멀왓)'이라고 하여 밭의 등급을 정하는 하나의 기준으로 삼을 정도였다.[29] 따라서 여성들의 일거리는 훨씬 더 많아질 수밖에 없다. 이러한 지형 조건의 결과로, 제주도 내에서도 밭들이 많이 자리 잡은 곳에는 크고 작은 자갈을 쌓아 만든 잣담이 존재한다. 이러한 잣담은 우천 시에 통행을 할 수 있는 길 역할을 하기도 한다(사진 12).

제주도의 밭농사에서는 빼놓을 수 없는 것이 거름을 확보했다가 밭에다 뿌리는 것이다. 이러한 거름은 보통 여름 농사가 끝나고 겨울 보리농사를 짓기 전인 늦가을에 밭으로 옮기는데, 이때도 제주여성들의 힘은 위대하다고 할 정도로 되살아난다. 거름은 대개 통시에서 생산된 돗걸름(돼지거름)이나 쇠막에서 생산된 쇠걸름(소거름)인데, 그 어느 쪽이 됐건 간에 밭으로 운반하는 데 필요한 '걸름착(거름착)'[30] 1개의 무게는 대단하다. 걸름착 1개의 무게는 적어도 20~30kg을 웃

---

[29] 작지나 장멜은 작은 돌을 의미하는 제주어이다(南錫珍, 1987, 「濟州島 傳統社會의 農業經營에 關한 硏究-涯月邑을 中心으로-」 濟州大學校 碩士學位論文, 9쪽.).

[30] 거름을 담아서 옮길 때 사용하는 도구의 일종으로 짚을 엮어서 만들며, 형태는 '멕(멱서리)'과 유사하다.

_{▬▬▬}
〈사진 12〉 경작지 내의 잣담(제주시 봉개동(용강동), 2006. 11.).

도는 것이 예사이다. 이 정도의 무게를 계속 느끼면서 포장되지 않은 길을 30~60분 정도 걸어야 한다면, 그 고통은 이루 말로 표현할 수 없다. 물론, 거름 운반하기는 여성들만의 몫은 아니다. 한 줌의 거름도 필요했던 당시에는 집집마다 어른들은 물론이고 등짐을 질 수 있는 나이라면 누구라도 참여하지 않으면 안 되는 상황이었다.

밭으로 운반한 거름은 여기저기 적당한 간격을 두고 임시로 쌓아 놓는다. 특히 돗거름은 주로 보리를 파종할 때 밑거름으로 쓰였는데, 제주도 내에서도 지역에 따라서는 보리 씨를 거름과 혼합하여 뿌리는 등 그 쓰임새는 다르게 나타난다.[31] 돗거름은 주로 늦가을인 10월 중·하순 무렵까지 길가의 돌담에 의지하여 쌓아놓았다가 초겨울인 12월 초·중순 무렵에 밭으로 운반해서 뿌려진다. 거름을 뿌리는 작업도 주로 여성들의 손을 거치게 된다. 즉 밭을 경운하는 작업이 남성들의 몫이라면, 거름과 보리 씨를 뿌리는 작업은 주로 여성들의 몫이었다. 여성들은 적당한 간격으로 쌓아둔 거름을 이랑과 고랑을 따라가며 뿌린 후에 보리 씨를 산파(散播)한다. 특히 거름을 뿌리는 작업은 특별한 기술이 필요한 것은 아니지만, 밭 하나가 평균적인 지력을 유지할 수 있도록 전체적으로 골고루 뿌리는 요령이 필요하다.

　여름과 가을이 되면 보리, 콩, 팥, 유채 등 수확을 위한 베기 작업이 활발하게 이루어진다. 농작물에 따라 수확 시기는 조금씩 다르나, 대략 6~8월에 걸쳐 집중적으로 베어내야만 한다. 보리나 조, 콩 또는 유채 베기 등의 작업은 기본적으로 가족 단위로 행하는 경우가 대부분이지만, 여성들이 수눌음으로 돌아가며 해결하는 사례도 많다. 수눌음의 기본은 작업량이 많아서 가족들만으로는 힘에 부치거나 혹은 농작물의 생육과 관련하여 이른 시일 안에 적절한 작업을 행해야만 하는 농가의 배경과 관련된다. 그러나 한편으로는 힘겨운 작업을 같이하면서 노동의 고통을 잊고 같이 즐거워함으로써 작업의 효율

---

31) 　고광민, 2004, 『제주도의 생산기술과 민속』, 대원사, 81쪽.

성을 높이려는 점도 무시할 수 없다.

농작물을 베어내는 작업에서는 서투르게 낫을 사용하다 손가락을 베기도 한다. 따라서 일정한 시간 내에 목표로 삼은 만큼의 작업량을 끝마치려면 숙련된 기술이 필요함은 물론, 나름대로 자신의 페이스를 유지하면서 장단에 맞추듯이 작업을 진행하는 요령이 필요하다. 제주여성들은 그러한 요령을 잘 터득하고 있다. 한동네에 사는 여성들이 수눌음을 통해 서로 작업을 하고자 하는 배경 속에는, 노동의 즐거움과 효율성을 동시에 높이기 위한 나름의 계산된 지혜가 숨어 있다고 볼 수 있다.

밭농사의 시작은 대개 씨앗을 뿌리거나 혹은 씨감자 등을 심는 데서 비롯된다. 그런데 특히 씨앗을 뿌리는 농사 중에서도 보리와 조 농사는 씨를 뿌린 후에 씨앗이 바람에 불리지 않도록 흙으로 덮어주는 작업이 필요했다. 제주도의 토양은 대부분이 화산회토여서 찰기가 없는 데다가 토양입자도 매우 가볍다. 게다가 제주도는 사계절 내내 바람이 강하게 불어오기 때문에, 밭에 뿌린 씨앗이 쉽게 날려가 버리는 일이 다반사였다. 다시 말하면, 진압농법(鎭壓農法)을 쓰지 않으면 안 되었다. 보리 씨나 조 씨가 바람에 날려가지 않도록 하기 위해서는 보통 가족들을 동원하여 발로 밟거나 말을 동원하여 잘 밟도록 이리저리 몰고 다녔다. 이를 '밭볼림'이라 한다. 여기에는 초등학교에 다니는 어린 학생들은 물론이고, 갓 태어난 둥생이(망아지)까지 동원하곤 했다.

그리고 또 한 가지 방법이 있었다. 그것은 다름 아닌 섬비(피)질이었다. 섬비질은 섬비라고 하는 농기구로 고랑을 따라가며 씨앗을 이랑 쪽으로 쓸어내려 메우거나 파종한 씨앗을 흙으로 덮는 것을 말한다.[32] 섬비는 여러 개의 나뭇가지를 엮어 만든 농기구로서 주로 여성들이 많이 사용하는 농기구 중 하나였다. 제주여성들은 섬비의 나뭇가지 끝에 매단 줄을 한쪽 어깨나 양쪽 어깨에 멘 상태로 앞으로 끌었다. 물론 섬비질의 효과도 높았음은 말할 것도 없다. 제주여성들이 한 해 농사에 대한 풍년을 소망하는 만큼, 섬비질의 강도도 높게 나타났다.

밭에서 베어낸 농작물은 집으로 운반하지 않고 일정 기간 두었다가 밭에서 수확 작업을 하기도 한다. 가령 탈곡 과정을 거쳐야만 하는 곡류인 보리, 조, 산뒤(육도)나 두류인 콩, 팥, 메밀(蕎麥) 등은 〈표 6〉과 같이 다양한 탈곡 방법으로 수확이 이루어지는데, 이들은 보편적으로 밭에서도 수확이 이루어지는 농작물이라 할 수 있다. 물론 집 안의 노동력 조달 형편이나 이웃 간의 수눌음 약속 등에 따라서는 집 안 마당 혹은 집 가까운 길가에 운반했다가 수확할 때도 많았다. 밭에서는 도리깨로 내려치거나 보리클 혹은 산뒤클로 이삭을 따낸 후에, 다시 도리깨나 마께(나무 방망이) 등을 사용하여 수확하였다.

---

32) 김동섭, 2004, 앞 책, 110쪽.

<표 6> 주요 곡류와 두류의 탈곡 방법

농작물명	타작 방법
보리(大麥)	○ 보릿단을 도리깨로 때려 알곡을 골라내는 방법
	○ 보리클로 이삭을 따내어
	① 도리깨로 때리는 방법
	② 소나 말로 밟는 방법
	③ 연자마를 이용하는 방법
조(粟)	○ 이삭을 낫으로 따내어
	① 발로 비비는 방법
	② 마께로 때리는 방법
	③ 도리깨로 때리는 방법
	④ 연자마를 이용하는 방법
산뒤(陸稻)	○ 이삭을 낫으로 따내거나 산뒤(육도)클로 따내어
	① 도리깨로 때리는 방법
	② 체 위에 놓아 손으로 밀어내는 방법
	③ 연자마를 이용하는 방법
콩(大豆), 팥(小豆), 메밀(蕎麥)	○ 도리깨로 때리는 방법

출처: 南碩珍, 1987, 「濟州島 傳統社會의 農業經營에 關한 硏究-涯月邑을 中心으로-」, 濟州 大學校 碩士學位論文, 32쪽.

수확 과정에서도 여성들의 역할은 매우 중요했다. 탈곡할 농작물을 사전에 준비하여 정리하는 것은 물론이고, 탈곡 과정에서 농작물이 옆으로 튕겨 나가는 것을 막는 일, 옆으로 튕겨 나간 것을 주워 담는 일, 다른 일손들의 불편함을 덜어주는 일 등 농가 여주인으로서 해야 할 일들은 산더미처럼 많았다. 수확 작업이 완전히 끝난 후에도 탈곡한 농작물을 운반하는 일 그리고 탈곡 후에 남은 보릿짚, 조짚 또는 두류의 지푸라기(콩깍지, 콩대[줄기] 등) 등을 잘 묶어서 집으로 운반하거나 밭에서 불태우는 작업 등을 해야 했는데, 이러한 작업도 대부분은 집안 내 여성들이 중심이 되어 이루어졌다.

바다: 생계를 위한 실질적 노동공간(2)

바다는 제주여성들 중에서도 해녀들의 소중한 노동공간이 돼 왔다. 다시 말해, 바다는 모든 제주해녀가 가족의 꿈을 실현하기 위해 몸과 마음을 바쳐 일하는 일터나 다름없었다. 그래서 해안 마을의 여성이면 평소 육지의 밭과 더불어 바다의 밭을 일구어왔으며, 거기서 캐내는 해산물은 가족의 생계를 위한 중요한 수입원으로 작용했다. 그리고 바다는 제주여성들의 노동공간이기도 하지만 하루의 생활을 더욱 풍요롭게 하는 심신 휴양의 장이기도 하다. 즉 집안의 어려움이나 해결하기 어려운 고민거리가 있을 때는, 모든 일을 잠시 접어두고 바다로 나가 잠수 일에 열중하기도 했다. 제주여성들에게 바다

〈사진 13〉 제주해녀의 물질 관련 신문기사. 출처: 『동아일보』(지방판), 2013. 1.

는 단순한 일터에 그치지 않고, 삶의 공간의 일부였던 것이다(사진 13).

　제주해녀와 같이 직업적으로 잠수 일을 하는 여성들은 전 세계적으로 돌아볼 때, 대한민국(주로 제주도)과 일본에만 존재하는 것으로 알려져 있다.[33] 그만큼 가족들을 위해 바닷속으로 몸을 던져 적극적으로 일을 하는 여성들의 존재는 전 세계적으로도 희귀했다는 사실

---

33)　제주도, 1994, 앞 책, 190쪽.

<사진 14> 제주해녀들의 물질작업(조천읍 북촌리, 2007. 5.).

이다(사진 14). 역사적으로 볼 때도 제주해녀들의 존재는 상당한 시간
을 초월하여 거슬러 올라간다. 박찬식의 연구에 따르면, 조선시대 때
제주여성들은 주로 미역 등을 따는 진상역(進上役)을 담당하고 있었
으며, 전복을 따서 진상하는 부역 담당은 남성들인 포작인(鮑作人, 浦
作人, 鮑作干)34)의 몫이었다. 그러나 포작인의 전복 부역이 너무나도
지나친 결과 많은 포작인이 전라도와 경상도 지방으로 도망쳐버린

---

34) 조선시대 때 낮은 계층의 신분으로, 주로 어업에 종사하거나 해산물 등을 채
    취하며 생활하는 사람으로서 경우에 따라서는 여러 가지 해산물 등을 중앙
    조정에 진상하는 역을 담당하던 남성을 말한다.

관계로, 제주 섬에 남아있던 여성들이 그 몫을 대신 떠안게 되었다는 것이다. 아울러 그 시기는 대략 17C 후반 이후에 본격화된 것으로 지적하고 있다.[35] 따라서 오늘날 제주여성 하면 '강인하고 부지런한 여성'이라는 이미지는 애당초 잘못된 시각에서 비롯되었음을 지적하는 연구자도 있다.[36] 이러한 점은 역사적 관점에서 해녀를 분석한 박찬식의 연구를 참고할 때, 분명히 잘못된 시각이라는 사실을 이해하고 인식할 필요가 있다.

비록 시간이 흐르는 과정에서 제주여성(해녀)상이 왜곡된 부분이 있음은 인정할 수 있으나, 시대를 거슬러 올라가 조선시대로부터 최근에 이르기까지 척박하고 혹독한 섬 환경 속에서 가족들을 위한 제주여성의 삶은 현실적으로 강해질 수밖에 없을 것이라는 점도 제주도에서 태어나고 성장한 사람이라면 어느 정도 이해할 수 있다. 그 이면에는 다른 지역에 비해 상대적으로 늦게 전파되고 오랫동안 지속돼 온 유교사상의 후유증으로 남성들의 '게으름'이 일조한 것도 부인할 수 없는 사실이다. 결과적으로 볼 때, 바다는 가족들을 살찌울

35) 박찬식, 2006,「제주해녀의 역사적 고찰」(좌혜경 외,『제주해녀와 일본의 아마』, 민속원), 107~136쪽.

36) 권귀숙, 1996,「제주해녀의 신화와 실체: 조혜정 교수의 해녀론을 중심으로」,『한국사회학』30(봄호), 227~258쪽.

수 있는 또 하나의 터전이면서 동시에 잠수 일 자체는 제주 섬에서 취할 수 있는 또 하나의 직업이었다고 말할 수 있다.[37] 아울러 잠수 일이 가족들의 생계를 위한 경제활동의 한 영역이라 강조할 수 있다면, 이 점은 해안 마을에 거주하는 여성들이기 때문에 비로소 가능했다는 사실을 새삼 인식할 필요가 있다. 역으로 말하자면, 중산간 마을의 여성들인 경우에는 잠수 일을 통한 금전적·물질적인 이득을 취할 수 없었다는 사실이 부각된다. 이런 관점에서 보면, 중산간 마을의 여성들에게는 바다와의 거리에 따른 지리적 위치의 불리성이 크게 작용했다고 봐야 할 것이다.

화제를 바꾸어, 제주여성들인 해녀들이 바다에서는 어떤 일을 하는지에 대해 검토해 보기로 하자. 우리가 흔히 알고 있는 해녀들의 채취 해산물은 소라, 전복, 오분작, 성게, 해삼, 문어, 미역, 우뭇가사리, 톳, 감태 정도로 약 10여 종이다. 그러나 최근에 제주특별자치도 해양수산자원연구소장의 지적에 따르면, 제주도의 마을 어장에서 해녀들이 채취할 수 있는 해산물은 〈표 7〉에 제시한 것과 같이 22종에 이르는 것으로 알려진다. 종류별로 살펴보면, 패류가 소라, 전복 등 5종, 해조류가 톳, 미역, 우뭇가사리 등 13종, 어류가 1종, 기타가 3

---

37) 박정희, 2004, 「제주도 여성문화에 관한 고찰-가족과 결혼생활을 중심으로-」,
      제주대학교 석사학위논문, 9쪽.

종으로 확인된다. 이들 해산물은 시대에 따라 또는 시기에 따라 바로 현금화가 가능한 것이 있고, 그렇지 않은 것들도 있다. 또한 제주도 내의 마을 어장이라고 해도, 모든 마을 어장에서 22종의 해산물을 전부 채취하기는 거의 어렵다고 봐야 할 것이다. 여러 마을 어장은 수온과 해저환경이 조금씩 달라서, 각 마을 어장마다 몇몇 해산물은 서식하지 않는 것이 보통이다. 〈표 7〉에는 나타나 있지 않지만, 추자도 연안에는 홍합이 서식하고 있으며 추자도 해녀들은 홍합을 중요한 해산물로 채취한다. 이처럼, 홍합의 서식 여부도 수온을 비롯한 해저환경의 차이에서 오는 것이라 지적할 수 있다.

〈표 7〉 제주도의 마을 어장에서 채취할 수 있는 다양한 해산물

패류	해조류		어류	기타
① 소라	① 톳	⑧ 꼬시래기	① 문어	① 성게
② 전복	② 미역	⑨ 성북		② 해삼
③ 오분작	③ 우뭇가시리	⑩ 돌김		③ 갯지렁이
④ 보말	④ 감태	⑪ 듬북		
⑤ 고둥	⑤ 파래	⑫ 모자반		
	⑥ 청각	⑬ 갈래곰보		
	⑦ 도박			

출처: 김수완, 2006, 「잠수 소득 증대 방안」, 『제주해녀 삶의 질 향상과 보호육성을 위한 정책개발 세미나 자료집』 62쪽에 의해 필자 정리.

〈표 7〉에 제시된 다양한 해산물 중에서도 과거로부터 해녀들에게 주된 수입원으로 자리 잡아 왔던 해산물은 그다지 많지 않다. 다시 말하면, 많은 해녀가 저승길과도 같은 험난한 바닷속 잠수 일을 통해 필요한 현금을 얻어낼 수 있는 해산물은 시대에 따라 변화해 왔지만, 전체적으로 볼 때는 그 수가 매우 한정적이었다는 것이다. 예를 들어 시기적으로 해녀들의 주 수입원을 구분해 보면, 1970년대 이전에는 주로 미역, 전복 또는 소라에 의존하던 것이 1980년대 이후부터는 톳과 천초(우뭇가사리), 소라에 의존하는 형태로 바뀌게 되었다.[38] 2004년 이후부터는 우뭇가사리의 수요가 크게 늘면서, 이에 대한 채취량이 대폭 증가하였다. 그리고 과거에 많이 채취하던 전복은 거의 찾아볼 수 없는 정도로 그 수량이 감소한 결과, 최근에 와서는 수입원의 중심선(中心線)에서 완전히 멀어지고 말았다.

해녀들의 잠수 일은 어떤 과정을 통해 이루어지고, 1일 단위나 계절적으로는 어느 정도의 시간 동안 행해지는지를 살펴보자. 보통 해녀들의 일과는 특별한 일이 없는 한, 아침 이른 시간 집안일에서부터 시작된다. 〈표 8〉은 해녀들의 계절에 따른 하루 일과를 나타낸 것으로서, 1992~1993년경의 우도 사례이다. 이 사례가 제주도 내 모든

---

[38] 이종만, 2006, 「제주 해녀 보호·육성을 위한 정책 방향」, 『제주해녀 삶의 질 향상과 보호육성을 위한 정책개발 세미나 자료집』, 21쪽.

〈표 8〉 계절에 따른 해녀들의 1일 노동 시간표(우도 사례: 1992~1993년)

시간	4~9월	1~3월, 10~12월	농번기(5~6월, 10~11월)
0	취침	취침	취침
1			
2			
3			
4			
5	가사일 / 아침		
6		가사일 / 아침	가사일 / 아침
7			
8	물질		
9			
10		농사일	농사일
11		물질	
12		농사일 / 점심	
13			
14		물질	점심
15	점심		
16	해산물 분류작업	농사일 / 휴식	농사일 (해질 때까지)
17			
18		가사일 / 저녁	
19	가사일 / 저녁		
20			가사일 / 저녁
21	취침	휴식 / 취침	
22			취침
23			
24			

출처: 유철인, 2001, 「제주해녀의 삶: 역사인류학적 과제」, 『깨어나는 제주여성의 역사』, 105~106쪽.

원자료: 金恩希, 1993, 「濟州潛嫂의 生活史-事例研究를 中心으로-」, 高麗大學校 碩士學位論文, 48쪽.

해녀들의 일과와 똑같다고 할 수는 없겠지만, 한 해안 마을의 사례로 해녀들의 일과가 어떻게 이어지고 있으며 또 해안 마을 여성들이 얼마나 많은 노동을 소화하고 있는지에 대한 근거는 될 수 있을 것으로 여겨진다.

〈표 8〉에서 보듯이, 우도의 해녀들은 항시 새벽 5~6시쯤이면 일어나서 집안일을 시작하며 1년 중 4~9월까지 6개월 동안은 1일 약 6시간 동안 잠수 일을 하곤 했다. 그리고 1~3월과 10~12월 동안은 집안일과 잠수 일 및 농사일을 번갈아 가며 행하게 되는데, 이 시기의 잠수 일은 약 3시간 정도로 줄어든다. 그리고 농번기인 5~6월(보리 베기)과 10~11월(고구마 수확기) 동안은 잠수 일은 하지 않고, 주로 농사일과 집안일을 중심으로 행하는데 잠수 일을 많이 하는 시기와는 달리 3끼니의 식사도 비교적 일정한 시간에 취하는 것으로 나타난다.[39]

〈표 8〉에서 거듭 확인해 보면, 봄과 여름에는 하루 일과 중 잠수 일이 주(主)가 되고 있으며, 가을과 겨울에는 주로 집안일과 농사일이 주가 되는 생활임을 알 수 있다. 따라서 1년을 단위로 검토해 볼 때, 해녀들은 기본적으로 집안일과 농사일과 잠수 일이라는 3고역을 동시에 떠안은 환경 속에 처해 있음을 알 수 있다. 물론 해녀들에게

---

39) 金恩希, 1993, 「濟州潛嫂의 生活史-事例硏究를 中心으로-」, 高麗大學校 碩士 學位論文, 49쪽.

물으면, 세 가지 일 중에서도 가장 힘겨운 일은 저승길을 오가는 잠수 일이라고 지체 없이 얘기한다.[40] 그러나 한편으로는 다른 일보다 높은 소득을 올릴 수 있고 또 잠수 일을 하는 동안만큼은 그래도 마음이 편하다는 이유로, 힘들고 어려운 잠수 일이지만 계속해서 한다는 해녀들이 많다.[41] 해녀들의 일은 비단 여기에 나열한 일에만 한정되는 것도 아니다. 1970년대까지만 해도 집안 내 아이들 뒷바라지와 시부모 공양, 더 나아가 마을의 대소사(大小事)도 마다하지 않고 서로 돌보는,[42] 1인 4역 내지는 5역의 존재로서 생활을 이끌어 나가는 생활전사(生活戰士)와도 같았다. 그러다 보니, 제주해녀들은 일제 강점기 이전부터 1960~70년대 초반까지는 러시아, 중국, 일본 등 외국은 물론이고 한반도의 전라도, 경상도, 충청도, 강원도 및 함경도까지도 출가(出稼) 잠수 일(출가물질)을 서슴지 않았다.[43]

해녀들이 잠수 일을 하러 바다로 향할 때는 마을 내의 동료 해녀

---

40) 金榮墩, 1993,『제주민의 삶과 문화』, 도서출판 제주문화, 126쪽.

41) 安美貞, 1997,「제주해녀의 이미지와 사회적 정체성」, 濟州大學校 碩士學位論文, 50쪽.

42) 한림화, 2006,「해양문명사 속의 제주해녀」(좌혜경 외,『제주해녀와 일본의 아마』, 민속원), 21~105쪽.

43) 좌혜경, 2006,「제주 출가 해녀의 현지적응」(좌혜경 외,『제주해녀와 일본의 아마』, 민속원), 209~244쪽.

들과 삼삼오오 짝을 지어 같이 가는 것이 보통이다. 이러한 습관은 오랫동안 이어져 온 관습이자 풍습이라 할 수 있다. 궁극적으로 이러한 관습을 유지하는 것은 잠수 일 도중에 혹시라도 어려운 점이 있으면 언제든지 서로 도울 수 있는 신뢰를 쌓아 가는 과정이라고 말할 수 있다. 해녀들이 바다로 향할 때는 잠수 도구인 테왁과 빗창, 눈(물안경), 소살(작살)과 함께 중간 휴식 때 불을 지피는 데 사용할 약간의 땔감을 가지고 간다. 땔감은 불턱(해녀탈의장) 안에서 추운 몸을 녹이는 데 사용해야 할 것이기 때문에 반드시 필요하였다(사진 15~16).

바닷가에 도착하면, 우선 불턱에서 옷을 갈아입고 잠수 준비에 들어간다. 물옷은 1970년대 이전에는 무명으로 만든 물소중이였지만, 그 이후는 고무옷으로 바뀌어서 갈아입는 데 서로의 도움이 필요하다. 잠수 복장으로 갈아입고 나서는 테왁과 빗창 등 잠수 도구를 챙기고 물가로 향하는데, 물속으로 들어가기 전에는 반드시 쑥으로 물안경 안쪽을 닦아내는 일을 한다. 그 이유는 잠수 중에 물안경 안쪽이 흐려지는 것을 방지하기 위함이다.

물속에서의 작업은 삼삼오오 짝을 지은 형태로 하게 되는데, 자신의 실력에 따라 작업공간인 물속 깊이도 달라진다. 즉 상군(上軍)은 상군대로, 중군(中軍)은 중군대로 그리고 하군(河君)은 하군대로 실력에 맞춰 작업공간의 범위나 물속 깊이가 조금씩 달라지는 것이다. 그러나 어디에서 잠수 일을 하더라도 독단적으로 혼자서만 하는 경우는 거의 없다. 그것은 잠수 일을 하는 도중에 상어나 곰새기(돌고래)

〈사진 15〉 해녀의 불턱(구좌읍 하도리, 2015. 5.).

〈사진 16〉 해녀의 불턱(성산읍 신양리, 2024. 3.).

의 출현으로 신체 일부에 큰 상처를 입는 일도 있고, 또 깊은 물속에서 지속되는 작업으로 인해 갑자기 호흡곤란을 초래하여 개개인의 목숨이 위태로울 수도 있기 때문이다. 따라서 잠수 일을 하면서도 간혹 주변 동료의 위치를 확인하기도 하고, 자기 스스로는 동료들에게서 멀리 떨어져 있지 않은지를 파악하게 된다.

잠수를 시작하여 1~2시간 정도 작업에 몰두하다 보면, 자기 자신도 최초의 작업지점에서 어느 방향으로 얼마나 거리가 떨어져 있는지를 파악하지 못하는 경우가 더러 있다. 다시 말해 바다에서 자신의 위치 파악은 항상 필요한 것이며, 더불어 자신의 주변에 동료들이 있는지 없는지를 신경 써서 파악하는 것도 매우 중요한 일 중 하나이다. 이처럼 해녀들은 자신을 위하여 또는 동료를 위하여, 항시 서로가 서로를 배려하는 기본적인 마음가짐을 가지고 잠수 일에 임한다.

하루의 잠수 시간은 해안 마을(어촌계 단위)마다 다른 것이 기본이다. 그리고 지금처럼 작업복이 고무옷이 아닌 물소중이였던 시기(1960년 대까지)에는 물속에서의 작업시간이 1회당 1~1.5시간 정도였지만, 고무옷으로 바뀐 이후에는 작업 시간도 2배 이상이나 늘어났다. 따라서 〈표 8〉의 1~3월이나 10~12월과 같이, 잠수 일을 오전과 오후로 나누어서 하기도 하지만, 4~9월의 사례와 같이 한 번 바다로 나가면, 중간에 1~2회 정도 휴식을 취하면서 하루에 2~3회 정도 잠수 일을 한 다음 귀가하는 것이 일반적이다. 그리고 1970년대까지만 해도 잠수 일을 하다가 중간 휴식 시간에는 어린 젖먹이에게 젖을 먹이는 일도 다반사였다. [44] 잠수 일 자체가 힘든 일임에도 불구하고, 짧은 휴식 시간을 이용하여 어린 자녀에게 젖을 물리며 자식의 양육을 챙기는 모습을 생각하면, 제주여성들이 부지런하고 강인하다고 지적하지 않을 수 없다. 이처럼 해녀를 비롯한 제주여성들이 행하는 일(작업)의 내용과 양을 입체적으로 접근해서 살펴보면, 일부 연구자들이 지적하는 것처럼, 제주해녀들의 부지런함과 강인함이 반드시 유교 중심적 사고에서, 또는 남성 우월적 사고에서 평가되어 신화화(神話化)됐다는 지적이 반드시 옳다고만도 할 수 없는 상황에 부닥치게 된다.

이 글을 쓰는 시점에서, 제주해녀들은 어느 정도 남아있을까. 이 글의 기본 시점과는 다소 거리가 멀어지는 듯한 감이 없지 않으나, 제주해녀의 감소 추세에 대해서는 다소나마 언급을 해야 할 것으로 판단된다. 제주해녀의 수에 대한 통계가 보이는 연도를 기준으로 살펴보면, 우선 1913년 제주해녀는 약 8,391명에 이르는 것으로 나타나며, 1931년에는 8,862명으로 당시의 시대적 상황을 반영하듯 약간의

---

44) 이러한 사실은 도내의 여러 사진작가가 제주해녀나 제주여성을 대상으로 촬영한 작품집에서도 생생하게 접할 수 있다. 예를 들면 서재철·김영돈(1990)의 『濟州海女』(봅데강)를 참고할 수 있다.

증가 추세를 보인다.[45] 1965년경에 이르면 23,081명으로 급증하여 많은 해안 마을 제주여성들이 잠수 일에 참여하는 경향을 보인다. 1970년에는 〈그림 7〉에서 보듯이, 14,143명으로 1965년에 비해 8,938명이나 감소한 상황을 보이고, 1980년에는 한층 더 감소하여 7,804명에 이르고 있다. 나아가 1995년에는 5,886명, 2005년에는 5,545명으로 감소율은 이전과 비교해 많이 떨어진 상황이지만, 여전히 실수(實數)의 감소 추세는 지속되는 것으로 확인된다. 제주해녀의 감소 문제는 향후 전통어업의 유지 혹은 전통어법의 소멸 문제와도 관련하여 지역사회의 중요한 현안으로 주목받을 가능성이 매우 크다고 하겠다.

이처럼 제주해녀의 감소 배경에는 여러 가지 사회적, 경제적 요인이 작용해온 것이 사실이다. 특히 1970년대 중반을 기점으로 하여 한국사회의 전체적인 경제성장은 농어촌 인구가 도시나 도시 인근 지역으로 이동하게 하는 배경으로 작용하였고, 그 과정에서 육체적으로 힘든 3D 업종은 단연코 꺼리는 사회적 현상이 나타났다. 제주도의 경우 1960년대 말부터 본격화한 대대적인 감귤단지 조성을 필

---

45) ① 유철인, 2001, 「제주해녀의 삶: 역사인류학적 과제」, 『깨어나는 제주여성의 역사』, 제주도·제주도여성특별위원회, 101쪽. ② 桝田一二, 1976, 「濟州島海女」(桝田一二地理學論文集刊行會, 『桝田一二地理學論文集』, 弘詢社), 67~85쪽.

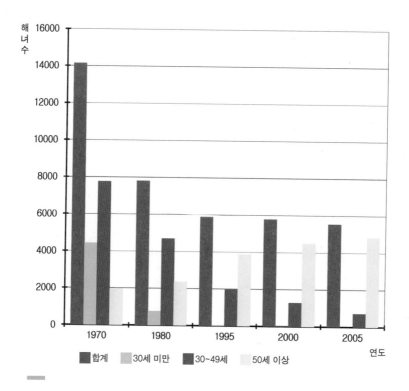

〈그림 7〉 제주해녀의 연도별·연령별 변화(1970~2005년).

출처: 제주특별자치도, 2006, 『2006년도 해양수산현황』, 제주특별자치도, 37쪽.

두로 1970년대 초부터 관광개발에 중점을 둔 중앙정부와 지방정부의 정책, 그리고 1980년대 이후에 더욱 활발해진 농가의 다양한 상품작물 도입 등은 오랫동안 힘든 잠수 일을 해온 해녀들의 삶을 바꾸어 놓기에 충분했다.[46]

유철인의 지적과 같이, 시기별 해녀수의 감소 배경에 대해서는 좀 더 심층적인 연구가 필요하겠지만,[47] 전체적인 제주해녀의 감소 문제는 기회가 닿을 때마다 다양한 관점에서 논의하여 조속한 시일 내에 보전 대책을 마련해야 할 것으로 여겨진다.

바다는 제주여성들에게 없어서는 안 될 소중한 또 하나의 노동공간이면서, 제주도의 자연환경을 대변하는 의미 있는 상징체이다. 이와 같은 바다가 최근 엄청난 오염에 휩싸여 해녀들의 작업공간으로부터도 외면당하는 시점에 와 있다. 이 문제 또한 쉽게 간과해서는 안 될 중요한 사안이다. 제주도의 바다에서 해녀들의 모습을 볼 수 없다는 것은 오랜 세월 이어져 내려온 제주도 역사의 단절을 의미하는 것이기도 하다. 따라서 제주도의 푸른 바다와 해녀의 관계는 실과 바늘 같은 관계라 아니할 수 없다.

---

46) ① 元學喜, 1988, 「濟州島における海女漁業の變貌と生產形態」(立正大學日韓合同韓國濟州島學術調查團, 『韓國濟州島の地域研究-學術調查報告書-』), 102~118쪽. ② 安美貞, 1997, 앞 논문, 8쪽.
47) 유철인, 2001, 앞 논문, 103쪽.

제주여성들에게 노동의 의미와
노동공간의 특성

전통사회가 비교적 잘 유지되고 있던 1970년대까지를 배경으로 할 때, 제주여성들에게 있어 노동(일)은 하루 일과의 모든 부문과 맞닿아 있다고 할 수 있다. 제주여성들은 아침에 눈을 뜨고 나면, 크고 작은 집안일에서부터 밭일(농사일)과 잠수일, 육아와 시부모 봉양, 마을 내의 여러 가지 일 등 노동이 일과의 대부분 시간에 걸쳐 있었다고 해도 과언이 아니다. 물론 인간이란 동물은 적절한 휴식을 취하지 않으면 몸을 제대로 유지하여 온전한 생활을 이어 나갈 수 없다. 이런 점에서, 제주여성들이 취침 시간 외에 전혀 휴식을 취하지도 않은 채 온종일 일에만 열중했다고 한다면, 그것은 지나친 과장이라 할 것이다.

좀 더 다른 관점에서 제주여성들의 강인함과 부지런함을 강조할 때는 조선시대 '여정(女丁)'을 등장시키기도 한다. 여정은 조선시대 도내의 읍성(邑城)을 지키던 여성 군인을 말하는데, 남성들만 담당하던 군역(軍役)까지 제주여성들이 담당하던 때가 있었다.[48] 이처럼 특수한 시대적 상황은 섬 지역이라는 특수성과 관련하여 남녀의 인구 구성에 더 큰 문제가 있었음을 예상하게 한다. 만약에 남성인구가 많았다면, 여정이라고 하는 여군 집단이 과연 탄생했을까 하는 소박한 의문이 들지 않을 수 없다.

필자가 여기서 강조하고 싶은 사실은, 전통사회가 제대로 유지되던 시기에 제주도와 같은 섬 지역에는 상대적으로 여성들이 할 일들이 많았다는 사실이며, 더불어 남성들은 일과 중에 생기는 많은 일거리를 거의 무조건 여성들의 몫으로 치부해 왔다는 점이다. 나아가 또 한편으로는 제주여성들이 보편적으로 노동에 대한 적극성이랄까, 일에 대한 열정 또는 욕심을 보였다는 점도 분명히 내재해 있었다. 이러한 사실이 부모로부터의 교육에 의한 것인지, 단순히 놓인 환경에 의한 자발성 때문인지는 확실하지 않다. 그러나 여기서 한 가지 중요한 사실은, 제주여성들이 일에 대한 열정이나 욕심을 부렸던 배경은 과연 무엇 때문이었을까 하는 질문에 봉착하게 된다는 점이다. 이에 대한 답변은 분명하다. 일 뒤에는 바로 '가족'이라는 떠날 수 없는 소중한 '울타리'가 존재한다는 사실이다. 따라서 제주여성들은 시부

---

48) 金尙憲, 1601~1602, 『南槎錄』(朴用厚 譯, 1976, 『耽羅文獻集』, 제주도교육위원회), 54쪽.

모와 남편과 자식들을 위해 모든 일을 헌신적으로 소화하고자 했다.

제주인의 정신세계와 정신문화를 보다 체계적으로 연구한 송성대 교수는 제주여성들의 일에 대한 근면함을 강조하면서 아래와 같이 서술하고 있다.[49]

> 한반도의 여성들도, 제주도의 여성과는 비길 바가 못 되지만, 다른 나라와 비교할 때는 매우 근면한 것으로 나타난다. 일제시대 때, 한국 주부의 작업량을 조사하여 국제적으로 비교한 것을 보면 한국 여자들은 독일 여자보다는 3.2배, 프랑스 여자보다는 4.5배, 일본 여자보다는 1.5배나 더 큰 일을 많이 하는 것으로 나타나고 있다. 하지만 당시 제주 주부들의 작업량을 만약 한국 주부들과 비교했을 때는 아마 수배의 차를 보였을 것이었지만, 제주의 주부들은 그런 가사를 모두하고 더하여 집 밖으로 나가서 농사일은 물론 물질(잠수작업)까지 한 몫이 있기 때문이다.(450쪽)

이상의 분석에서도 제주여성들의 일에 대한 열정이나 근면함은 그대로 재확인할 수 있다. 그러나 송성대 교수 자신도 필자와 같이 제주도 출신이라는 점에서 다소 편파적인, 그리고 조금은 과장된 분

---

49) 송성대, 2001, 앞 책, 450쪽.

석일 수 있다는 지적에서 벗어날 수는 없다.

제주여성들이 주어진 많은 일을 긍정적으로 생각하며 받아들이는지, 부정적으로 생각하면서도 어쩔 수 없는 환경이기 때문에 받아들이는지에 대해서는 분명하게 밝혀내기가 쉽지 않다. 어쩌면 현실을 헤쳐나가는 데 급급했을지 모른다고 해야 옳을 수도 있다. 매일 반복적으로 주어지는 일은 육체적으로 힘들고 어려웠지만, 제주여성들은 뇌리에 항상 가족을 떠올리며 현실 세계를 헤쳐나가려는 의지가 있었다고 해야 할 것이다.

제주여성들이 활동해온 노동공간의 특성이 어떠한지에 대해 정리해 보기로 하자. 제주여성들의 노동공간은 집 밖에만 존재하는 것도 아니고, 집 밖의 노동공간도 이 글에서 중점적으로 논의한 6개(길가[마을길], 빨래터, 장터, 들녘[들판], 밭[농경지], 바다) 영역의 공간적 범위에만 머무르는 것이 아니다. 이 글에서는 전통사회에서 제주여성들의 노동이 가장 많이 이루어졌을 것으로 생각되는 노동공간을 나름대로 거주지를 중심으로 상대적인 거리 관계를 고려하여 설정한 것에 불과하다. 제주여성들의 경제활동과 관련된 노동과정이나 성격에 비추어 볼 때, 노동공간의 특성은 다음과 같이 크게 몇 가지로 나누어 정리할 수 있다.

첫째로, 제주여성들의 노동공간은 비교적 자연환경의 속성을 잘 이용한 틀 속에서 설정된 공간이라는 점이다. 제주도 들판이 그러하고, 바다가 그러하다. 마을길과 밭, 빨래터나 장터라는 노동공간도 심하게 인위적으로 조작되거나 많은 인공물을 설치하여 주변과 조화롭지 못한 변형된 이미지는 느낄 수 없다. 필요에 따라 최소한의 환경만을 수정하여 생산의 효율성을 높이거나 일하는 데 편리성을 추구한 정도라 할 수 있다. 더욱이 다양한 노동공간을 다소 인위적으로 바꾸는 과정에서는 주로 자연에서 얻을 수 있는 산물(돌, 나무 등)을 토대로 활용해 온 점 또한 주목된다. 이런 점에서, 제주여성들을 포함한 제주 선민들의 지혜가 돋보인다고 말할 수 있다. 심지어 노동공간에서 사용하는 다양한 농기구를 비롯한 생산도구도 자연에서 얻은 것을 주로 활용해 왔다. 요즘 식으로 말하자면, 제주여성들은 자연 친화적인 노동공간 속에서 자연 생태적인 의식을 토대로 일해 왔다고 말할 수 있다. 노동공간이 자연 친화적이고 자연환경의 속성을 잘 이용해 왔다는 사실은 제주도가 섬 지역으로서 비교적 자연환경이 뛰어나다는 점과 그 환경을 파괴하지 않고 대대로 유지하는 생활방식이 중요했다는 점을 보여준다. 나아가 제주여성들이 주어진 자연환경을 잘 보전하면서 이용해 왔다는 측면은 제주도 내 거의 모든 가정이 자급자족하는 생활체계를 구축하는 근간이 되었다고 지적할 수 있다.

두 번째로, 거리상 관점에서 볼 때 제주여성들의 노동공간은 대부분 주거지로부터 불과 1~2km 이내에 존재한다는 점이다. 물론 때에 따라 5㎞ 이상 멀리 떨어진 곳일 수도 있다. 그러나 그런 경우는 집 안에 따라 띠를 한다든지, 소나 말의 꼴을 한다든지 하여 1년을 통틀어 볼 때 특별한 목적을 이루고자 할 경우이다. 그리고 제주여성의 주요 노동공간인 밭과 들과 바다, 그리고 빨래터와 장터 등은 자신의 주거지에서 짧은 거리 내에 위치하는 경우가 대부분이기 때문에, 그 어디를 가더라도 도보로 왕래하는 것은 물론이며 걷는 것 자체도 노동의 일부처럼 일상화돼 있었다. 집안에 따라서는 구루마(마차)를 이용하거나 소와 말을 이용하여 농작물을 운반하기도 하고 사람도 소나 말 등에 올라타서 지친 몸을 도움받기도 했다. 그러나 대부분의 경우 소와 말 등에는 물론 사람의 등에도 물건을 지고 주거지와 노동공간 사이를 오가는 것이 보통이었다(사진 17). 그리고 여성들이

〈사진 17〉 꼴을 지고 귀가하는 부부. 출처: 제주도, 1996, 『제주 100년』 138쪽.

소나 말 잔등에 올라타 도움을 받는 일은 전무했다고 해도 과언이 아니다. 더불어 제주여성들의 노동공간이 주거지로부터 가까운 곳에 있는 만큼, 집안이나 동네에 큰일이 생겼을 때는 빠른 시간 안에 돌아올 수 있다는 장점도 있었다.

세 번째로, 제주여성들의 노동공간은 다음으로 이어지는 노동과 활동을 위해 끊임없는 논의가 이루어지는 공간이었다는 점이다. 제주여성들은 정해진 특정 공간에서 일을 하지만, 두세 사람이 모여 일을 하는 과정에서는 그다음에 이어질 일들에 대해 끊임없이 대화하며 결정했었다는 사실이다. 그것이 서로 대화하는 당사자들의 농사일과 관련되는 수눌음이든, 혹은 조만간 같은 동네 어느 집의 대소사에 관한 것이든, 일 부조에 대한 것들을 미리미리 의논하며 결정하는 장소로서의 특성을 보이고 있었다. 이와 같이 한 장소에서 일어나는 일에 대한 제주여성들의 대화는 그만큼 부지런하다는 단면을 살펴볼 수 있는 대목이기도 하다. 제주여성들은 일정한 노동공간에서 노동의 재생산을 위하여 일에서 일로 이어지는 환경을 만들어 내곤 했다. 그렇다고 해서 전통사회의 제주여성들이 무조건 일만 하고 싶어 하는 기계적인 인간도 아니었다. 일은 열심히 하면서도 나름대로 여유를 가지려고 노력했다. 모든 일은 가족들을 위한 것이라 생각하면서, 육체적·정신적인 위안을 추구했을지도 모른다. 제주여성들의 생활이 노동의 연속이라고 강조해 왔지만, 괴로운 노동에서 탈피하는 수단도 다양하게 존재했다. 보통은 일하면서 노래(민요)를 자주 불러 힘겨운 상황을 넘기곤 했다. 그럴 때면, 같이 일하는 동료 중 누군가가 노래를 따라 부르거나 후렴구를 받아 부르며 흥을 한층 돋우는 것이 예사이다. 이 모두가 힘들고 어려운 상황을 잘 소화하기 위한 수단이었다고 할 수 있다. 또한 제주여성들은 어떤 일이 마무리되면 서로가 어울려 한때를 즐겁게 놀거나 도내의 어딘가로 여행을 떠나기도 했으며, 또 정신적으로 힘이 들 때면 마을 내의 당(堂)을 찾아 위안을 구하기도 했다(사진 18).

네 번째로, 제주여성들의 노동공간은 하루를 기본 단위로 볼 때, 매우 변화무쌍하고 역동적으로 이어졌다는 점이다. 제주여성들은

〈사진 18〉 제주여성들이 자주 찾는 일뢧당(안덕면 대평리, 2011. 12.).

대개 오전에 집안일을 하다가 바다로 잠수 일을 나가거나 밭으로 농사일을 하러 나갔다. 때에 따라서는, 농사일을 하다가 잠수 일을 하러 가기도 하고 잠수 일을 갔다 온 후에 집안일이나 농사일을 하러 나가기도 했다. 또한 집안일을 하다가도 동네 일이 생기면 마다 않고 뛰어들고, 그러다가 몇몇이 모이면 또 빨래터로 나가거나 잠수 일하러 나가는 것이 제주여성들이었다.

이처럼 제주여성들은 매우 변화에 강하면서도 역동적인 길을 걸으며 생활해왔다. 제주여성들의 노동공간은 말 그대로 섬 지역의 환경과 같이, 아주 역동적이고 시시각각으로 자주 변화하는 상황에 처해 있었다. 이러한 배경을 전제로, 제주여성들은 육지부 여성보다 매우 활동적이고 외향적(外向的)이라는 표현이 가능하지 않을까 생각된다. 나아가 제주여성들의 노동공간이 역동적이라는 배경은, 앞에서 강조한 다양한 노동공간들이 서로 가까운 곳에 위치하고 있었기 때문이라는 해석도 가능하다.

제주해녀의 바깥물질, 사회적 이동의 의미*

개항 이후부터 일제강점기를 거쳐 1970년대 초까지도 제주해녀들은 경상도와 전라남도를 비롯한 반도부의 여러 해안지역과 도서지역으로 바깥물질을 다녀왔다. 그뿐만이 아니다. 일제강점기에는 주로 일본의 관동지방(도쿄도[미야케지마], 지바현, 시즈오카현), 시코쿠지방(에히메현, 고치현, 도쿠시마현) 및 큐슈지방(나가사키[쓰시마, 고토열도]현, 가고시마현, 후쿠오카현)은 물론이고 중국의 산둥반도에 위치한 칭다오와 랴오둥반도 끝자락의 다롄 그리고 소련(러시아)의 블라디보스토크 등 해외지역으로도 진출했었다.

이러한 제주해녀들의 바깥물질 활동상을 전체적으로 조망해 보면, 제주해녀들의 바깥물질의 절정기는 잠정적으로 1930년대 초·중반경이 되는 것으로 예측된다. 이와 더불어 제주해녀들의 바깥물질은 일본으로는 해방과 더불어, 그리고 반도부로는 1960년대로 접어들면서 국내외 어장환경의 변화에 따라 쇠퇴기에 접어든 것으로 이

---

* 정광중, 2015, 「제주해녀의 바깥물질을 통한 사회적 이동의 의미」, 『통사로 살펴보는 제주해녀』, 제주특별자치도·(사)세계문화유산보존사업회, 56~83쪽.

해할 수 있다.

현시점에서 볼 때 제주해녀들의 바깥물질은 거의 명맥이 끊겼다고 말할 수 있다. 그러나 비록 지나간 과거 시점일지라도, 제주해녀들이 바깥물질을 행했던 배경에 대한 의미는 몇 가지 점에서 분명히 중요한 시사점을 던져주고 있다. 바깥물질을 위해 여러 국내외 지역에 진출했던 제주해녀들의 사회적 이동이 어떠한 의미를 담고 있는지 살펴보자.

첫째로, 국내외의 경계선을 초월한 제주해녀들의 사회적 이동은 전문적인 기술 집단의 진출이라는 점에서 매우 유의미하다. 특히 개항 이후부터 일제강점기 기간은 시대가 시대였던 만큼 여러 가지 기계나 동력을 활용할 수 없었기 때문에, 연안바다에

해녀들의 물질 모습(한림읍 비양리).

물질 후 뭍으로 올라오는 해녀(구좌읍 하도리).

서 전문적인 잠수기술을 바탕으로 해산물을 캘 수 있는 제주해녀들의 존재감이 실로
막대했다고 지적할 수 있다. 제주해녀들은 산소통을 비롯한 어떤 특수한 장비도 없이,
수심 10~20m 사이를 마음껏 유영하며 전복, 소라, 오분작, 대합, 그 외 다양한 조개
류, 미역, 감태, 다시마, 우뭇가사리 등의 해조류 등을 채취할 수 있는 전문직 여성들
이었다.

두 번째로, 제주해녀들은 경제적으로 가장 어려웠던 시기에 국내와 일본, 중국, 러
시아 등 주변 국가를 넘나들며 물질작업을 통해 막대한 수입을 올리던 경제인 집단이
었다는 사실이다. 제주해녀들이 벌어들인 수입금은 당시 가정경제는 물론이고 제주
도 지역경제의 성장에도 크게 도움을 주었다는 사실은 높게 평가되어야만 한다. 제주

해녀들은 일본 이세지역의 아마[海女]들조차 반도부의 어장에서 몰아낼 정도로 체력과 능력, 근면성을 모두 갖춘 최전선의 경제활동 집단이었음을 상기할 필요가 있다. 따라서 제주해녀들의 물질이야말로 당시의 시대상황에 가장 잘 부합하는 직업이었으며, 그녀들이 벌어들인 수입금은 토지가 척박하고 생산성이 낮은 제주지역의 경제를 활성화하는 데 중요한 발판이 되었다.

세 번째로, 제주해녀들은 바다라는 자연환경에 잘 적응하는 지혜를 가진 직업여성으로서 바다를 이용하는 삶의 방식을 국내외로 전파한 여성 집단이라는 사실이다. 제주해녀들은 간단한 도구만을 가지고 자연의 선물인 각종 해산물을 채취하면서도 스스로 자연을 거스르지 않는 삶의 방식을 충분히 터득하고 있었다. 그렇기 때문에 제주해녀들은 전복, 소라, 해삼을 비롯하여 미역, 감태, 우뭇가사리 등 다양한 해산물의 번성 시기와 산란 시기를 제대로 숙지하고 있었으며, 그것들의 채취 시기와 금채(禁採) 시기 등을 이미 몸으로 체득하고 있었다. 나아가 제주해녀들은 바다 밑의 여(礖)의 분포와 함께 해산물의 종류에 따른 서식 밀도 등에 대한 정보를 누구보다도 먼저 파악할 수 있는 능력의 소유자들이었다. 결국, 제주해녀들은 주어진 연안바다에 능동적으로 대응하면서 동시에 효율적으로 이용할 줄 아는 지혜를 지닌 직업여성들로서, 궁극적으로는 연안바다의 섭리와 지혜를 타 지역으로 전파할 수 있는 탁월한 여성 집단이라는 사실이 부각된다.

이러한 전문 능력을 지닌 제주해녀들의 바깥물질은 반도부와 국외의 많은 해안지역과 도서지역의 주민들에게 연안바다의 효율적인 이용과 관리, 해산물의 적극적인 보호와 제철 이용에 대한 정보와 지혜를 전파하는 결과를 가져왔다고 말할 수 있다.

제3장 ────────────────────

오름

산책

오름 탐방 이야기

이 장의 원고는 오래전 제주 지역신문인 『한라일보』에서 추진한 〈大河 기획 / 한라산 학술 대탐사-제2부 '한라대맥(漢拏大脈)을 가다-'(2003년 9월~2005년 4월)에 투고한 신문 기사용 내용이 주를 이룬다. 당시 학술 대탐사는 탐사단 단장인 강문규 씨(전 한라일보 편집국장)를 비롯한 8명의 전문위원(필자 포함)과 특별 취재팀(한라일보사) 5명으로 구성되어 진행되었다.

필자는 학술 대탐사 기획 기사 총 74회 중 21회에 걸쳐 투고한 것으로 확인된다. 그러나 신문기사의 특성상 투고한 원고의 핵심내용만을 주로 게재한 결과, 처음 작성한 원고의 전체를 살려내지 못하는 아쉬움이 있었다. 따라서 여기에 실은 원고는 당시 『한라일보』에 투고했던 전문(全文)이라 할 수 있다. 나아가 일부 원고는 당시 신문사에 투고했지만 채택되지 않은 것이 있고, 또 일부는 투고와는 별도로 나중을 위해 개별 오름의 탐사가 끝날 때마다 작성해두었던 원고가 포함되어 있음을 밝힌다.

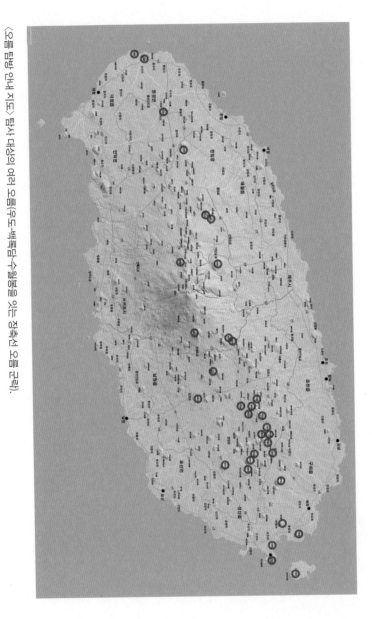

〈오름 탐방 안내 지도〉탐사 대상의 여러 오름(용도·백록담·수월봉을 잇는 직축선 오름 군락).

출처: 제주특별자치도 제공「제주 오름 지도」에 의해 재구성.

섬 속의 섬에 자리 잡은
쇠머리오름[1]

　　　　쇠머리오름은 제주의 동쪽 끝자락, 섬 속의 섬이라 불리는 우도(牛島)에 자리 잡고 있다. 우도는 섬 전체가 남쪽에 위치한 오름의 정상부(해발 132.5m), 즉 소의 머리 부분에서 북쪽의 소꼬리 부분(쇠비코지, 해발 4m)을 향해 완만하게 낮아지는 지형을 취하고 있다.

　쇠머리오름 정상에 서서 주위를 바라보면, 자연의 힘을 자랑하는 거친 파도와 함께 인간이 남긴 발자취가 한눈에 들어온다. 가파른 오름의 줄기가 끝나기가 무섭게 불규칙적이지만 아담한 크기로 다듬어진 경지가 곳곳에 펼쳐져 있고, 포구와 도로를 따라 옹기종기 모

----

[1]　이 원고는 당시 채택되지 않은 투고 원고의 전문이다.

여 있는 가옥들도 다양한 지붕 색을 뽐내며 제각기 한 자리씩 차지
해 있는 모습이다.

　인간이 남긴 흔적은 분화구 안에서도 쉽게 확인할 수 있다. 중앙
화구구인 알오름(해발 87.5m)과 그 주변에는 사자(死者)들의 안식처인
묘지(마을공동묘지)가 조성돼 있고, 그 바로 옆으로는 마치 쓰다 버린
쓰레기처럼 황폐한 저수지가 바닥을 드러낸 채 덩그러니 남아있다.
그리고 분화구의 남쪽 한편에는 정성스레 심은 소나무 군락도 보
인다.

인간의 흔적은 이 정도에서 멈추지 않고, 오름의 정상부까지 이어진다. 오름의 정상부 능선에는 오랫동안 바닷길을 밝혀온 '옛 등대'와 지금 이 순간을 밝히는 '새 등대'가 서로 이웃하여 서 있고, 그 옆으로는 해안 전투경찰이 주둔하는 막사와 부속시설이 들어서 있다.

새로 건설 중인 등대와 막사 사이에선 대체 무슨 시설물을 설치하려는지, 포클레인(poclain)으로 열심히 땅을 파헤치며 밀어내고 있었다. 포클레인 작업은 쇠머리오름 꼭대기에 또 다른 인간의 흔적을 남기게 될 것임이 분명하다.

〈사진 2〉 쇠머리오름(동남쪽 사면, 2009. 7.).

무엇보다도 중요한 사실은 등대와 막사가 위치하는 지점이나 포클레인으로 땅을 파헤치는 지점이 바로 쇠머리오름의 정수(精髓)를 이루는 부분이라는 것이다. 쇠머리오름 정상에서 포클레인 작업이라니, 정말 기가 막혀 말문이 열리질 않았다. 이 정도에 이르면, 앞서 방책(防柵)을 따라 거닐며 느끼던 자연의 위대함과 신비함은 완전히 사라지고 남는 것은 그저 치밀어 오르는 분노와 울화통뿐이다.

　이처럼 한라산 대탐사의 첫째 날은 우도의 쇠머리오름을 탐사하면서, 자연의 품에 인간이 남긴 상흔(傷痕)들을 보며 여러 고민에 빠진 하루였다.

동부지역의 독보적 존재,
성산일출봉[2]

　　　　　　　　　　성산일출봉은 수중 분화 활동을 통해
형성된 화산체로서 장기간에 걸쳐 퇴적된 모래톱으로 인해 제주도
본섬과 연결된 육계도(陸繫島)이다. 화산체가 형성된 이후에는 오랫
동안 풍화와 침식작용을 받았기 때문에, 전체적으로는 화산체의 외
륜산이나 바다와 접하는 바깥 사면 부분이 상당히 파괴된 상황이다.
그러나 사면부의 화산쇄설성 퇴적층을 관찰하는 데는 아주 편리하
고 중요한 오름 중 하나다.

　성산일출봉은 제주도 내의 전체 오름 368개(1997년 제주도 조사) 중에
서도 가장 널리 알려져 있고, 또 가장 많은 사람이 탐방하는 오름이
다. 따라서 1년 중 관광객이 가장 많이 찾는 오름이라 해도 과언이

---

2)　　이 원고는 2003년 10월 17일(금)자로 실린 일부 원고의 전문이다.

아니다. 그러한 지명도(知名度)에 힘입어, 단일 오름으로서는 유일하게 군립공원(1997년 6월 당시 남제주군)으로 지정된 기록을 가지고 있다.

『탐라순력도』(耽羅巡歷圖)를 비롯한 여러 고지도에는 성산일출봉이 성산(城山)이라 표현돼 있다. 이는 성산일출봉의 봉우리가 마치 '성(城)'을 에워싼 듯이 보인다고 하여 붙여진 이름이다. 실제로 정상에 올라서서 원형으로 둘러쳐진 기암괴석의 봉우리를 바라보고 있으면, 하나의 성채(城砦)를 연상하는 데 전혀 부족함이 없다.

조선시대 때 성산일출봉 북동쪽에는 봉수대(烽燧臺)가 설치돼 있었

〈사진 3〉 성산일출봉(북서쪽 사면, 2007. 10.).

<사진 4> 성산일출봉(남쪽 사면, 2007. 7.).

다. 봉수대가 자리 잡던 장소는 높이나 위치로 보아 본래의 기능을
발휘하는 데 안성맞춤이라 생각되지만, 또 한편으론 이처럼 협소하
고 험한 곳에 구조물을 설치하고 위급 시에는 연기와 불을 피워 올
렸다는 사실 자체가 도무지 믿어지질 않는다.

　　성산일출봉에 올라서면 성산마을이 한눈에 들어온다. 성산마을
은 거대한 오름을 머리에 인 듯한 형국으로 오름 아래쪽의 평탄한 곳
에 좌우로 길게 펼쳐져 있다. 성산일출봉은 성산마을의 보배로운 진
산(鎭山)이라 할 수 있을 것이다. 오늘날의 상황에서도 많은 관광객의
발길을 머무르게 하고 있다는 점을 고려하면, 그야말로 경제적 측면
의 진산 역할까지 톡톡히 담당한다고 말할 수 있다.

성산일출봉이 지닌 가장 큰 특징은 오름 자체의 경관적 가치는 물론 주변부의 자연경관과 인문경관을 동시에 감상할 수 있다는 점이다. 먼저 동북쪽으로는 바다에 떠 있는 우도와 섬을 잇는 수로(水路)를, 남서쪽으로는 섭지코지와 남해로 이어지는 망망대해를 감상할 수 있다. 그리고 육지 쪽으로 눈을 돌리면 제주도민들이 가꾸어 놓은 집과 다양한 건축물, 길과 밭과 과수원이 인공미를 자랑하는 작품처럼 요소요소에 진열돼 있음을 확인할 수 있다. 또한 오름 군락이 적재적소에 자리 잡으며 마을과 들판을 감싸는 모습도 놓칠 수 없는 경관이다. 여기에다 영주십경(瀛州十景)의 하나인 '성산일출(城山日出)'을 더하면 성산일출봉의 진면목이 제대로 드러나는 셈이다.

　이처럼, 성산일출봉은 자연미와 인공미가 조화롭게 배치된 경관적 가치를 느끼는 데 색다른 묘미를 더해주는 오름이다. 제주도 동부지역의 독보적인 오름이라 해도 좋을 것이다.

오조마을의 쉼터,
식산봉[3]

식산봉은 '바우오름' 또는 '바위오름'
이라고도 불리며, 오조마을의 내해(內海)와 면하여 다소곳하게 자리
잡고 있다. 정상까지는 불과 10~15분 정도면 오를 수 있어서 오조마
을 주민들의 쉼터 역할을 하는 오름이다. 식산봉은 동남쪽에 위치하
는 성산일출봉의 명성에 가려 관심을 두지 않는 사람들에게는 다소
낯선 오름이기도 하다.

식산봉은 생긴 형체나 높이로 보더라도 오조마을의 내해와 함께
자리 잡은 것이 훨씬 잘 어울린다. 오조마을의 내해는 바로 앞쪽에
식산봉이 자리 잡음으로써 자신의 모습을 완전히 드러내지 않은 채
깨끗함을 유지할 수 있고, 또 식산봉은 내해가 있음으로써 종종 자

---

3)   이 원고는 2003년 10월 31일(금)자에 실린 일부 원고의 전문이다.

_{■■■■■}
〈**사진 5**〉 식산봉과 오조리 내해(2023. 4.).

신의 모습을 비춰볼 수 있다. 제대로 어울리는 '한 쌍의 산수(山水)'다.

식산봉은 한자로는 '食山峰'이라 표기한다. 이 이름과 관련하여 아주 오래전부터 내려오는 전설이 있다. 그것은 다름 아닌 왜구(倭寇)와 관련된 전설이다. 고려시대 말부터 조선시대 중기까지는 제주도 부근 바다에 왜구가 자주 출몰하여 주민들을 괴롭히는 일이 많았다. 특히 우도를 배경으로 한 오조마을과 성산포 부근에는 왜구의 출몰이 심했다. 그래서 한번은 오조마을의 해안을 지키던 조방장(助防將)이 마을 사람들을 동원하여 식산봉에 낟가리를 쌓아 올린 것처럼 위장하게 하였다. 그것은 왜구들에게 많은 군량미를 쌓아둘 정도로 오조 마을 부근을 지키는 병사들이 많다는 사실을 은근히 전하기 위함이 었다. 그 이후부터 '食山峰'이라 부르게 됐다는 설이다. 사실 여부를 떠나서, 오조마을과 주변 지역의 정서와 잘 어울리는 이름이라 생각 된다. 아울러, 역사적으로도 주변 지역의 자연환경을 잘 활용하여 외 부로부터 침입하는 적을 물리친 사례는 곧잘 등장한다.

식산봉을 오르다 보면, 산허리에 대형바위들이 산행을 가로막기 라도 하듯이 가로놓여 있다. 이 대형바위들은 식산봉이 분화할 때 뿜 어져 나온 용암의 일부로, 자세히 보면 검은색 현무암이 아니라 산 방산 근처에서 흔히 볼 수 있는 연푸른색을 띠는 조면암질 암석이다. 이 바위를 마을 주민들은 장군석이라 부르고 있는데, 그 모습은 소 나무와 동백나무와 후박나무 등 상록활엽수림으로 덮여 있는 까닭 에 외부로는 절대 드러나지 않는다.

장군석이라 부르는 이 바위가 얼마나 큰 바위인지는 실제로 올라 보지 않으면 감히 알 수 없다. 식산봉 산허리에 또 하나의 오름이 얹 혀 있는 듯한 느낌을 받게 될 것이다.

지미봉과 주변 지역의 지리적 특성[4]

지미봉(地尾峰)은 종달리의 진산(鎭山)이다. 지미봉에 오르면, 종달리가 한눈에 들어온다. 지미봉이 위치한 주변 지역은 지리적으로 매우 특색 있는 곳이다. 그 배경은 크게 네 가지로 구분해 볼 수 있다. 첫째로 행정구역상 북제주군의 동쪽 끝 지점에 위치하여 경계적 성격이 강하다는 점, 둘째로 도내에서도 몇 안 되는 넓은 사질해안을 끼고 있다는 점, 셋째로 해안도로의 일부 구간에서 용암류(熔岩流)와 이류구(泥流丘)에 의해 자연 정원이 형성되어 있다는 점 그리고 넷째로는 지미봉이 주변부와는 떨어진 섬이었을 가능성이 발견된다는 점이다.

이와 같은 지미봉 주변 지역의 네 가지 특성을 지리적 환경과 관

---

4)   이 원고는 탐사 당시 나중을 위하여 작성해둔 원고 중 하나다.

련지으면서 차례로 검토해 보고자 한다. 먼저, 지미봉이 자리한 곳은 행정구역상 북제주군 구좌읍 종달리인데, 이 마을은 북제주군의 동쪽 끝 지점에 위치하고 있으며 남제주군과의 경계를 이루고 있다. 종달리 남쪽으로는 성산읍 시흥리가 이웃하며 이어진다. 말하자면 종달리와 시흥리는 2개의 군(郡) 지역(원고 작성 당시)이 만나는 경계적 성격을 강하게 반영하는 마을인 셈이다.

종달리(終達里)는 한자 이름에서도 유추할 수 있듯이, 3읍 체제(제주목, 정의현, 대정현)의 행정구역을 보이던 조선시대 말기에는 제주목(濟州牧)의 동쪽 끝 마을이었다는 배경을 간직하고 있다. 제주도라고 하

〈사진 6〉 지미봉(남동쪽 사면, 2005. 6.).

는 작은 섬 지역 안에서도 행정구역이 서로 다르다는 사실은 해당 마을 사람들의 일상생활과 관련지어 볼 때 상당히 중요한 의미를 띠는 것이 사실이다. 그 이유는 '향토(鄕土)'라는 개념은 대개 '군(郡)'이라는 공간적인 범위에서 형성되는 것이기 때문이다. 따라서 종달리 주민들도 여느 마을 주민들과 같이, 오랜 세월 동안 '구좌읍' 또는 '북제주군'이라는 보이지 않는 행정 경계선 안에서 기본적으로 생활에 필요한 출생, 혼인, 사망 및 납세와 관련되는 신고행위, 재산상속, 토지매매, 삼림과 바다밭의 이용 등 많은 권리와 의무를 직접 행사해 왔다. 그것은 읍민 자격에 따른 행위일 수도 있고 때에 따라서는 군민 자격에 따른 행위일 수도 있다.

그리고 2개의 군 경계를 이루는 구좌읍 종달리나 성산읍 시흥리의 주민들은 간혹 무의식중에도 '북제주군민' 혹은 '남제주군민'이라는 공동체 의식을 지니게 된다. 이러한 공동체 의식의 발로(發露)는 사람들이 더불어 사는 생활공간으로의 회귀 본능이 있기 때문이다. 결국 행정 경계선은 눈에 보이지 않는 추상적인 개념에 불과하지만, 공동체 사회의 근간이 되는 기능을 하는 것으로 이해할 수 있다. 그러므로 경계 지점에 위치하는 구좌읍 종달리와 성산읍 시흥리는 마을의 입지와 관련하여 각별한 지리적 의미와 성격을 띠고 있다고 말할 수 있다.

두 번째 특성은 종달리 마을의 해안이 제주도 내에서도 보기 드문 사질해안이라는 점이다. 종달리는 해안에 넓은 백사장이 있기에, 다른 마을보다 경관 면에서 비교우위에 있다. 더불어 백사장과 지미봉이 어우러진 경관적 가치는 한층 더 높아진다. 제주도 내에서도 종달리~시흥리 해안만큼 백사(白砂)가 넓게 깔린 곳은 그리 흔치 않다고 해야 할 것이다. 그만큼 이들 마을의 백사장은 자원으로서의 가치도 높다고 평가할 수 있다.

이곳의 모래는 패사(貝砂)로서, 오랜 세월에 걸쳐 전복을 비롯한 다양한 종류의 조개류가 파쇄된 이후 연안류에 의해 퇴적된 것이다. 한 가지 중요한 사실은, 앞으로 제주도 연안에서는 대규모의 사빈(砂濱, 모래해안)이 형성되기가 매우 어렵다는 점이다. 그 이유는 연안에서 모래의 구성물질인 전복을 비롯한 여러 가지 조개류를 식용으로 대부분 채취해 버리고 있기 때문이다. 결과적으로, 이미 형성된 백사장은 더할 나위 없이 소중한 자연자원의 가치를 지닌다고 해야 할 것이다.

종달리 해안에 펼쳐진 백사장은 장기적인 관점에서 보면, 지금과 같이 굳이 '맛조개잡이 체험어장'으로 활용하지 않더라도, 시각적인 감성 효과를 노린 '볼거리'나 아니면 썰물 때 직접 걸으면서 느껴보는 '체험 장소'로서의 가치가 오히려 높게 나타날 수도 있다. 한 가지 분명한 사실은 1년 중 수백~수천 명이 찾아드는 '맛조개잡이 체험어장'으로서의 활용은 항시 자원(조개류) 확보나 관리 문제로 한계성이 드러날 수밖에 없다는 점이다.

최근에 많은 사람이 다양한 체험에서 얻으려고 하는 것은 결코 물

〈사진 7〉 지미봉(북서쪽 사면, 2006. 11.).

질적인 욕구만이 아니다. 가령, 그것이 종달리 해안 백사장이라고 한
다면 한순간 바라보는 즐거움, 맨발로 감촉을 느껴보는 즐거움, 모
래 속에 발을 담그며 동심의 세계로 돌아가는 즐거움과 같이 사람들
마음속에서 작은 변화의 소용돌이를 일으킬 수 있는 상황으로도 충
분한 것이다.

　세 번째 특성은 속칭 '고망난돌 쉼터'로 이용되고 있는 주변부의
용암류와 이류구가 한데 어우러져 자연공원을 형성하고 있다는 점
이다. 우선 고망난돌 쉼터 부근의 바닷가 쪽에 자리 잡은 용암류는
거대한 바위를 이루며 100여m 정도 동서로 길게 이어져 있는데, 이

들은 마치 작은 산맥을 축소해 놓은 듯한 이미지를 자아낸다. 이곳에서는 큰 바위를 하나씩 비교하며 바라보는 것만으로도 흥미를 느낄 수 있으며, 특히 어떤 바위는 형상석(形象石)이라 해도 좋을 만큼 동물의 모습을 닮은 것들이 한쪽 구석을 차지하고 있다.

해안도로를 따라서 지나다 보면, 이곳저곳에 이류구가 형성되어 있는 것을 볼 수 있다. 이들은 지미봉이 폭발할 때 흘러나온 용암과 화산재 등이 쌓여 형성된 것으로 보인다. 그런데 이들 이류구에는 초지성 식물과 키 작은 나무들이 한데 어우러져 있어, 마치 집 안의 정원을 야외로 옮겨다 놓은 듯한 모습을 보인다. 특히, 이류구 주위에는 도내 해안가에 주로 자생하는 우묵사스레피 나무가 군데군데 군락을 이루면서 바람 부는 반대 방향으로 매끄럽게 누워있다. 그래서 더욱 인위적으로 다듬어 놓은 정원을 연상케 한다. 게다가 6~7월이면 해안도로 양쪽을 가득 메우며 피어나는 수국의 자태도 요염하기 그지없다.

네 번째 특성은 지미봉이 섬이었을 가능성과 관련되는 점이다. 이 점을 구체적으로 확인하기 위해서는, 우선으로 지형도(地形圖)를 토대로 주변 지역의 지형적 특징을 잘 살펴봐야 한다. 종달리 마을 근처의 일주 도로변이나 마을 안쪽으로 들어가면, 지미봉 아래쪽으로 갈대 군락지가 펼쳐진다. 이 갈대 군락이 서식하는 장소를 유심히 살펴보면, 지미봉의 아래쪽 낮은 지역을 휘감듯 이어지고 있음을 알 수 있다. 그리고 이 갈대 군락지는 북서쪽의 하도리 창흥동 철새도래지와 남동쪽의 종달리 논농사(논) 지구 방향으로도 연결된다.

　종달리 논농사 지구는 1950년대 초만 하더라도 바닷물을 이용하여 소금을 생산하던 염전이었다. 따라서 밀물 때면 바닷물이 바로 마을 앞(남동쪽)까지 들어오는 상황이었다. 이렇게 되면, 지미봉을 중심으로 하여 하도리 창흥동 철새도래지로부터 종달리 갈대 서식지를 지나 논농사 지구까지 물길이 만들어지는데, 바로 이러한 상황은 지미봉이 충분히 섬이었을 가능성을 가늠케 하는 배경이 되는 것이다.

　종달리 마을지인 『지미의 맥』을 편찬하면서 인용했던 1950년대 발행 종달리 부근 수로도(水路圖)에는 지미봉을 포함한 북쪽 지구를 '종달반도(終達半島, chongdal pando)'라 표기하고 있다. 물론 반도라고 하는 개념은 완전한 섬의 형태가 아니라 어느 한쪽이 육지와 연결돼 있다는 것을 의미하는 개념이다. 따라서 당시의 지도상에도 창흥동 철새도래지와 종달 염전지구(현재의 논농사 지구) 쪽에 바닷물이 들어오는 상황을 근거로 '반도'라고 표현한 것이라 여겨진다. 이러한 사실과 연관 지어 볼 때, 반도의 성격을 반영하는 주변 육지(종달리 마을 쪽)와의 연결지점이 구체적으로 어느 지점이며, 나아가 지형적인 특징이 어떠한지가 매우 중요하다고 할 수 있다. 이 지점은 지미봉의 남사면 말단부와 종달리의 동중동(東中洞) 마을 북쪽 지구가 연결되는 곳으로, 거리상으로는 약 100여 m에 이르는 구간이다. 이곳은 현재 일부는 밭으로 이용되고 있고, 또 일부는 갈대 서식지로 남아있는 곳이다.

오늘날의 1:5,000 지형도상에서는 이 부근의 해발고도가 대체로 2.5~4m 이하로 나타나며, 이 수치는 갈대 서식지(해발 2.4~2.5m)나 논 농사 지구(2.0~2.4m)의 해발고도와도 거의 비슷한 상황이다. 이 부근은 2001년 11월 말~2002년 1월 말에 걸쳐 국립제주박물관이 유적 발굴작업을 행한 곳이기도 하다. 당시, 국립제주박물관은 B.C.1~A.D. 2C 및 A.D.6~7C경의 유물들을 발굴하였는데, 유물 중에는 습지성 식물의 목재와 상록활엽수의 나뭇잎, 그리고 곤충 날개 등이 포함돼 있었다. 국립제주박물관의 발표 자료(2002년 2월 5일, 「북제주 종달리 유적」 학술발굴조사 현장 설명회 자료)에 따르면, 발굴된 유적이 형성될 당시 유적지 주변은 해안선을 형성하고 있었을 것으로 추정하였다. 그리고 필자도 발굴 유물을 정리하는 과정(2002년 2월 하순)에서, 유적지의 밑바닥(지하 3m)에 해수가 유입되고 있음을 직접 눈으로 확인한 바 있다. 바로 이 점이 크게 주목할 만한 사안이라 할 수 있다. 궁극적으로 시대를 다소 거슬러 올라간다면, 지미봉은 충분히 섬으로 존재하던 시기가 있었을 가능성이 있다는 것이다.

앞으로 한층 더 구체적인 자료를 통해 밝혀져야 할 사안이기는 하지만, 이번 탐사를 통해 지미봉이 섬으로 존재했을 가능성을 확인한 것은 아주 큰 행운이라 할 수 있다.

이중화산의 특성을 간직한
두산봉[5]

두산봉은 이중화산(二重火山)으로 알려져 있다. 다시 말하면, 화산체가 2번에 걸친 화산활동의 결과로 만들어진 것이다. 최초에는 얕은 수중에서 폭발하여 화산체를 형성했는데, 이때의 화산분출물은 시루떡처럼 차곡차곡 주변부에 쌓여 시루떡 모양의 지층(地層)을 만들어냈다. 두 번째의 분출은 일차적으로 만들어진 화산체가 지반의 융기(隆起) 등으로 인해 육지화(陸地化)가 이루어진 상태에서 진행되었으며, 이때는 용암과 화산재와 송이가 주된 분출물이었다.

지형도를 보면 두산봉은 일차적으로 형성된 화구륜이 거의 원형에 가까운 등고선으로 그려져 있음을 확인할 수 있다. 특히 원형의

---

5)   이 원고는 탐사 당시 나중을 위하여 작성해둔 원고 중 하나다.

〈**사진 8**〉 두산봉(동쪽 사면, 2016. 7.).

등고선은 남서사면에서 남동사면으로 이어지는 부근에 촘촘하게 그
어져 있는데, 이것으로써 급경사의 단애(斷崖)를 형성하고 있음을 확
인할 수 있다. 급경사를 이루는 산자락의 아래쪽, 즉 동~남동 방향
의 시흥초등학교와 주변부 들판의 해발고도는 대략 20m 전후이고,
단애 위에 솟아오른 남동쪽 정상부의 해발고도는 126.5m이다. 따라
서 두산봉의 산자락은 주변 지역보다 대략 100여m 높이의 경사를
유지하면서 독특한 자태를 뽐내고 있다.

한편, 화구 내로 눈을 돌려보면 이차적으로 형성된 알오름(145.9m)
이 화산체 중심부에 자리 잡고 있다. 이 알오름은 1차에 형성된 화
구륜의 형태와는 아주 다른, 마치 동네의 뒷산처럼 아담한 모습으로
솟아있다. 그리고 알오름의 정상에도 어김없이 많은 묘(墓)가 들어

서 있어, 제주의 오름은 사자(死者)의 영원한 안식처임을 또 한번 느끼게 한다.

분화구 내에서도 알오름과 외구륜 사이는 경작지로 개발되어 당근과 감자 등을 재배하고 있었다. 경작지로 활용되고 있는 밭들은 알오름의 북서쪽과 남동쪽 일부 사면을 제외하면 원형의 분화구 내를 휘감아 도는 형태로 조성되어 있으며, 동시에 거의 평지에 가깝거나 아니면 아주 미미한 수준의 경사도를 유지하는 지점에 개간되어 있었다.

알오름의 정상에서는 북동쪽으로 종달리, 동남쪽으로는 시흥리

〈사진 9〉 두산봉(전경, 임재영 촬영, 2020. 7.).

와 오조리가, 다시 동쪽으로는 종달~시흥~오조리를 연결하는 앞바다와 우도, 식산봉, 성산일출봉이 조화롭게 연결되는 경관을 감상할 수 있다. 그리고 남쪽과 남서쪽으로는 넉넉하게 보이는 오름 군락과 들판의 모습이 시야에 들어온다.

제주도 내에서도 이처럼 여러 마을과 바다와 섬, 오름과 들판이 동시에 전개되는 장관을 감상할 수 있는 곳이 얼마나 될지 궁금해진다. 더불어 한 가지 걱정되는 사실은 앞으로 제주가 개발의 소용돌이에 계속 휩싸이게 된다면, 두산봉 정상에서 만끽할 수 있는 경관을 두 번 다시는 감상할 수 없을지도 모른다는 것이다.

두산봉은 북제주군과 남제주군의 경계선이 지나는 지점(원고 집필 당시)이기도 하다. 언제 누구에 의해 그어졌는지는 모르나, 지형도상에는 알오름의 정상부를 중심으로 하여 거의 완벽하게 반으로 나누어져 있다. 한 가지 흥미로운 사실은 알오름 사면의 경계선이 지나는 지점에 소나무와 편백을 일직선으로 식재하여 경계를 구분 짓고 있다는 점이다. 탐사가 끝날 무렵에는 두산봉에도 어김없이 사람들이 남긴 상흔이 곳곳에 배어 있음을 느끼지 않을 수 없었다.

사람의 마음을 사로잡는
다랑쉬오름[6]

국도 16호선을 따라 송당마을을 지나면, 어느새 좌우로 오름 군락이 시야에 들어온다. 제주도 내에서도 이 주변처럼 오름의 밀집도가 높은 곳은 없다. 이러한 사실은 지형도(地形圖)를 손에 들면 쉽게 이해할 수 있다.

1:25,000 지형도를 참고로 하면, '송당(松堂)' 도폭(도엽번호 NI 52-9-18-3)에는 50개 이상의 오름이 밀집해서 분포하는 것으로 나타난다. 이처럼 송당 도폭에는 다른 도폭에 비해 가장 많은 오름이 나타난다. 이들 50여 개의 오름 중에서도 단연코 돋보이는 것은 다랑쉬오름(月郞峰, 382.4m)이다. 지형도상에서 확인되는 등고선도 거의 원형(圓形)에 가까울 정도로 둥그런 형태를 취하며, 주변의 다른 오름들 사이에서

---

6)   이 원고는 당시 채택되지 않은 투고 원고의 전문이다.

눈에 띄게 도드라진 모습을 보여준다. 또한 다랑쉬오름은 면적으로 보더라도 24만 평을 초과할 정도로 산체(山體)가 큰 오름이다.

그뿐만이 아니다. 다랑쉬오름은 도로변에서 바라보는 것만으로도 왠지 모르게 사람의 마음을 끌어당기는 듯한 마력(魔力)을 지니고 있다. 양쪽 사면에 곱게 뻗어 내려오는 산록의 직선미나 산 정상부의 능선이 파도가 굽이치듯 이어지는 곡선미가 무어라 형용할 수 없을 정도로 눈부시다. 이러한 배경이 사람들의 마음을 사로잡는 것인지도 모른다.

다랑쉬오름은 그 이름에서도 아주 신비스러운 존재처럼 다가온

〈사진 10〉 다랑쉬오름(남쪽 사면, 2019. 10.).

다. 한자어로는 월랑봉(月郞峰)으로 표기하여 사용하고 있지만, 그것은 예전부터 다랑쉬로 사용돼 온 것을 바꾸어 표기한 것에 불과하다. 송당마을 주민들은 오름의 분화구가 마치 둥근 달처럼 보인다고 하여 다랑쉬, ᄃ랑쉬 혹은 달랑쉬라 불러왔다고 얘기한다. 제주도 내에서도 오름을 의미하는 독립 화산체에 '쉬'라는 접미어가 붙은 것은 다랑쉬 바로 옆에 있는 아끈다랑쉬와 함께 2개뿐이다.

현평효 선생은 다랑쉬가 고구려어인 '달수리'에서 온 것으로, '높은 봉우리'를 의미한다고 하였다. 박용후 선생은 다랑쉬의 '다랑'이 애당초 '다랑이'에서 왔는데, 그 뜻은 '작은 논배미'를 의미하고 '쉬'는 '수렁'을 의미하여 무른 진흙이 있는 곳이라 하였다. 그리고 다랑쉬는 궁극적으로 '작은 논배미'를 의미한다고 하였다. 이에 대하여 김인호 선생의 주장은 또 다르다. 즉, 다(달)랑쉬는 부여·고구려어인 '달수리'가 변화한 것으로서, '달'은 '높다', '산' 또는 '고귀하다'라는 의미이고 '쉬'는 '봉(峰)'의 뜻을 지니고 있는데, '수리'에서 'ㄹ'음이 탈락하여 '쉬'가 되었다는 것이다. 나아가 높은 산봉우리란 의미의 '달쉬'에는 전혀 관계없는 '랑'이 붙어서 다랑쉬(ᄃ랑쉬)가 되었다고 해석하고 있다. 이처럼 다랑쉬의 의미는 학자에 따라 해석이 여러 가닥으로 나뉠 정도로 난해하면서도 신비로움을 간직하고 있다.

다랑쉬오름 정상에 오르면, 인간의 냄새는 사라지고 자연만이 남아있는 듯한 착각에 빠지기 쉽다. 그러나 분화구 안쪽을 꼼꼼히 살펴보면, 사람들의 손길이 뻗쳐 있다는 사실에 눈이 휘둥그레진다. 오름 정상에서 분화구까지의 깊이(표고 차)가 무려 115m나 되기 때문에, 상당히 깊은 편이고 경사도(傾斜度) 역시 만만치 않다. 따라서 분화구까지 내려가기가 매우 어려울 정도의 지형적인 조건이다. 그런데도 분화구 안에는 누군가 무언가를 가두어 두려고 함이었는지, 둥그렇게 원을 그리며 돌담이 쌓아져 있다. 아마도 1960~70년대에 우마 방목 때문에 물을 가두어 두기 위해 인공적으로 조성한 것일 듯싶다.

분화구 내 한쪽 모퉁이에는 근래에 쌓은 듯한 돌탑이 3개 있다. 이중 1개는 1m 이상 높게 쌓여 제법 탑 모양을 이루고 있다. 누가, 언제 그리고 왜 분화구 안까지 들어가서 돌탑을 쌓았는지 알 길은 막막하다. 한 가지 분명한 사실은 다랑쉬오름을 다녀간 사람들의 소행일 것이라는 점이다. 만약 분화구 내의 돌탑이 걱정거리를 안고 살아가는 사람들을 위한 기원의 대상이라면, 장소 선정이 잘못되지 않았나 하는 생각을 지울 수 없다.

사람들의 손길이 닿아있는 곳은 비단 분화구만이 아니다. 오름에서 가까운 동북쪽에는 나지막한 동산 하나를 깎아내며 열심히 채석하는 현장이 들어서 있고, 남사면 아래쪽에는 돔형의 숙박시설을 지어놓고 손님이 들어오기를 기다리고 있는 듯했다. 다랑쉬와 아끈다랑쉬 오름 사이의 동북쪽으로도 정확히 용도가 확인되지 않는 건축물이 들어서 있다. 그 어느 시설도 주변의 자연환경을 제대로 고려하지 않은 것은 분명해 보였다.

자연이 탁월한 지역 내에서 인위적인 시설물을 버젓이 지으려는

〈**사진 11**〉 다랑쉬오름(분화구, 2012. 2.).

사람들의 심리는 참으로 이해하기가 어렵다. 그런 사람들에게는 오로지 물질적 욕구만이 눈앞에 아른거릴 것이 뻔하다. 이러한 필자의 상념이 옳은지 그른지는 다랑쉬오름 정상에 올라서서, 주변의 자연을 휘둘러보면 쉽게 이해할 수 있을 것이다.

다랑쉬오름을 산행하기 위해서는 보통 남동쪽에 있는 다랑쉬마을 터를 지나야 한다. 다랑쉬마을은 지금으로부터 55년 전 제주4·3사건으로 인해 완전히 폐허가 된 마을이다. 마을 안으로 들어서면, 아직도 마을을 옹골차게 지키고 있는 팽나무를 비롯해 봉천수, 마을길, 집터와 대나무밭 등이 눈에 들어온다. 이 모든 것들은 제주4·3의

쓰라린 추억을 간직하고 있다.

1992년 4월 초 제주4·3연구소와 제민일보 취재단은 다랑쉬마을 동쪽에 있는 속칭 '다랑쉬동굴' 안에서 4·3 당시 학살된 사람들의 유해를 확인하였다. 유해는 모두 11구였는데, 이들 중에는 아홉 살 된 남자 어린아이와 20대의 나이로 제대로 꿈도 펴보지 못한 젊은 남녀 8명이 포함돼 있었다. 이들은 종달리와 하도리에 거주하는 사람들이었으며, 단지 광풍(狂風)의 난을 피해 몸을 숨기러 온, 지극히 선량한 주민들이었다.

탐사단은 다랑쉬오름과 아끈다랑쉬오름을 차례로 탐방하고 난 후 동굴을 찾아갔다. 그러나 양쪽의 동굴 입구는 큰 돌로 막혀 있었고, 최근에 세운 작은 표석만이 참혹한 과거사(過去事)를 말해주고 있었다.

그런데 우리는 다행히 다랑쉬동굴 속 주민들의 희생에 대한 참상을 한 권의 책으로 접할 수 있었다. 이 책은 2002년 3월 제주민예총 4·3 문화예술제 사업단이 다랑쉬동굴 발굴 10주년을 기념하여 엮어낸 『다랑쉬굴의 슬픈 노래』였다. 이 책을 들여다보고 있노라면, 아직도 끝나지 않은 제주4·3이 생생하게 되살아난다.

빼어난 산세(山勢)를 자랑하는
좌보미오름[7]

'좌보미', 이름만 들어도 그저 신기한 오름이다. 좌보미오름을 오르는 사람들도 대체 무슨 뜻이 담겨 있을까 하고 한 번쯤은 고개를 갸우뚱거린다. 그러다가 같이 등반하는 동료 아무에게나 금방 물어보고 싶어진다. 안타깝게도, 좌보미에 숨어 있는 뜻은 아직도 정확히 밝혀지지 않았다. 그만큼 오름 이름의 뜻을 밝혀내는 작업은 쉬운 일이 아니다.

좌보미오름은 빼어난 산세를 자랑하는 오름 중 하나다. 산행하기 위해 오름 산자락에 이르면, 5~6개의 산봉우리가 한 장소에 보기 좋게 이어져 나타나는데, 그리 흔하게 목격할 수 없는 풍경이다. 지형도상에서 보는 좌보미오름은 그러한 산세의 이미지를 생생하게 보

---

7)   이 원고는 탐사 당시 나중을 위하여 작성해둔 원고 중 하나다.

여주며, 가히 장관이라 표현해도 전혀 손색없는 모습이다.

　필자는 앞으로 탐사할 오름이나 이미 다녀온 오름의 지형과 주변 지역의 정황을 항상 지형도에서 살펴보며, 즐거운 비명을 지르곤 한다. 산세가 닝쿨식물의 줄기처럼 얽혀있는 동거문오름이나 좌보미오름을 살필 때는 그런 즐거움은 한층 더 배가한다.

　좌보미오름은 동거문오름과 같이, 여러 번에 걸친 분화 활동을 통해 많은 양의 용암류가 흘러나온 결과로 보인다. 이러한 배경은 북쪽에 위치하는 주산체(主山體)의 정상부에 올라서서 주변부를 살펴보면 이해할 수 있다. 단지 몇 차례의 분화 활동으로 주변에 이처럼 많은 봉우리를 거느리기에는 매우 어려울 것이라는 느낌이 들기 때문

〈**사진 12**〉 좌보미오름(남서쪽 사면)과 주변 무덤군(2017. 6.).

이다. 더불어 여기저기에 형성된 이류구(泥流丘)를 보더라도, 상당한 양의 용암류나 화산재가 쏟아져 나왔음을 이해할 수 있다.

물론, 더 정확한 사실은 주변부에 분포하는 용암류나 화산재 등의 시료를 채취하여 정밀하게 비교분석을 해보아야만 할 것이다. 그러나 좌보미오름의 산세를 보면서 쉽게 상상할 수 있는 것은, 분화 활동이 아주 단순하거나 단조로운 형태로 끝나지는 않았을 것이라는 점이다.

어떻든 좌보미오름을 오르는 사람이라면, 주변 경관에 감탄하며 모두가 한마디씩 던지고 싶어진다. 그것은 바로, 이런 곳에서 아담한 집 한 채 짓고 자연과 더불어 살아봤으면 좋겠다는 꿈같은 희망 얘기다. 그러나 생자(生者)들에게는 꿈에 불과하고, 망자(亡者)들에게는 현실이 되고 있다. 좌보미오름의 경우에도 남사면으로는 이미 망자들의 처소(處所)가 수없이 펼쳐지고 있다. 좌보미오름을 탐방하면, 망자들이 부러운 세상을 만날 수 있다.

우아한 산세를 자랑하는 성읍마을의 진산,
영주산8)

　　　　　　　　　　　　영주산은 성읍마을에서 북쪽으로 약
1.8km 떨어져 있다. 마을 주민들 사이에서는 '영ᄆᆞ르'라 불리는 오
름이다. 영주산(瀛洲山)은 이미 잘 알려진 것처럼, 과거 정의현의 현청
(縣廳) 소재지인 진사리(晉舍里)의 진산(鎭山)이다. 성읍마을 쪽에서 보
면, 커다란 산체 하나가 북쪽에 자리하여 마을을 보호해주는 형국을
취하고 있다. 그래서 그런지, 도로변에서 언뜻 쳐다봐도, 진산다운
풍모가 다분히 느껴진다.

　영주산의 의미는 '신선(神仙)이 사는 산'이라는 배경에서 유래한 것
이라고 하는데, 실제로 올라보면 오름 속 어딘가에 신선이 숨어 사
는 듯한 분위기를 느낄 수 있다. 더욱이 파도치듯 길게 이어지는 산

8)　　이 원고는 당시 채택되지 않은 투고 원고의 전문이다.

〈사진 13〉 영주산(남동쪽 사면, 제주문화예술재단 촬영, 2005. 11.).

세(山勢)는 마치 영주산을 지키는 신선이 조화를 부려놓은 것 같은 착각을 일으키게 한다.

영주산은 동쪽으로 개구(開口)되어 있고, 산체는 동쪽에서부터 북쪽과 서쪽을 거쳐 남쪽으로 타원을 그리듯 형성돼 있다. 그리고 산체가 서쪽으로 완만한 경사를 이루며 넓은 사면을 이루고 있는 데 반해, 안쪽 사면은 상당히 급한 경사를 이루며 군데군데 계곡을 이루는 지구도 나타난다. 급한 경사를 따라 분화구 쪽으로 내려가는 중간 지점에는 묘(墓) 1기가 보기 좋게 자리 잡고 있다.

영주산은 남사면 일부를 제외하면, 대부분 초지로 덮여 있어 등반

<사진 14> 영주산(동쪽 사면, 2009. 10.).

하는 데 아주 편리한 오름이다. 더욱이 어느 쪽 방향에서나 한번 오르기 시작하면 능선을 따라 일주할 수 있어서 좋다.

　오름 동쪽 안사면에는 비교적 큰 용암 노두가 자리 잡고 있다. 이를 마을 주민들은 '큰넓궤'라고 부른다고 한다. 가까운 지점까지 접근하여 용암 노두를 관찰하면, 상당히 큰 용암 바위를 이루고 있음을 알 수 있는데, 이것은 화산활동 시 용암이 뿜어져 나오던 화도(火道, vent)인 듯했다. 용암 바위 자체는 한쪽으로 깊게 파여 있었고, 또 주변에는 비교적 큰 나무들이 자리를 잡고 있어 나름대로 신비스러운 분위기였다. 안쪽을 자세히 들여다보니, 아니나 다를까, 작은 부처를 모셔놓은 공간이 만들어져 있었고 마을 주민들이 치성(致誠)과 기원(祈願)의 장소로 사용하고 있었다.

영주산에는 부잣집 딸과 가난한 집 아들 사이의 사랑에 얽힌 전설이 전해온다. 옛날 늙은 어머니를 극진히 모시는 효자 아들이 있었다. 어느 날 아들은 우연히 부잣집 딸의 모습을 보고 홀로 사모하게 되었는데, 그 이후부터는 늙은 어머니의 시중도 들지 않은 채 오로지 그 여자만을 생각하며 지내게 되었다고 한다.

한번은 우연히 부잣집 딸과 이야기를 나눌 수 있는 행운을 얻었는데, 그만 그 장면을 딸 아버지에게 들키고 말았다. 결국, 부잣집 딸은 집에서 쫓겨나게 되었고, 이를 계기로 두 사람은 같이 살게 되었다. 그러나 마을 사람들의 비난 때문에 결국 동네를 떠날 수밖에 없었다. 정든 마을을 떠나기로 하고 둘이 막 동구 밖을 나서려는 순간, 벼락이 떨어지고 말았다. 그래서 안타깝게도 여자는 영주산이 되었고 남자는 무선돌이 되었다는 것이다.

영주산에 얽힌 전설을 의식한 탓일까. 영주산을 멀리서 바라보면 여성의 소맷자락을 보기 좋게 접어놓은 듯한 모습을 연상케 한다.

10 소장의 한 구역,
백약이오름[9)]

백약이오름은 좌보미오름과 이웃해
있다. 두 오름의 경계를 구분 짓는 것은 '새끼오름' 또는 '알오름'이라
불리는 이류구(泥流丘)들이다. 백약이오름의 분화구는 마치 여성의 자
궁(子宮)과 같이, 타원형의 미끈한 모습을 하며 동북 방향으로 열려 있
다. 특히 분화구는 오름 전체를 멀리서 바라볼 때의 분위기와는 달
리, 훨씬 크고 아름다운 자태를 보여준다.

백약이오름에는 높은 봉우리가 세 군데 있다. 가장 높은 봉우리
는 북서쪽에 위치하여 367m의 높이를 자랑하고, 두 번째로 높은 봉
우리는 동남쪽에 자리 잡은 봉우리로 352m의 높이를 보인다. 그리
고 세 번째 봉우리는 동북쪽에 자리 잡고 있는데 351m의 높이를 보

---

9)   이 원고는 탐사 당시 나중을 위하여 작성해둔 원고 중 하나다.

인다. 이들 세 봉우리는 서로 키 재기라도 하듯이, 분화구 주위를 둘러 가며 뽐내는 형국으로 솟아있다.

백약이오름은 오랫동안 목초 재배를 해 온 탓인지, 식생 발달이 아주 미약한 편이었다. 가시덤불이 군데군데 자리 잡고 있는가 하면, 키 작은 해송과 국수나무, 그리고 아직 온전하게 자라지 못한 몇 그루의 때죽나무 등이 분화구 안쪽 사면에 자리 잡고 있을 뿐이었다. 오랜 기간 목초 재배지로서의 이용은 백 가지 약초가 자란다는 백약이오름을 뭉개버린 듯한 인상을 느끼게 하는 데 충분했다.

〈사진 15〉 백약이오름(Naver 위성사진에 의해 재구성, 2024. 4.).

백약이오름은 예나 지금이나 목장지로 이용되고 있다. 아주 흥미 있는 사실은 백약이오름과 좌보미오름이 자리 잡은 주변 지역이 조선시대부터 국가가 운영해온 국영 목장이었다는 점이다. 다시 말해, 두 오름을 포함한 주변 지역은 조선시대 때 운영하던 10개의 국영 목장 중 마지막인 제10소장(所場)에 해당하는 곳이었다. 따라서 북서쪽의 비치미오름, 민오름 및 샘이오름이 위치하는 지역은 제1소장으로 변하면서 목장 구획이 달라진다.

그래서 아직도 백약이오름 북서쪽에는 조선시대 때 쌓아 올린 하잣성의 일부가 남아있다. 이곳의 하잣성은 제1소장과의 경계를 이루는 잣성, 즉 간장(間墻)이기도 하다. 탐사 시에 측정한 잣성의 크기는 폭 60~70m, 높이 1m 전후였으며 견고하게 쌓아 올린 겹담이었다. 그리고 장소에 따라 잣성이 잘 보존된 구간도 있었지만, 농로를 개설하면서 밑바닥까지 거의 다 정리해버린 구간도 있었다.

이곳의 잣성은 단순한 돌담이 아니라, 국가가 주도하여 설치한 산업시설물이라는 점에서 그 중요성이 반드시 인정되어야만 한다. 잣성은 적어도 600년을 버텨온 목장 시설의 일부인 것이다. 잘려 나간 잣성 구간을 바라보고 있으면, 마치 과거에 찬란했던 영광이 동강 난 듯 허전하고 씁쓸하기만 하다.

그러나 예전의 명성을 아는지 모르는지, 오름 자락 한구석에서는 소와 말들이 한가로이 풀을 뜯는 데 여념이 없었다.

송당마을의 수호신,
당오름[10]

옛날부터 '솔당(松堂)'이라 불려오는 송당마을은 산북지역의 동부 중산간 지역에 위치하는 마을이다. 마을이 형성되는 단계에서부터 농업과 목축업을 주업으로 삼으며 생계를 꾸려온 마을이다. 송당마을이 위치하는 지점은 표고 약 190~230m 사이에 해당하지만, 마을의 중심부는 200m 정도의 표고를 보인다. 말하자면, 위치적으로 보아도 전형적인 제주도 중산간 마을의 이미지를 풍기는 마을임을 알 수 있다.

이와 같은 사실은 송당마을의 주변을 에워싸고 있는 오름을 손가락으로 꼽아보더라도 금방 수긍이 간다. 마을 주변에는 당오름을 비롯하여 안친오름, 돗오름, 높은오름, 아부오름, 세미오름, 안돌오름, 밧돌오름, 체오름, 뒤굽은이오름 등 여러 오름이 지척에 깔려 있다.

---

10) 이 원고는 2003년 12월 15일(금)자로 실린 일부 원고의 전문이다.

그야말로 송당마을은 오름 왕국의 중심에 있는 셈이다. 결국, 이러한 주변 환경이 바로 농·목축업을 기반으로 하여 설촌할 수 있는 배경이 되었을 것이다.

송당마을은 영조 연간(1780~1789년)에 작성된 『제주읍지(濟州邑誌)』에는 제주목의 좌면(左面)에 편제돼 있으며, 호수가 136호에다 남자가 358명, 여자가 422명으로 전체 780명의 인구 규모를 가진 마을이었음을 기록하고 있다. 당시 송당마을의 인구를 보면 좌면 19개 마을 중 8번째로 큰 마을이었다. 그리고 해안 마을인 함덕리(799명)나 세화리(825명)와도 견줄 만한 인구 규모가 큰 마을이었음은 물론, 북포리(북촌리, 571명)나 어등포리(행원리, 631명)보다도 큰 마을이었다.

이처럼 송당마을이 번성할 수 있었던 것은 목축업을 영위하는 데 절대적으로 필요한 초원지대의 덕택도 있었겠지만, 마을의 번영과 안녕을 기원하며 의지할 수 있는 영험한 신(神)의 존재도 한몫하였다. 그 신은 백주또, 백주할망, 금백주 등으로 불리는 여신으로, 제주도 내로 들어온 최초의 신이었다. 백주또 여신은 송당에 거주하던 소로소천국이라는 남신(男神)과 결혼하여 아들 18명, 딸 28명, 손주 78명, 일가 친척 378명을 두었는데, 후에 이들은 전도에 흩어져 여러 마을의 당신(堂神)이 되었다고 전해진다. 오늘날 제주도가 신들의 고향이라 일컬어지는 배후에는 송당마을의 역할이 매우 컸음을 알 수 있다.

설화에 등장하는 내용 일부를 살펴보면, 백주또 여신은 고기를 즐겨 먹는 남편 소로소천국에게 농사 지으며 착실하게 살도록 권유하

〈**사진 16**〉 당오름과 송당마을(Naver 위성사진에 의해 재구성, 2024. 4.).

고 설득했지만, 마음먹은 대로 되지 않아 결국 두 신은 이혼하고 각자의 길을 가고 만다. 결국 백주또 여신은 송당마을에 좌정하여 본향당신이 되었으며 마을 사람들의 소원을 잘 들어주었다. 그런 까닭에 마을 주민들은 매년 온갖 재물과 정성을 바치며 백주또 여신을 성심성의껏 섬겨왔다. 송당마을 주민들에 의하면, 4·3사건 때 중산간 마을이면서도 비교적 피해가 적었던 것은 평소 백주또 여신에게 치성을 잘해서 그랬을 것이라고 입을 모아 말한다. 그만큼 송당마을 주민들은 백주또 여신에 대한 신앙심이 크다.

백주또 여신이 좌정해 있는 송당 본향당은 당오름 북서쪽 아늑한 곳에 자리 잡고 있다. 제주도 내 모든 신의 원조인 당신이 좌정한 신당으로는 보이지 않을 정도로, 장소도 협소하고 거대한 신목(神木)도 없다. 단지, 당오름 능선이 끝나는 조용한 장소라는 이미지가 신이 휴식하기에는 더없이 좋을 것이라는 생각이 들게 할 뿐이다.

신당으로 연결되는 도로변에는 '제주신당지원조 송당본향당(濟州神堂之元祖 松堂本鄕堂)'이라는 큰 표석이 세워져 있다. 1986년 송당리 마을제가 도 지정 무형문화재로 지정된 이후에 세워진 징표이다. 본향당 안내 표석은 마치 행인들의 발길을 끌어들이는 듯 묘한 분위기를 자아낸다.

당오름은 백주또 여신이 좌정한 신당을 보호하는 역할은 물론이고, 송당마을을 지키는 수호신 역할을 한다. 당오름이 있음으로써 송당마을이 들어설 수 있었고, 송당마을 주민들이 떠받드는 백주또 여신이 있기에 당오름의 존재도 커지는 것이다.

당오름은 해발 274m로 비교적 낮은 오름이지만, 오름 전체가 나무로 우거져 있어 정상까지의 등반이 결코 쉽지 않다. 탐사단이 탐방했을 때는 때마침 가랑비와 함께 안개가 드리우면서 제대로 앞을 가누지 못할 정도로 날씨로 변했다. 마치 백주또 여신이 오름을 오르는 우리 일행에게 "오늘은 그냥 돌아가라."라는 신호를 보내오는 듯했다. 그런 탓이었을까. 결국 우리 일행은 당오름 정상이 어디인지도 제대로 확인하지 못한 채 허기진 배를 채우려 하산해야만 했다.

제주도민과
오름의 관련성[11]

           우도의 쇠머리오름에서 시작된 한라
대맥 탐사는 드디어 제1구간의 종착역인 송당마을의 당오름에 이르
러 일단락 짓게 되었다. 제1구간에서는 16개의 오름을 비롯하여 주
변 마을과 목장, 철새도래지와 비자림 그리고 돌문화공원 등을 탐방
할 수 있었다. 1주일을 주기로 하여 약 2개월의 행보 끝에 얻은 소중
한 결과였다.

  이곳저곳에 분포하는 오름은 탐사위원들에게 흥미로운 공부 거
리와 많은 과제를 안겨주었다. 그리고 탐사위원들은 계속해서 주어
지는 과제를 열심히 해결하기 위해 의욕적으로 오름을 오르고 또 올
랐다. 그러나 한 개의 과제를 해결하기 위해 공부를 하면 할수록 더

---

11)   이 원고는 2003년 12월 12일(금)자로 실린 일부 원고의 전문이다.

많은 정보와 지식 축적이 필요하다는 사실도 느끼지 않을 수 없었다. 그 이유는, 제주의 오름이 단순히 자연의 일부로서만 존재하는 것이 아니라 여러 시대를 살아온 제주도민들의 손길이 닿은 결과, 자연과 역사와 문화의 복합체로서 인식해야 한다는 사실을 새삼 깨달았기 때문이다.

이상과 같은 배경을 전제로, 제1구간을 탐사하는 동안 지속적으로 느껴오던 제주도민과 오름의 관련성을 정리하면 다음과 같이 요약할 수 있을 것 같다. 첫째로, 오름은 제주도의 자연경관을 구성하는 기본 요소 중 하나이자 원경관(原景觀)의 대표 주자라는 사실이다.

제주도의 자연경관 구성요소를 몇 가지로 표현할 때 가장 기본이 되는 것은 산과 들, 바다(해안)와 도서(섬)라 할 수 있다. 여기서 산은 거론할 여지도 없이 한라산이 가장 대표적이라 하겠지만, 한라산을 호위하듯 주변 지역에 산재해 있는 368개의 오름군 또한 빼놓을 수 없다. 오름은 한라산 주변 지역에서부터 시작하여 해안 지역에 이르기까지 분포하며, 개별 오름은 때에 따라 한라산을 대신하는 역할을 하기도 한다. 말하자면, 오름은 한라산과 더불어 제주의 자연을 구성하는 기본 요소로서의 성격이 매우 강하다.

나아가 368개의 오름군은 현재와 같은 제주도(濟州島)의 지형을 형성하는 데 크게 이바지한 원경관으로서의 특성을 보인다. 오름은 분화 활동을 통해 많은 양의 용암류와 화산재 및 화산쇄설물을 쏟아냈고, 그로 인해 용암동굴, 곶자왈과 용암 빌레, 해안가의 기정(절벽), 코지(곶) 및 수중 암초 등이 형성되었다. 따라서 현시점에서 보면, 오름 자체는 물론 오름을 근원으로 나타나게 된 여러 가지 지형 요소들은 원경관으로서의 특성을 보이는 것이다. 특히, 현재 남아있는 오름들은 대부분 분화 활동 이후 원형을 거의 그대로 유지하고 있어서, 생태적·학술적 가치도 매우 높다고 평가할 수 있다.

두 번째로, 오름은 제주도민들이 역사와 문화를 축적하는 데 중요한 기능체 역할을 해 왔으며, 따라서 오름은 제주도민들의 생활양식(生活樣式, genre de vie, mode of life)을 웅변하는 실체가 되고 있다는 점이다. 다시 말해, 제주도민들은 오름에서 생활에 필요한 기본적인 자원(목재, 꼴, 띠, 산나물, 약초 등)을 조달해 왔음은 물론 경제활동의 장인 목장지나 농경지로, 혹은 사자(死者)의 안식처(묘지)로 활용해 오기도 했다. 그러므로 오름은 제주도민들의 생활을 풍요롭게 하는 자원의 공급처이면서 정신적인 의지처라 할 수 있을 것이다.

세 번째로, 오름은 제주도를 상징하는 자연자원인 동시에, 후손들에게 원형 그대로를 물려주어야 할 소중한 지역 자산이라는 점이다. 흔히, 학자들은 제주도를 '자연사 박물관'이나 '화산박물관'에 비유하곤 하는데, 이는 결코 과장된 표현이 아니다. 이러한 비유는 비교적 협소한 지역 내에 다양한 자연자원이 존재하기 때문에 가능한 것이다.

제주를 상징하는 자연자원은 368개의 오름을 비롯하여 한라산과 백록담, 영실기암과 왕관릉, 용암동굴과 해식동굴(우도, 갯깍, 범섬), 곶자왈, 해안(남원 큰엉, 섭지코지, 신엄 왕돌 해안, 내도 알작지 해안, 중문·대포해안 등), 폭포, 섬(문섬, 차귀도 등), 바위섬(외돌개, 선돌 등), 계곡(돈내코, 수악, 탐라계곡 등), 해수욕장 등 전부 나열할 수 없을 정도로 많다. 그러나 이들 속에 368개의 오름이 존재하지 않는다면, 제주도의 자연자원의 가치는 크게 희석될 수도 있다. 결론적으로 얘기하면, 오름의 존재적 가치는 아무리 강조해도 지나침이 없다는 것이다. 제주도의 아름다운 경관을 표현하는 영주 12경 중, 제1경이 '성산일출'이라는 사실에서도 오름의 가치와 중요성은 재차 확인할 수 있다.

네 번째로, 오름은 제주도민은 물론 관광객들에게 생태관광(Ecotourism)과 함께 제주의 역사·문화학습을 위한 최적의 장(場)이 될 수 있다는 사실이다. 앞에서 논의한 바와 같이, 오름의 존재적 가치와 중요성이 확인되었기 때문에 향후 오름을 제대로 보전·관리하면서 효율적으로 활용하는 것은 우리에게 주어진 시대적 과제이기도 하다.

이러한 관점에서 생각할 때, 제주도민들에게는 평생교육의 관점에서 오름을 제주의 역사와 문화를 학습하는 소재로 지속해서 활용할 수 있으며, 관광객들에게는 생태관광, 자연 체험관광 및 테마관광의 진수를 만끽할 수 있는 최적의 장소로 활용할 수 있다. 제주의 역사와 문화의 관점에서는 오름과 신앙유적(당오름, 밧돌오름, 당산봉, 고근산, 칡오름 등), 오름과 몽골·삼별초 유적(새별오름, 붉은오름, 파군봉, 안오름, 극락오름), 오름과 방어유적(사라봉, 원당봉, 서산봉, 입산봉 송악산, 독자봉, 삼매봉 등 25개 오름), 오름 속의 사찰(볼레오름과 존자암, 성불오름과 성불암 터, 원당오름과 원당사 등), 오름과 전통 분묘(둔지봉, 좌보미, 입산봉 등), 오름과 문학·영화(서우봉과 오성찬의 '단추와 허리띠', 아부오름과 '이재수의 난' 등), 오름 속의 신화와 전설(물장올, 산방산, 수월봉, 군산, 매오름 등) 등을 학습주제로 설정하여 접근할 수 있을 것이다.

나아가, 생태관광이나 자연 체험관광, 테마관광의 관점에서는 오름 생태계의 특성(성산일출봉, 산방산, 송악산, 산굼부리, 용눈이오름, 다랑쉬 등), 오름과 자생식물(제주달구지풀, 제주양지꽃, 제주조릿대, 제주황기, 한라구절초, 한라돌쩌귀, 한라장구채, 한라돌창포, 한라개승마 등), 산정화구호를 이고 있는 오름들(물장오리, 원당봉, 어승생악, 금오름, 세미소, 물찻오름, 사라오름, 물영아리, 동수악), 샘을 안고 있는 오름들(세미오름, 열안지, 절물오름, 법정악, 산세미오름, 거슨세미, 꾀꼬리오름, 수월봉, 원수악 등) 등을 주제로 하여 다양한 체험과 관광 활동을 만끽할 수 있다.

이상과 같이, 제주의 오름은 제주도를 상징하는 자연경관의 대표적 요소로서, 원경관의 특성을 잘 간직하고 있는 지형 요소로서, 또한 제주도민들의 자원의 공급처이자 영원한 정신적 의지처로서 부동의 위치를 지켜왔다고 말할 수 있다. 앞으로 이러한 상황은 반드시 후세대들에도 이어져 나가야 할 것으로 생각한다.

남성의 육체미를 연상케 하는 당당한 오름, 체오름[12]

체오름은 말발굽형 오름을 대표하는 오름 중 하나다. 동북 사면이 완전히 개구(開口)되어 있는 데다가 안쪽 사면의 경사도는 칼날과 같은 예리함을 취하고 있다. 체오름의 안사면은 정상에서 내려다보면, 그야말로 서 있는 자체가 위태로움을 느낄 정도로 급경사를 이루는 데다가 수목들도 깊은 뿌리를 내리지 못한 채 겨우 벼랑의 바위에 의지해 있는 듯한 애처로운 기운마저 느낄 수 있다.

이처럼 체오름은 안사면과 바깥 사면의 경사도가 극명하게 차이를 보이는 오름이다. 경사도가 어느 정도의 영향을 끼쳤는지는 잘 모르나, 안사면과 바깥 사면의 자생식물의 군락도 확연히 달랐다. 안사면에는 군데군데 동백나무나 참나무 등 관목이나 교목이 무성한

---

12) 이 원고는 탐사 당시 나중을 위하여 작성해둔 원고 중 하나다.

<사진 17> 체오름(Naver 위성사진에 의해 재구성, 2024. 4.).

반면, 바깥 사면에는 간혹 키 작은 소나무가 눈에 띄기는 하나 대부분은 억새군락과 가시덤불로 뒤덮여 있다.

탐사단은 거친오름이 위치하는 방향, 즉 체오름의 남서쪽 산사면으로 탐사를 진행하였다. 안사면의 경사도와 비교해서는 아주 완만한 편이지만, 그래도 탐사의 노정(路程)치고는 숨 가쁜 코스임이 분명했다. 억새를 헤치고 가시덤불을 헤치며 올랐지만, 좀처럼 오름 정상에 가까워지는 듯한 느낌이 들지 않았다. 체오름은 경사가 완만한 바깥 사면으로조차 탐방하는 것을 쉽게 허락하지 않는 것 같았다.

오름 정상부에는 겨우 한 사람 정도가 지나다닐 수 있을 정도의 작은 길이 북동~남동 방향으로 활처럼 휘감아 돌고 있다. 자칫 안사면 쪽으로 발을 잘못 내딛기라도 하면, 생각조차 하기 싫은 일이 순식간에 벌어질 수도 있는 형국이다. 이처럼 험난한 오름 위에도 오름을 좋아하는 마니아들이 만들어 놓은 길이 있다는 사실이 도저히 믿어지질 않았다.

정상부의 소로를 따라서 오름 이곳저곳을 살펴보지만, 체오름이 분출할 때 용암류에 의해 형성된 스코리아 마운드(scoria mound)만큼 매력을 끄는 것은 없었다. 체오름이 흘려보낸 용암류는 안사면 쪽에서 시작하여 북동쪽 방향으로 약 2㎞에 걸쳐 줄지어 스코리아 마운드를 형성해 놓았다. 그 모습은 마치 강가나 바닷가에서 물수제비를 뜬 흔적과도 흡사했다. 하나의 오름에서 분출한 용암류가 이처럼 많은 스코리아 마운드를 만들어 낼 수 있다는 게 쉽게 이해가 되질 않았다. 그러나 체오름의 정상에서 보면, 그것들은 분명히 어미 닭 속에서 놀다가 잠시 떨어져 있는 병아리와 같은 존재임을 확인할 수 있다.

북동 방향으로 개구된 분화구 안으로 들어갔다. 분화구 안으로 들어가는 소로는 산책하기에 좋은 작은 자갈길이었다가 잔디 길로 이어진다. 분화구 안에는 곳곳에 동백나무를 심어놓아 작은 정원을 꾸미려는 듯한 인상을 안겨 주었다.

분화구 아래쪽에서 오름 사면을 좌우로 조망하는 이미지는 상대적으로 정상에서 사면 아래쪽을 조망하는 상황과는 전혀 색다른 이미지로 다가온다. 그럴 수밖에 없다. 오름의 정상 최고점과 분화구 안 최저점의 표고 차는 104m나 된다. 분화구 안에서는 오름 사면이 좌우로 꽉 조여 오는 듯하여 불안감과 두려움을 느끼게 하지만, 다른 한편에선 신선함과 뿌듯함도 느낄 수 있다. 그래서 그런지, 체오름 분화구 안에서 오름 음악회를 개최한다면 안성맞춤일 것이라는 생각마저 든다.

분화구 안에서도 가장 깊게 파인 지점이 유난히 돋보여 그곳으로 발길을 옮겼다. 그곳에는 집수시설인 콘크리트 구조물을 만들어 놓고 있었다. 집수시설의 콘크리트 구조물은 단순하게 날 일(日)자 모양으로 약 4m 깊이까지 땅속을 파 들어가 설치돼 있었다. 집수된 물의 용도는 정확히 모르지만, 분명한 것은 주변부로부터 많은 물을 끌어 모을 수 있도록 한 구조라는 점이다.

체오름의 바깥 사면과 그 아래쪽은 주변과 마찬가지로 송당목장 방목지로 활용되고 있었다. 한쪽에는 콘크리트로 만든 우마 급수용 시설이 놓여 있었고, 주변부 여기저기에는 우분(牛糞)과 마분(馬糞)이 나뒹굴고 있었다. 체오름의 주변 정황도 과거로부터 이곳이 전통적인 목장지라는 사실을 말해주는 듯했다.

두 개의 산체(山體)가 걸쳐져 있는 오름,
거친오름[13)

거친오름은 구좌읍 송당리와 덕천리
지경에 걸쳐 있으며, 크게 2개의 산체가 북동 방향과 남서 방향으로
마주하는 형국을 취한다. 오름 위에는 키 작은 국수나무를 비롯하여
청미래덩굴과 여러 종류의 가시덤불, 그리고 다 자라지 못한 소나무
가 듬성듬성 있을 뿐 대부분은 초지로 이루어져 있다.

거친오름의 산체는 2개가 서로 다른 형세를 취하고 있다. 북동 방
향의 것은 한가운데에 원형 분화구를 지니면서 전체적으로 넓은 타
원형을 취하는 반면, 남서 방향의 것은 능선이 좌우로 긴 원추형을
취하고 있다. 그리고 2개의 산체가 이어지는 구간은 계곡부를 형성
하고 있다. 이런 점으로 보아, 2개의 산체는 서로 다른 시기의 화산

---

13) 이 원고는 당시 채택되지 않은 투고 원고의 전문이다.

활동에 의해 형성된 것으로 추정된다. 특히, 남서쪽에 위치하는 원추형 오름은 분화구의 위치를 가늠하기 힘들 정도로 많이 붕괴하였거나 파괴된 것으로 판단된다. 북동쪽의 오름이 나중에 분화·형성되면서 먼저 만들어졌던 남서쪽의 오름 분화구를 대부분 파괴한 것으로 추정된다. 남서쪽에 위치하는 원추형 오름의 분화구는 1:5,000 지형도의 내용을 근거로 하자면, 두 오름이 만나 계곡부를 이루는 지점에서 서쪽에 있었을 것이라 여겨진다.

오름 전문가나 지명 연구가들은 거친오름의 이름 유래에 대하여 몇 가지 설(說)로 정리한다. 하나는 오름 표면이 거칠어서 '거친(荒) 오름'이라는 설과 다른 하나는 과거 말을 몰고 제주목(濟州牧)과 정의현(旌義縣)을 오갈 때 이 오름 기슭을 거쳐 지나갔다는 의미에서 '거친(걸친)' 오름이라는 설이다. 두 가지 설 중 전자가 그런대로 객관성을 띠는 것으로 알려지지만, 실제로 오름을 올라보면 표면이 '거친' 분위기는 전혀 느낄 수 없다. 물론, 오름의 식생 관계는 과거와 현재 상황이 크게 다를 수도 있다.

그런데 오름 탐사를 하고 난 필자로서는 섣부른 추측일 수도 있으나, 2개의 오름 즉 북동쪽의 산체가 남서쪽의 산체에 '걸쳐져 있는' 형국에서 나온 것은 아닐까 하는 생각이 들었다. 거친오름의 정상에서 두 산체를 살펴보면, 마침내 그런 느낌을 받을 수 있다. 이에 대해서는 앞으로 더 연구해 볼 필요가 있다.

거친오름의 두 화산체 중 북동쪽에 위치하는 산체에는 원형 분화

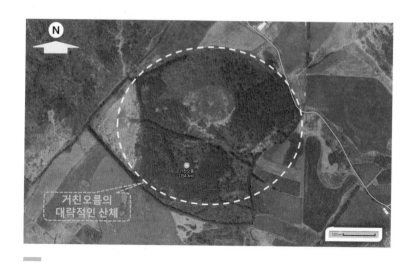

<사진 18> 거친오름(Naver 위성사진에 의해 재구성, 2024. 5.).

구를 가운데 두고, 두기의 묘(墓)가 서로 마주 보는 형태로 조성돼 있다. 거리는 대략 70~80m 정도인데, 묘소를 정하던 당시에는 서로 경쟁을 벌이면서 조성된 듯한 분위기마저 감지된다. 그러면서도 왠지 모르게 1기보다도 양쪽으로 2기가 훨씬 더 잘 어울리는 듯한 느낌이 드는 건 무슨 이유일까. 안타깝게도 2기의 묘소 중 동쪽의 것은 이미 이묘(移墓)한 상태라 산담만 덩그러니 남아있다. 그런데 유난히 눈길을 끄는 것은 2기의 묘소 산담이 약식이 아닌 정식으로 잘 조성돼 있다는 것이다. 이묘한 곳의 산담도 무너진 곳이 한 군데도 없을 정도로 치밀하면서도 견고하게 겹담으로 조성돼 있다. 무덤의 형태와 크기 또는 산담의 돌이끼 등으로 봐서는 꽤 오래전에 묘를 쓴 것이 분

명해 보였다.

거친오름도 주변의 오름들처럼 송당목장의 방목지로 이용되고 있었다. 분화구나 능선을 따라 여기저기에 아직 채 마르지 않은 우분(牛糞)들이 무수히 깔려 있었다. 그리고 2개의 산체를 가로지르며 계곡부까지 이어 심은 일직선상의 삼나무들은 방목의 효율성을 기하기 위한 경계선으로 활용되고 있는 듯했다.

거친오름에서 가장 인상적인 점은 북동쪽에서 남서쪽까지 파노라마처럼 전개되는 오름군(群)의 감상이라 할 수 있다. 체오름에서 시작하여 밧돌오름, 안돌오름, 높은오름, 거슨세미오름, 민오름, 선죽이오름, 비치미오름, 개오름, 영주산, 성불오름, 대록산에 이르기까지 연속적으로 이어지는 오름 능선을 지척에서 감상할 수 있다. 흥분된 마음을 가라앉히며 여러 컷의 사진을 찍어보지만, 그보다는 스케치가 훨씬 더 잘 어울릴 듯한 경관 이미지다. 거친오름의 정상에서는 한라일보사가 진행하는 대하 기획물의 키워드인 '한라대맥(漢拏大脈)'이 실감 나게 다가온다.

대조적인 말굽형의 두 오름,
부대오름(扶大岳)과 부소오름(扶小岳)[14]

부대오름과 부소오름은 거리상으로
약 200m 정도밖에 떨어져 있지 않지만, 매우 대조적인 모습을 보이
는 오름이다. 먼저, 두 오름은 모두 말굽형 화산체임도 불구하고 부
대오름은 전형적인 U자형 형태를 취하며 깔끔하게 잘 남아 있는 데
비해, 부소오름은 분화구 주변 사면이 대부분 무너지고 메워져 버려
극히 희미한 형태로만 남아있다는 점을 들 수 있다. 그래서 처녀의
머리 모양에 비유하자면, 부대오름은 곱게 잘 땋아 내린 얌전한 머
리형이라 할 수 있고, 부소오름은 헝클어져 있는 듯한 자유분방한 머
리형이라 할 수 있을 듯하다.

두 번째로는 부대오름의 분화구는 가까운 곳에 위치한 거문오름

---

14)   이 원고는 당시 채택되지 않은 투고 원고의 전문이다.

〈**사진 19**〉 부소오름(왼쪽)과 부대오름(오른쪽)(임재영 촬영, 2020. 7.).

과 비슷하게 동북 방향으로 개구(開口)되어 있는 데 반해, 부소오름의 분화구는 서남 방향으로 개구되어 있다는 점이다. 따라서 두 오름은 마치 등을 돌린 시어머니와 며느리와 같은 모습으로 자리 잡고 있다.

두 오름은 이처럼 아주 극명하게 대비되는 점도 있으나, 또 다른 관점에서 살펴보면 유사한 점도 몇 가지 발견할 수 있다.

한 가지는 두 오름이 산체 면적이나 저경(底徑), 둘레 및 표고 등에서 그다지 큰 차가 없는 비슷한 크기의 화산체라는 점이다. 정확하게 살펴보면, 부대오름은 면적 138,116평, 둘레 3,002m, 저경 852m, 표고 468.8m이고, 부소오름은 면적 128,307평, 둘레 2,610m, 저경 827m, 표고 469.2m이다. 수치상으로만 보면, 부대오름이 약간 크게 나타난다.

다른 한 가지는 두 오름 모두 사면 한쪽이 천미천에 의해 침식당하면서 급경사 혹은 단애(斷崖)를 형성하고 있다는 점이다. 천미천은 교래리 방향에서 산굼부리 북쪽을 흘러오다가 부대오름의 남사면과 부소오름의 서사면 및 남사면을 걸쳐 하류 쪽으로 흘러내려 간다. 천미천이 두 오름의 단애를 형성하는 지점은 똑같이 남사면의 일부 지점이다. 탐사 시에 확인한 바에 따르면, 천미천과 만나는 지점의 오름 사면은 급경사의 계곡에 가까운 단애를 이루고 있었으며, 사면부 중간 지점에는 크고 작은 용암류의 노출은 물론 상록활엽수의 뿌리가 깊게 파이면서 한쪽으로 심하게 기울어져 있는 광경을 목격할 수 있었다.

현재 부대오름이나 부소오름 주변은 조천목장의 방목지로 활용되고 있다. 두 오름의 사면 자체는 경사가 급한 데다가 부분적으로 삼나무가 밀식되어 있어서 방목지로서의 활용은 불가능한 듯 보였다. 그러나 두 오름의 주변 지역은 목장 용지로서의 전용(專用)이 두드러져, 특히 부대오름의 경우는 길쭉하게 이어지는 분화구에서도 소 방목이 자유롭게 이루어지고 있었으며, 더불어 분화구 입구에는 축사(畜舍)까지 지어놓고 있었다.

　　한편, 부대오름에는 일본군이 구축한 진지동굴이 5개나 있는 것으로 조사되었으나, 탐사 당일에는 30cm 이상 쌓인 눈 때문에 정확한 위치를 확인할 수 없었다. 아마도 동북쪽의 서거문오름 내에 4,000여 명의 일본군들이 주둔했던 사실로 보아, 오름을 축으로 주변 지역의 요새화를 기도(企圖)했을 것으로 추측된다. 탐사를 마치면서 느끼는 기분은 참으로 묘했다. 그것은 오름을 오를 때마다, 왜 일제의 군국주의를 느껴야만 하는지 자문하게 되기 때문이다.

송당목장과 귀빈사(貴賓舍)가 자리한 오름,
민오름15)

기온은 영상 1~2도이지만, 체감기온
은 영하 5도 이하로 느껴지는 날씨에도 탐사는 강행되었다. 민오름
을 탐사하기 위해 1112번 지방도를 달리다가 송당목장 방목지인 민
오름의 서쪽 사면 기슭으로 들어갔다. 모두의 발길이 멈추는 곳에는
고풍스러운 집 한 채가 고즈넉하게 자리 잡고 있었다. 다름 아닌, 이
승만 초대 대통령의 별장으로 '귀빈사(貴賓舍)'란 별칭을 가지고 있는
건물이다. 지형도상에는 아직도 '李大統領別莊'이라고 적혀 있어, 지
도를 보는 이로 하여금 흑백 TV 시절에 자주 보던 이승만 전 대통령
의 얼굴을 떠올리게 한다.

대통령의 별장치고는 아주 왜소할 만큼 작았다. 그러나 별장을 지

---

15) 이 원고는 탐사 당시 나중을 위하여 작성해둔 원고 중 하나다.

은 1950년대를 기억해 보면, 제주도의 한 목장(당시는 국립제주목장) 부지 내에 이 정도의 건물을 짓기가 매우 어려웠을 것이라는 생각이 잠시 스쳐 지나간다. 별장이 위치하는 곳은 너무도 한적하여 새소리도 멈추고 공기의 흐름마저 정지한 듯한 정적감에 휩싸여 있었다. 더불어 이승만 전 대통령이 이곳 별장을 몇 번이나 찾았을지도 궁금해진다.

별장은 1958년 9월에 지어졌다고는 하나, 현무암을 깔끔히 다듬어 쌓아 올린 건물 외벽이나 현관 등을 볼 때, 최근에 지은 양옥과 비교해도 전혀 손색이 없어 보였다. 당시, 미 8군 육군 공병단의 지원

〈사진 20〉 송당목장, 귀빈사와 민오름((Naver 위성사진에 의해 재구성, 2024. 5.).

을 받아 지었다는 사실이 실감 난다. 한 가지 눈길을 끄는 것은 현관 앞에 깔린 콘크리트 바닥에 보기 좋게 그려 넣은 소의 모습이었다. 소의 형상은 검은색의 작은 돌로 조각하듯 촘촘하게 넣어, 콘크리트 전체 바닥 색과는 확연히 대조를 이루도록 해 놓았다. 아마도 소의 형상은 최초에 국립목장을 만든 배경을 단적으로 설명하는 것 같았다.

송당목장은 1950년대 후반 이승만 전 대통령이 국민건강의 증진을 꾀하기 위한 차원에서 우유를 대량생산하고자 국영 목장으로 조성한 것이다. 탐사 시점에서도 민오름은 물론 마주하고 있는 칡오름과 주변 지역 일대가 송당목장에 속하여 목초 재배지와 방목지 그리고 축사와 관리사 부지 등으로 이용되고 있었다.

민오름은 동북 사면으로 개구된 분화구를 중심으로 남북 방향의 2개 봉우리를 지니고 있다. 동서로 길게 늘어진 정상부의 능선은 부드러운 곡선이 이어지는 듯 사람들의 마음을 들뜨게 하기에 충분했다. 또한 동북 방향으로 들어오는 작은 이류구와 아부오름, 그리고 목장 지대 등으로 엮어진 주변 경관도 잊을 수 없는 한 장면임이 틀림없다.

민오름 분화구 안에도 어김없이 무덤 한 기가 들어서 있었다. 문외한이 언뜻 봐도, 망자에게는 정말 좋은 장소일 것이라는 생각이 들었다.

幻想(환상)과 環狀(환상)의 오름,
아부오름16)

아부오름처럼 능선과 분화구가 신비하고 아름다운 오름도 드물 것이다. 한 번이라도 아부오름을 탐방한 경험자들은 이구동성으로 축구장이나 야구장 같다든지, 또는 고대 로마의 원형경기장 같다는 비유를 서슴지 않는다. 그러나 그런 생각도 잠깐이고, 어느새 분화구의 매력에 너나 할 것 없이 매료돼 버리고 만다.

『오름 나그네』를 저술한 김종철 선생은 제주도 내 대부분의 오름을 탐사한 후에 많은 오름 중에서도 전형적인 원형 분화구를 갖는 것은 조천읍 교래리 산굼부리, 안덕면 광평리 왕이메, 그리고 구좌읍

---

16) 이 원고는 2003년 12월 12일(금)자로 실린 일부 원고의 전문이다. 더불어 여기에 실린 '아부오름' 관련 탐방 내용은 필자가 이전에 출판한 도서(정광중, 2021, 『제주 콘서트』, 한그루, 274~277쪽)에도 실려 있음을 밝힌다.

<사진 21> 아부오름(동남쪽 사면, 2017. 9.).

송당리 아부오름이라고 하였다. 이와 같은 김종철 선생의 지적은 그만큼 아부오름 분화구가 눈부시게 빼어나다는 사실을 말하고 싶었던 것으로 생각한다.

보통 비자림로(1112번 지방도)를 타고 가다가 도로변에서 아부오름을 바라보면, 오름 능선은 그저 단순하게 한일자(一)의 형태로 보일 뿐 아무런 감흥(感興)을 주지 않는다. 다시 말해 오름 정상에 올라서지 않는 한, 주변에 흔한 오름과 같이 똑같은 여운만을 남길 뿐이다. 하지만 정상에 발을 내딛는 순간 흥분에 휩싸이기 시작한다. 지금까지 발견하지 못하던 미지의 섬을 마침내 발견해 냈을 때 느끼는, 그런 희열감을 느낄 수 있기 때문이다.

아부오름은 최고 정상부가 301m의 높이를 보이나, 정상으로 오르는 능선도 그리 급경사가 아니기에 산행에는 별 어려움이 없다. 도로변에서 정상까지의 산행 시간은 기껏해야 15~20분 안팎이다.

아부오름은 일단 분화구 안쪽 사면에 쌓여 있는 분석(scoria)을 통해 볼 때 열하분출(裂下噴出)에 의한 분석구(噴石丘)라 할 수 있다. 그러나 아부오름과 같은 대형 화구경(火口徑)을 가진 분화구가 형성되려면, 과연 어떠한 분화 활동을 했을까 하는 점은 여전히 의문이다.

아부오름의 진미는 정상부 능선에서 분화구 안쪽을 감상할 때라 할 수 있을 것이다. 분화구 안의 정경은 주변의 자연을 축소해 끌어다 놓은 듯한 분위기를 자아낸다. 돌담과 삼나무 군락, 그리고 초지와 방목 중인 소의 모습이 영락없이 과거에 흔히 보던 제주도 농촌의 모습이다. 분화구 안은 한 번에 약 200~300마리의 소나 말 방목이 가능해 보일 정도로 넓은 초지가 형성돼 있다.

아부오름은 일찍부터 초지를 만들어 소와 말을 방목해온 까닭에, 분화구 주위를 빙 둘러 가며 삼나무를 심고 소나 말의 이탈을 방지하고 있었다. 탐사 시점에서 보는 삼나무는 적어도 30~40년은 성장해 온 것으로 보였다.

삼나무 바로 앞쪽으로는 현무암 돌담이 1m가량의 높이로 쌓여 있었고, 돌담의 형태는 겹담이었다. 이 돌담은 삼나무를 심기 전에 쌓은 것으로 보였는데, 돌담만으로는 효용성이 떨어져 화구 안쪽으로 다시 삼나무를 심은 듯했다.

그렇다고는 하나, 돌담을 축조할 당시에도 분명히 분화구 안에는 돌이 없었을 텐데, 이렇게 많은 돌을 전부 어디에서 운반해 왔는지 의아할 따름이었다. 돌담과 삼나무림을 바라보면서, 이곳 주민들의 소나 말에 대한 집착력을 강하게 느낄 수 있었다.

분화구 주위를 휘감아 도는 삼나무 외에도, 분화구 안쪽으로 삼나무를 군데군데 심어 방목 중인 소나 말의 휴식공간을 만들어 놓고 있었다. 그것은 결국 마소 치기를 하는 테우리의 휴식공간이기도 했다. 바로 이런 흔적이야말로 제주도민들이 삶을 영위하기 위한 과정에서 잉태된 역사의 산물이 아닌가 생각해본다.

앞에서 아부오름의 진미를 언급했으나, 필자처럼 분화구 안쪽이

〈**사진 22**〉 아부오름(분화구, 2017. 9.).

아니라 그 반대쪽을 지적하는 이들도 많다. 그 배경은 정상부 능선에서 주변부의 초지대와 오름 군락을 기분 좋게 만끽할 수 있다는 점 때문일 것이다. 주변의 자연을 응시하고 있노라면, 정말 살아 숨 쉬는 자연이 꽉 막힌 가슴속으로 치고 들어오는 듯한 느낌을 얻을 수 있다. 이런 까닭에 아부오름이 생태관광지로 주목받고 있음을 깨닫게 된다.

아부오름은 영화 촬영장소로 더욱 유명해진 오름이다. 1998년 박광수 감독은 1901년 제주 사회를 떠들썩하게 했던 난리(亂離)를 영상으로 승화하는 데 성공하였다. 영화 '이재수의 난'이 바로 그것이다. 그러나 소문난 잔치 먹을 게 없다는 격이 되고 말았다. 궁극적으로 제주도민들이 기대한 만큼 역사적 진실을 제대로 조명하지 못했다는 서글픈 평가가 여기저기서 쏟아져 나왔다.

이런저런 사정과는 상관없이 아부오름은 언제나 말이 없다. 늘 대자연의 일부로서 오롯이 제자리를 지키며, 오늘도 여러 탐방객을 맞아들이고 있다. 아부오름을 찾는 탐방객들은 幻想(환상)의 아부오름과 環狀(환상)의 아부오름을 동시에 만끽하려고 찾아오는 것은 아닐까.

잣담으로 나누어진 쌍둥이 오름,
안돌오름과 밧돌오름[17]

안돌오름과 밧돌오름은 남서~북동 방향으로 서로 마주 보며 솟아있다. 두 오름 남쪽에는 거슨세미오름이 지척에 자리 잡고 있고, 북서쪽으로는 체오름이 자리 잡고 있다. 멀리서 바라보면, 마치 4개의 오름이 한데 어우러져 있는 것처럼 보이기도 한다.

안돌오름과 밧돌오름 사이의 낮은 평지에는 방풍림 겸 우마의 출입을 통제하기 위한 삼나무 군락이 남동~북서 방향으로 가로지르고 있다. 삼나무 군락 사이를 자세히 들여다보면, 돌담이 줄지어 있기도 하고 간혹 끊겨 있는 상태를 확인할 수 있다.

이 돌담은 조선시대 때 국영 목장을 경영하기 위해 경계선으로 사용했던 하잣성의 흔적이다. 멀리서는 삼나무 군락에 가려 전혀 보이

---

17) 이 원고는 2004년 1월 16일(금)자로 실린 일부 원고의 전문이다.

<사진 23> 밧돌오름(왼쪽)과 안돌오름(오른쪽)(임재영 촬영, 2020. 7.).

지 않기에, 일반인들도 제주의 목마장(牧馬場)과 더불어 잣성의 역사를 모르면 그냥 지나칠 수밖에 없다. 지형도상에도 길게 이어진 '선(線)'을 따라 몇 군데에 '돌담'이라고만 적혀 있을 뿐, 역사적으로 매우 중요한 잣성의 일부라는 표기는 찾아볼 수 없다.

안돌오름이 위치하는 곳은 국마장(國馬場)인 10소장 중 제1소장 지경에 해당하며 거슨세미오름이나 체오름도 마찬가지로 제1소장 지경에 포함된다. 말하자면 밧돌오름을 포함한 송당마을 쪽은 목마장 밖이 되는 것이다. 국마장의 경계선인 하잣성은 마을과 농경지가 많이 분포하는 지역을 피하는 형태로 둘러쳐진 것이다. 그리고 일부 마을 가까이에 있는 오름들은 주민들이 목장지로 활용할 수 있도록 남겨두기도 하였는데, 밧돌오름이 바로 그런 사례라 할 수 있다.

안돌오름은 분화구가 동북 방향으로 개구(開口)되어 있다. 그리고 개구된 분화구의 방향을 따라 약 200여m에 걸쳐 마치 계곡처럼 깊게 파여 있는데, 거기에는 때죽나무, 예덕나무나 윤노리나무 등 교목림이 군락을 이루며 자생한다. 이들 중에는 2~3m의 높이를 보일 정도로 꽤 큰 나무들도 있다. 안돌오름이나 밧돌오름은 대부분의 사면이 초지이기 때문에, 분화구 내 작은 골(谷)에 자생하는 관목림이나 교목림은 확연히 눈에 들어온다.

놀랍게도, 안돌오름 안쪽 양사면에는 동굴이 네 군데나 있다. 언뜻 보면 2개는 자연 동굴처럼 보이기도 하고, 또 다른 2개는 인공적으로 뚫은 동굴같이 보였다. 다분히 일제강점기 때에 만들어진 진지동굴(陣地洞窟)로 생각되었지만, 정확한 실태 파악을 위해서는 정밀조사가 필요할 것으로 보였다. 그런데 동굴 입구에는 고사리 종류와 일부 키 작은 나무들이 겨울철인데도 파란 잎을 뽐내며 자생하고 있었다. 동굴에서 나오는 따뜻한 기온의 영향을 받은 것이 분명해 보였다.

밧돌오름의 분화구도 북동 방향으로 개구돼 있고, 개구된 분화구의 방향을 따라 계곡이 형성돼 있다. 계곡부의 표고 약 300m 지점에는 우물과 당(堂)이 자리 잡고 있었다. 이들은 송당마을 중심부로부터 1㎞ 이상 떨어져 있고, 오름 분화구 안에 자리 잡은 것으로 보아

특별한 목적 때문에 만들어진 것으로 생각되었다. 즉, 오래전부터 방목하는 사람들을 배려하여 조성된 것으로 보였다. 우물은 '돌오름물'이라 불린다.

신당과 우물이 위치하는 장소는 계곡부이면서도 비교적 평평한 곳으로, 주변의 삼나무와 때죽나무로 둘러싸여 있다. 신당과 우물과의 거리는 대략 10여m를 유지하고 있고, 신당에는 제물을 올릴 수 있는 2단의 시멘트 구조물의 제단을 만들어 놓고 있다. 그리고 한쪽에는 크고 작은 대야와 플라스틱 상자, 냄비, 그릇, 수저와 젓가락, 식기 세척제 등이 놓여 있는 정황으로 보아, 최근까지도 특정한 날을 선택하여 사용하고 있음을 확인할 수 있었다.

우물은 인공적으로 동그랗게 돌담을 쌓아 올리고, 한쪽에는 물을 뜰 수 있도록 낮게 만든 계단이 있다. 돌담의 높이는 높은 곳이 약 2m, 낮은 곳은 약 120cm 정도였다. 탐사단이 현장을 찾았을 때는 12월이라 약 40~50cm 정도의 수위만을 유지하고 있었고, 한쪽으로는 플라스틱제 파이프를 연결해 놓고 있었다. 이 파이프는 오름 아래쪽(북동쪽의 계곡 말단부)의 우마가 사용하는 급수시설로 연결되어 있었다.

안돌오름과 밧돌오름은 서로 이웃해 있는데, 두 오름은 마치 제주 전통 초가의 안거리·밖거리와 같은 구성을 보인다고 할 수 있다. 사람들은 오랜 시간 동안 잣담으로 구분 지어놓고 위치에 따라 그 용도를 달리해 왔지만, 두 오름은 결코 떨어질 수 없는 쌍둥이 형제와 같은 존재이다.

베일에 싸인 보물창고 같은 오름,
서거문오름①[18]

                         눈이 많이 내리는 날인데도 탐사는 강행되었다. 서거문오름 자락에 들어서자마자, 간밤에 쌓인 눈 속으로 발이 뽀드득 소리를 내며 빨려 들어간다. 잠깐 걷기 힘든 구간을 지나자, 길고 긴 오름 능선이 눈에 들어온다. 그런데 오름 능선은 끝없이 이어지는가 싶더니, 왼쪽 능선과 오른쪽 능선이 숲으로 조금씩 잘려 나가면서 한눈에 들어오질 않는다.

    필자에게는 말로만 들어오던 서거문오름이다. 예전에 서거문오

---

18) 이 원고는 2004년 2월 13일(금)자로 실린 일부 원고의 전문이다. 여기에서 다루는 '서거문오름'은 2007년 7월 이후 제주도의 세계유산(자연유산) 지구에 포함되었으며, 오름 이름도 '거문오름'으로 바뀌었다. 아울러 '서거문오름'과 관련된 탐방 내용의 일부는 필자가 이전에 출판한 도서(정광중, 2021, 『제주 콘서트』, 한그루, 270~273쪽)에도 실려 있음을 밝힌다.

름은 산체(山體)가 매우 크고 분화구 안 지형이 복잡하다는 말을 들은 적이 있다. 그렇기에 아무리 눈이 많이 쌓일지라도, 예전에 들었던 사실만큼은 확인하고 싶은 욕망이 부풀어 올랐다.

 서거문오름은 지형도에서 보더라도 주변 지역의 다른 오름보다도 산체가 크다는 사실을 확인할 수 있지만, 실제로 능선에서 바라보는 현장감은 차원을 달리하여, 그야말로 웅장하고 장엄한 느낌을 안겨주었다. 언뜻, 한순간에 보는 분화구나 주변부로 이어지는 능선이 지금까지 관찰해 오던 오름의 분위기를 압도하기에 충분했다.

 서거문오름의 분화구는 정말 예상한 것보다도 훨씬 크게 다가왔다. 주변부의 식생 때문에 한눈으로 전부 관찰하기에도 산체의 위용은 너무나 대단하였고, 오름의 외륜부 능선도 어디에서 어디까지 이어지는지, 도무지 분간할 수 없을 정도였다. 한마디로 '서거문(검은)오름'은 베일에 싸여 있는 거대한 화산체였다.

지난해 11월 도내에서는 제주도의 세계자연유산 신청 지정과 관련한 세미나가 있었다. 이 세미나에서 지질 분야의 한 전문가는 만장굴과 김녕사굴 등 주변 지역의 동굴 시스템이 형성되기까지는 서거문오름을 핵심으로 하는 주변부 오름으로부터 유출된 용암류가 매우 중요한 배경이라고 역설하였다. 다시 말하면, 서거문오름을 축으로 한 주변의 오름군에서 분출한 상당량의 용암류가 해안가 방향으로 흘러나오면서 주변 지역을 뒤덮고 용암대지를 형성하는 한편, 여러 용암동굴을 형성하는 데 큰 역할을 했다는 것이다.

이러한 관점에서 평가하자면, 서거문오름이 지니는 가치 또한 새롭게 평가되어야 할 것으로 생각된다. 더불어 새로운 관점에서 평가하기 위해서는 앞으로 좀 더 계획적이고 정밀한 조사가 필요할 것으로 판단된다. 본 탐사위원이 현장에서 느낀 소감을 덧붙이자면, 앞으로 서거문오름은 반드시 지형적·지질적 특성뿐만 아니라 동굴과 식생 및 인문(역사, 문화) 분야를 아우르는 종합적인 학술조사가 이루어져야 한다는 점이다.

오름 능선을 따라서 일정 구간을 탐방하다가, 분화구가 개구(開口)된 동북쪽 평탄지를 기점으로 분화구 안으로 들어갔다. 정확히 어느 지점부터 분화구인지 알 수 없을 정도로 수목과 가시덤불로 얽혀 있지만, 그것들 사이사이의 좁은 공간을 계속 헤치며 안으로 들어갔다.

그만큼 고생한 보람은 있었다. 분화구 안에서 탐사단을 맞이한 것은 김이 모락모락 피어나는 돌담 지대였다. 돌담은 여기저기 제멋대로 헝클어진 채 널려 있었고, 돌담 위에는 싱싱한 이끼들이 피어나 있었다. 그리고 돌담과 돌담 사이에는 이름 모를 야생화와 난초들이 자라고 있었고, 헝클어진 돌담 주변은 여러 종류의 활엽수 종으로 둘러싸여 있었다.

한 가지 분명한 사실은 돌담 아래로 지하 동굴이 형성돼 있다는 것이었다. 돌담 사이로 난 구멍을 통해 보면 극히 제한적이기는 하나, 어슴푸레하게 동굴 내부가 보였다. 하지만 어느 정도의 규모를 보이는지는 전혀 가늠할 수 없었다.

지하 동굴이 있는 주변은 적당한 온도와 습도가 유지되고 있어서인지, 한겨울인데도 온기를 느낄 수 있을 정도로 사방이 따스했다. 지금이라도 근처에 집을 지으면, 추위 걱정 없이 무난히 살 만한 환경이었다. 그런 생각을 하다가, 지하 동굴과 연결되지 않은 주변부를 살펴보았더니, 돌담을 인위적으로 쌓아 올린 흔적들이 여기저기서 확인되었다. 발견된 돌담은 분명히 집을 짓거나 혹은 일정 규모의 내부공간을 마련하기 위해 쌓아 올린 것으로 보였다.

일부 전문가들은 제주4·3사건 때 피신처로 사용했던 흔적이 아닐까 하고, 정황적 증거를 토대로 논의하는 데 주저하지 않았다. 그렇다면, 분명히 동굴 안에도 일시적으로나마 사람이 기거했던 흔적이 남아있을 것이라는 의견도 뒤따랐다. 그렇지만 실제로 확인할 길은 막막했다. 오랫동안 서거문오름을 이용했거나 소유했던 마을 주민들, 즉 선흘마을이나 송당마을 주민들의 인터뷰가 필요함을 느꼈지만, 오름 탐사와 인터뷰를 동시에 행하기에는 일정이 허락하질 않았다. 일단, 주민들과의 인터뷰는 당분간 묻어 두기로 하고 계속 탐사를 진행할 수밖에 없었다.

돌담은 지하 동굴이 있는 곳뿐만이 아니었다. 분화구 안의 장축을 따라 길게 이어지는 지점에도 있었고, 중간에 다시 내부공간을 확보하기 위해 건물을 지었을 것으로 추정되는 지점에도 남아있었다.

〈사진 25〉 서거문오름 분화구(2009. 4.).

지형도(1:25,000)에서 돌담의 존재를 확인하려 했지만, 전혀 표시되어 있지 않았다. 특히, 길게 연결한 돌담은 특별한 목적을 전제로 쌓은 것이 분명해 보였는데, 단순하게 생각하면 우마의 침입을 막기 위한 시설물인 것처럼 보이기도 했다. 그러나 이토록 험한 분화구 안에 우마가 침입한다는 사실 자체도 이해할 수 없거니와 주변 상황을 살펴볼 때, 어느 방향으로 소나 말들이 지나가지 못하도록 한 것인지도 파악하기가 어려웠다. 여러 탐사위원이 나름대로 상상력을 동원해 보았지만, 끝내 그럴듯한 결론은 얻어내지 못했다.

탐사가 거의 끝나갈 무렵에 알게 된 일이지만, 역사학 전공의 박찬식 박사가 선흘마을 주민과의 전화 인터뷰를 시도한 결과, 일제강점기 때 군사용 시설로 쌓은 돌담이라는 단편적인 사실만은 확인할 수 있었다. 그렇다고는 하나, 이 서거문오름에 대체 무슨 용도의 시설물을 설치했는지, 그리고 어느 정도의 군인들이 거주하고 있었기에 분화구 안까지도 이렇게 큰 규모의 돌담을 쌓았는지는 의문으로 남았다.

길게 쌓은 돌담의 높이는 쌓아 올린 장소에 따라 달랐지만, 평균적으로 보더라도 1m 이상은 돼 보였다. 그리고 겹담으로 견고하게 쌓아 올린 구간도 많았다. 이렇게 많은 돌담을 분화구 안으로 운반해 오려면, 얼마나 많은 군인을 동원했을까 하고 생각해보지만, 그리 쉽게 풀릴 만한 숙제는 아니었다.

분화구 내부는 갈지자(之) 계곡처럼 지형이 뒤틀려 있어 기복(起伏)

이 아주 심했다. 그리고 분화구 내에 알오름이 여기저기 솟아있는 것만 보더라도, 분화 활동이 단순하지만은 않았을 것임을 예측할 수 있었다. 서거문오름의 분화 활동은 동북~북쪽으로 펼쳐지는 알오름들을 제대로 살펴보아야 얼마나 대단했었는지를 짐작할 수 있다. 정작 아쉬운 점은 이들을 전부 한눈으로 관찰할 수 없다는 것이다. 이런 경우에는 매끄럽게 굽이치는 산세의 위용도 오름 주변의 나무숲도 조금은 원망스럽기까지 하다.

지형도에서 보면, 서거문오름 주변에서부터 등고선은 뒤엉키듯 북~북동 방향으로 왜곡(歪曲)되며 이어지고, 중간중간에는 암설류(岩屑流)랄까 스코리아 마운드들이 도상(島狀)처럼 여기저기에 산재하고 있음을 확인할 수 있다. 지형도를 보면 볼 때마다, 필자의 머릿속을 스치는 것은 서거문오름과 그 주변 지역만큼은 공중에서 내려다보는 것이 훨씬 더 장관이겠다는 생각뿐이었다. 더불어, 언젠가는 베일에 가려진 서거문오름의 실체를 벗겨내기 위한 종합조사의 필요성을 느끼며 발길을 돌렸다.

베일에 싸인 보물창고 같은 오름, 서거문오름②[19]

　　　　　　　신년을 맞아 첫 탐사는 지난번에 이어 다시 서거문오름으로 향했다. 이번 탐사 목표는 특히 분화구 내의 여러 미지형(微地形)과 식물 군락, 진지로 활용했던 돌담 규모 등에 대한 구체적인 정보를 더 캐내기 위함이었다.

　탐사단은 서거문오름 분화구가 개구된 북동쪽을 출발점으로 하여 분화구 안으로 들어갔다. 먼저 탐사단의 발길이 멈춘 곳은 개구된 개활지(開豁地)에서 가장 가까운 지하 동굴과 푸른 상록활엽수가 자리 잡은 지점이었다. 지하 동굴 입구에는 누군가 안으로 들어갈 수 있도록 하얀색 밧줄을 매달아 놓고 있었다. 그러나 기본적인 장비를 갖추지 않고는 쉽게 동굴 안으로 들어갈 수 없었다.

　지난 탐사 때에 간략하게 전해 들었던 분화구 내 돌담에 대한 정

---

19)　이 원고는 2004년 2월 13일(금)자로 실린 일부 원고의 전문이다.

262 인문지리학자의 제주 산책

보는 역사학자인 박찬식 박사의 노력으로 많은 의문점이 풀렸다. 선흘마을 주민과의 상세한 인터뷰 결과, 서거문오름 분화구 내의 돌담은 일제강점기의 막바지인 1945년에 일본군의 진지로 활용했던 흔적이 틀림없었다. 당시 108여단 소속 일본군 약 4,000여 명이 주둔하며 진지를 구축하고 있었다는 것이다. 그 후 일본군은 서거문오름 진지에 약 1,000여 명만을 남겨두고, 3,000여 명은 한경면 청수리에 위치하는 가마오름 진지로 이동했다고 한다.

서거문오름을 처음 탐사한 작년 연말(2003년 12월 20일)에는 많이 쌓인 눈 때문에 전체적인 규모나 연결지점 등이 매우 불투명했으나, 이번 탐사에서는 대략적이나마 전체적인 윤곽을 확인할 수 있었다. 더욱이 돌담의 정체를 알고 나니, 실로 엄청난 사실이 피부에 와 닿는 듯했다. 한편, 명령에 죽고 사는 군인들이 아니라면 이런 험한 분화구 내에 4,000여 명이나 거주할 수 있는 막사와 진지를 구축할 수 있었을까 하는 생각이 들었다.

분화구 내의 한 알오름 정상에는 이장(移葬)한 묘지가 있어, 탐사단 일행의 눈길을 끌었다. 묘의 한쪽 봉분(封墳)은 아직도 무너지지 않은 채 남아있었고, 산담 안에는 가시덤불이나 주변 식물들이 전혀 뿌리를 내리지 못한 것으로 보아 최근에 이장한 것이 분명해 보였다. 그렇다고는 하나, 이처럼 험한 산중으로 들어와 묘를 써야만 하는 까닭은 무엇이었을까. 자못 궁금해지지 않을 수 없었다.

무덤의 형태를 유심히 관찰하였다. 산담과 봉분의 크기를 토대로 추

정해보면, 원래의 무덤은 상당
히 컸을 것으로 여겨진다. 그리
고 산담의 한쪽 너비는 140cm
정도였으며, 산담 그 자체는 평
지에 조성한 것과 비교하더라
도 전혀 손색이 없을 정도로 아
주 정교하게 잘 만들어져 있었
다. 묘소는 알오름 정상부에
쓰는 바람에 산담의 네 모퉁이
가 경사질 수밖에 없는 상황이었다. 따라서 네 모퉁이의 산담은 무
너짐을 막기 위해 축담 형태로 높여서 조성되었는데, 높이가 높은 곳
은 170cm, 낮은 곳은 80cm 정도였다.

무덤이 위치한 알오름을 지나, 분화구 내의 이곳저곳을 탐사하는
도중에 함몰된 지점의 언덕 부분에서 동굴 하나가 시야에 들어왔다.
굴 앞에는 조그만 글씨로 '미라굴'이라 적은 삼각 모양의 플라스틱이
놓여 있었다. 이미 동굴 연구가들이 조사한 것으로 보였다. 동굴은
입구 좌우가 150~155cm, 상하가 120cm 정도인 소형 동굴이었다.

동굴 아래에 위치하는 함몰된 지형은 소형 분화구인지, 인위적으로 낮게 파낸 곳인지 분명치 않으나, 각이 진 돌들이 무수히 널려 있었다. 이 돌들도 마찬가지로 진지를 구축하는 데 쓰였던 것 같았다. 또한 함몰된 지점의 주변에도 건물을 지었던 장소가 여러 곳에 있었고, 거기에는 건물의 아랫부분을 떠받쳤던 돌담들이 어김없이 곳곳에 나뒹굴고 있었다. 한 가지 흥미로운 사실은 복잡한 구조를 보이는 분화구 안인데도 불구하고, 지형적 조건과 특성을 교묘히 이용하여 요소요소에 필요한 진지를 구축하고 있었다는 점이다.

점심 식사 후에는 북촌리 4·3유족회 부회장인 김○○ 선생으로부터 서거문오름이 만들어낸 계곡부의 수직 동굴에서 제주4·3사건 당

〈사진 27〉 서거문오름 내 용암협곡(2009. 4.).

시 사망한 부친 얘기를 듣고 직접 동굴까지 안내를 받았다. 당시 부친이 동굴로 빠져 사망했다는 수직 동굴은 서거문오름의 산체를 벗어난 계곡부의 허리 지점에 위치하고 있었는데, 정말이지 소스라치며 넘어질 정도로 음산함을 더하는 동굴이었다. 동굴 앞에서 내려다 보면, 마치 커다란 하마가 아가리를 벌리고 있는 형국으로 다가온다.

수직 동굴 위의 나뭇가지에는 제주도동굴연구소와 제주일보 신동굴 탐사팀이 공동으로 조사한 결과로 소형 철제 안내판이 걸려 있었는데, 여기에는 선흘리 수직동굴=거문오름 수직동굴=거멀창굴로 표기하고 있었다. 당시 조사한 내용(제주일보, 2001년 10월 5일자, 제6면, '제주의 신동굴탐사 74, 조천읍 선흘 수직동굴'이란 기획 기사로 소개됨)에 따르면, 동굴의 깊이는 35.5m였다.

김○○ 선생의 부친은 4·3사건 당시 이 수직 동굴에 빠져 사망했는데, 그동안 전혀 사망 소식을 모르다가 35년이 지난 1985년에 이르러서야 시신을 발굴하게 되었다는 것이다. 그리고 동굴 내부의 온도가 일정한 까닭이었는지는 모르나, 사망 당시 입고 있었던 옷가지가 거의 썩지 않은 채 시신과 함께 수습되었다. 아울러, 옷의 색상과 형태 등은 김○○ 선생의 부친임을 입증하는 중요한 단서가 되었다고 한다. 이처럼 제주4·3사건의 참상은 서거문오름의 수직 동굴에도 남아있었다.

분화구와 주변 계곡부의 주요 지점들을 탐사하고 나서, 서거문오름 산체에서 조금 떨어진 알오름의 정상에 올랐다. 숲속에 들어가면

〈**사진 28**〉 서거문오름 내 일제 진지동굴.

숲 전체를 볼 수 없기에, 산체가 큰 서거문오름을 전체적으로 조망
해 보고 싶어서였다. 산체가 큰 만큼 가까운 곳에서 바라보는 서거
문오름의 위용은 주위의 오름과 비교할 바 아니었다. 더욱이 굽이치
는 오름 능선은 중간중간에서 끊기고 연결되며, 가까운 곳에 별개의
오름이 계속 이어지는 듯한 느낌마저 들었다. 복잡한 산세를 자랑하
는 만큼, 서거문오름은 다른 오름에서 느끼는 아기자기한 맛도 거의
느낄 수 없었다. 그야말로, 오름 이름이 암시하듯 장엄하면서도 '검
은(거믄)' 비밀을 간직한 베일 속의 오름으로 다가오는 느낌이었다.

막내둥이 같은 아담한 오름,
까끄레기오름[20)

까끄레기오름은 아담한 산체를 가진 오름이다. 정상까지 오르는 데는 10여 분밖에 걸리지 않을 정도로, 코스가 가파르지도 않고 길지도 않다. 표고는 429m이지만, 주변 평지와 비교한 비고(比高)는 49m로 높이에서도 오르기에 전혀 부담스럽지 않다는 사실을 확인할 수 있다. 마을 근처에 자리 잡고 있었다면, 아침저녁으로 건강을 위한 오름 공원이 되었음 직하다. 그만큼 친근감을 안겨주는 오름이다.

까끄레기오름은 산굼부리와 동서로 이웃해 있으며, 두 오름 사이의 거리는 불과 300여m밖에 되지 않는다. 지도상에서 볼 때는 두 오름이 마치 형제와 같은 분위기를 자아낸다. 물론 산굼부리가 형이고

---

20)   이 원고는 2004년 3월 5일(금)자로 실린 일부 원고의 전문이다.

<사진 29> 까끄레기오름(Naver 위성사진에 의해 재구성, 2024. 4.).

까끄레기오름이 동생이다. 두 오름의 산체를 비교해보더라도, 까끄레기오름이 산굼부리 안으로 쏙 빨려 들어갈 것 같은 분위기를 준다. 그렇게 생각하다 보니, 서로 자리 잡은 모습조차도 더욱 다정한 형제처럼 다가온다.

오름 정상에 서면 아담한 산체가 한눈에 들어온다. 분화구는 거의 원형에 가까우면서도 정남 방향으로 아주 작게 개구(開口)된 형태를 보인다. 분화구는 분화 활동 후에 외륜부가 무너져 내리면서 많이 메워진 것으로 생각된다. 따라서 경사도가 심하지 않기 때문에 오름 정상부에서 분화구 안으로 걸어 들어가는 데도 보통 길을 산책하는 듯한 느낌이다.

분화구 안쪽과 능선부에는 모두 7기의 묘가 들어서 있다. 이처럼 작은 오름에 묘가 많이 자리 잡은 배경은 정상부에서 분화구 안을 들여다보면 쉽게 이해할 수 있다. 분화구 안은 험하지 않고 더욱이 키 큰 나무들이 없어서 쉽게 양지(陽地)가 조성되고 있었다. 따라서 누가 봐도 조상을 모시는 데 주저하지 않을 최적의 장소라는 생각이 들 정도였다. 그래서인지는 모르나, 유난히 분화구 한가운데에 조성된 두 기의 묘가 돋보였다. 묘의 형식이나 돌담의 이끼 등으로 미루어 보아, 늦어도 1970년대 중반 이전에 조성된 듯 보였다.

분화구 안에서 한 가지 놀란 것은 제주조릿대가 한쪽 구석을 채워가고 있었다는 사실이다. 현재 조릿대가 자생하는 주변 상황을 유추해 볼 때 그동안 서식지가 꽤 확산한 듯한 느낌을 주었다. 조릿대가 번져 있는 면적은 대략 200~300여 평 정도이지만, 분화구 안 면적이 그다지 넓지 않은 점을 고려하면 조릿대가 차지하는 면적도 결코 무시할 수 있는 비중은 아니다.

문제는 왕왕 논란이 되는 제주조릿대의 확산이 긍정적이냐 부정적이냐 하는 측면이다. 식생 전문가가 아니라 확실한 답을 내릴 수는 없으나, 오름 분화구 안에 서식하고 있는 제주조릿대, 이대 또는 왕대의 확산 문제는 오름의 경관 보존이나 자생식물의 육성·보전이라는 차원을 고려할 때 매우 중요한 사안이 아닐 수 없다. 더불어 이들 식생이 원래부터 자생하던 것인지, 누군가에 의해 인위적으로 이

입(移入)된 것인지에 대한 사실 여부도 문제해결을 위한 접근단계에서는 매우 중요하다.

까끄레기오름은 2000년 시점에서 볼 때 북제주군이 소유하는 것으로 나타난다. 그리고 탐사 시점에서 조릿대의 생육 정도를 관찰할 때는, 극히 짧은 기간에 조릿대가 확산한 것 같지는 않아 보였다. 행정기관 혹은 어느 개인의 특별한 용도로 이식된 것이지, 아니면 원래부터 자생하고 있었는지부터 조사해 볼 필요가 있을 것이다.

분화구와는 달리 오름의 능선부는 거의 억새로 가득 차 있다. 이런 점에서 까끄레기오름은 가을철에 제멋을 내는 오름이라 할 수 있다. 이런 상황이니만큼, 제주조릿대 확산 문제도 주변 식생과의 관계를 고려하며 조심스레 접근해 봄이 좋을 듯하다.

신비스러운 분위기를 연출하는 오름,
물영아리[21]

　　　　　　　　　　수령산(水靈山) 또는 수령악(水靈岳)이라
고 불리는 물영아리는 남원읍 수망리 지경의 남조로(1118호선) 변에 있
다. 물영아리는 이름 자체에서도 느낄 수 있듯이, 오름을 좋아하는
사람들에게는 신비스러운 이미지와 분위기를 안겨주는 오름이다. 특
히, 그러한 느낌은 오름 정상부 능선에 올라서서 분화구 안의 산정
화구호(山頂火丘湖)를 바라볼 때 더더욱 절실하게 다가온다.

　　물영아리는 주변의 오름들과 비교해보면 다소 산체가 크며, 또한
지형도상에서 보는 오름 자락의 외부 형태도 정상부의 원형 분화구
와는 달리 아메바처럼 자유롭게 뻗어 있다. 그만큼 멀리서 바라보는
오름의 외부 형태와 정상부 능선에서 바라보는 분화구의 내부 형태

---

21)　이 원고는 2004년 4월 9일(금)자로 실린 일부 원고의 전문이다.

는 매우 대조적이다.

물영아리는 508m의 높이를 자랑하지만, 주변 들판의 평지와 비교되는 비고(比高)에서는 128m밖에 되지 않는다. 그렇지만, 안내자의 뒤를 따라 올라가는 등산로는 마치 산신령이 분화구의 내부를 보여주질 않을 기세인 듯 가파르기 그지없다.

가파른 등산길을 30여 분 정도 올라가면, 그때서야 감춰져 있던 비밀스러운 보따리 속을 들여다볼 수 있다. 둥그렇게 물이 고여 있는 산정화구호의 여유로운 자태가 힘들었던 여정(旅情)을 말끔히 가시게 한다. 산정화구호는 둘레가 300여m, 분화구의 깊이는 40여m로 알려진다.

물영아리의 산정화구호는 특별히 허락을 받은 사람이어야만 감상할 수 있다. 그만큼 오름 정상에 위치하는 습지의 중요성이 널리 인식되어, 환경부가 보호구역으로 관리하고 있기 때문이다. 그래서 그런지, 오름 사면의 나무들은 물론 분화구 안의 습지식물 하나하나가 매우 희귀하고 진귀한 존재로 다가온다.

넓은 오름 사면에는 상록활엽수림과 낙엽활엽수림이 나름대로 저마다 영역을 차지하고 있는데, 이들 중에서도 유달리 삼나무를 비롯하여 참식나무, 때죽나무, 예덕나무, 꽝꽝나무 등이 자주 눈에 들어온다. 그리고 분화구 안에는 물고추나물, 둑새풀, 세모고랭이, 보풀, 고마리 군락 등이 자생하며, 큰 나무 밑의 음지에는 금새우난, 섬새우난, 큰천남성 등도 자생하고 있다. 또한 직접 목격할 수는 없었지

〈**사진 30**〉 물영아리오름 분화구(2005. 11.).

〈사진 31〉 물영아리오름 분화구(2003. 6.).

만, 야생동물인 독사나 꽃뱀, 오소리와 노루 등도 많은 수가 서식한
다고 보고되고 있다. 야생동물들의 실상은 실제로 정상부의 능선을
따라 걷다 보면, 여기저기에 파놓은 오소리 굴이나 노루의 변(便) 등
을 통해서 쉽게 확인할 수 있다. 그야말로, 물영아리는 제주도의 자
연생태계나 습지성 동식물의 보호를 위해 매우 중요한 공간이다.

물영아리에는 한 젊은 청년과 소에 얽힌 전설도 전해져 온다. 소
를 잃어버린 한 젊은이가 소를 찾아 헤매다가 오름 정상까지 올라오
게 되었다. 젊은 목동이 기진맥진하여 쓰러져 있는데, 한 백발노인

이 나타나 "네가 잃어버린 숫값으로 이 산꼭대기에 큰 못을 만들어 놓을 것이다. 너는 가서 부지런히 소를 기르면 살림이 궁색하지 않게 될 것이다."라고 하였다. 그 이후부터 물영아리의 산꼭대기가 넓게 파이고 물이 출렁거리게 되었고, 이름도 물영아리라고 부르게 되었다는 것이다. 그리고 물영아리 정상에 고여 있는 물은 아무리 가뭄이 들어도 마르지 않아서, 가뭄에도 항상 소들이 자유롭게 이용할 수 있게 되었다고 한다.

이 같은 전설을 간직한 물영아리의 신비스러움은 신록이 우거지고 수분 공급이 자주 일어나는 여름과 가을로 이어지면서 절정에 달한다. 따라서 개인적으로는 그러한 계절에 많은 사람이 방문하여 자연의 신비함과 오묘함을 느끼며, 제주의 자연 공부를 할 수 있었으면 하는 바람이 있다. 오름의 인위적인 파괴 행위를 최대한 방지하면서, 자라나는 청소년들의 자연학습장으로 활용될 수 있는 그날을 기대해본다.

산정(山頂)에 물이 출렁거리고 신령스러운 오름, 물찻오름[22)

물찻오름! 오름을 자주 찾는 사람이라면 그 이름만 들어도 마음이 설레는 오름이다. 그것은 다름 아닌 도내의 오름 중에서는 가장 물을 풍부하게 간직하고 있는 오름이자, 분화구에 호수를 이고 있어 신비스럽고 신령스러운 오름이기 때문이다. 그러나 한편으론 숲을 이룬 오름 능선을 올라가면서도, 과연 분화구 안에 물이 담겨 있을지 의문을 자아내게 하는 오름이기도 하다.

물찻오름의 신비스러움은 오름 이름에서도 확인된다. 오름 이름을 본격적으로 연구한 오창명 교수에 따르면, 물찻의 원래 어원은 '물 잣'으로 그 이름은 분화구 안에 "물이 고여 있고 그 주변에 돌이 잣

---

22) 이 원고는 2004년 5월 7일(금)자로 실린 일부 원고의 전문이다.

(城)과 같이 둥그렇게 쌓여 있다고 해서 붙여졌거나 혹은 오름 주변의 봉우리가 낭떠러지를 이루고 있다는 데서 붙여졌을 것"이라고 설명하고 있다. 아울러, 또 다른 이름인 "검은오름은 일제강점기의 지형도(1:25,000)에 표기된 이후에 사용된 것"으로, 본래의 이름이 아니라고 했다.

고문헌에는 물찻오름이 水城岳(물잣오름)이나 勿左叱岳(물잣오름)으로 표기되어 나타나기도 한다. 앞서 해석한 '물잣'의 의미에 제대로 어울리는 한자어다. 그러고 보면, 두 한자어는 옛 선인들의 자연관이 잘 반영된 이름이 아닌가 생각된다.

물찻오름 정상까지 걸리는 시간은 가까운 도로에서 약 30~40분 정도이지만, 등산로는 매우 험하고 급했다. 화구륜을 따라 한 바퀴를 도는 데도 나무들이 우거져 있는 데다가 군데군데 경사가 급해 짧은 시간으로는 무리일 듯싶었다.

화구륜을 따라 반쯤 돌고는 물이 고여 있는 분화구 안으로 내려갔다. 오름 정상을 탐방한 후에 분화구에서 물을 만나는 기분은 아주 새로울 수밖에 없다. 지형도상에서 보면, 물찻오름의 분화구는 거의 원형에 가까우나 정작 물이 고인 부분은 동서로 길쭉한 타원형으로 나타난다. 그렇지만 화구호에 담긴 물을 감상하다 보면, 산정호수라는 이미지 때문인지 호수의 형태가 원형인지 타원형인지 생각할 겨를도 없이 자연스레 환성부터 쏟아져 나온다.

한편으론 자연을 대하는 마음이 바로 이런 게 아닌가 하는 생각도

<사진 32> 겨울의 물찻오름 분화구(2005. 12.).

든다. 자연을 대했을 때, 보고 느낀 대로 그리고 생각나는 대로 자연
스럽게 이어지는 생각과 행동이 자연을 평가하는 최고의 방법이 아
닌가 싶다. 힘겹게 오른 오름에서 물이 출렁거리는 산정호수를 접할
수 있다는 것은, 산중에서 그 어떤 대상(對象)을 만나는 것보다도 각
별한 의미가 있다.

　도착 시점에서 화구륜을 반대편으로 돌다가 작은 '동굴'이랄까,
'궤'처럼 보이는 장소에 이르렀다. 그곳에는 작은 구멍이 땅속으로 연
결돼 있었는데, 주변부는 싱싱한 이끼와 수분을 담뿍 머금고 있었다.
정확한 용도를 확인할 길은 없었지만, 특별한 용도를 위해 작은 동

굴 주변을 돌담으로 둘러놓고 있었다. 돌담으로 두른 공간은 매우 좁아서 긴 쪽은 약 1m, 짧은 쪽은 50cm 정도였다. 언뜻 보기에는 겨울철 한 사람이 추위를 피하기에 알맞은 피신처이거나 또는 음용수를 취수(取水)하기에 적당한 돌담 시설이라 해야 좋을 듯했다.

화구륜의 또 다른 지점에는 돌탑 2기가 보기 좋게 쌓아져 있었다. 돌탑의 높이는 대략 170~200cm 정도 돼 보였는데, 돌탑 높이만큼이나 물찻오름을 찾는 탐방객들의 애정과 마음 씀씀이가 풍겨오는 듯했다. 누군가 혼자의 힘으로 이룬 개인 작품인지, 여러 사람이 힘을 합해 만든 공동작품인지가 자못 궁금해졌다. 문득 후자일 가능성에 더 많은 점수를 주고 싶은 건 왜일까. 물찻오름이 한 개인의 소유물이 아니라 오름을 좋아하는 모든 사람의 소유물이라는 평범한 생각이 강했기 때문이 아닐까 싶다.

분화구 안쪽 북서 사면의 한 지점에는 어른 4~5명 정도가 충분히 비나 추위를 피할 수 있는 자연 암반인 '궤'가 자리 잡고 있었다. 자세히 살펴보니, 지면에는 돌을 평평하게 깔아 놓았고, 암반의 내부도 부분적으로는 상층부 공간을 확보하기 위해 손을 댄 흔적이 보였다. 다시 말해, 인공적으로 공간을 확보하기 위해 노력한 흔적이 역력해 보였다. 무엇보다도 중요한 것은 인공적인 공간이 마련된 지점은 분화구 안쪽 사면인데도 불구하고, 주변부의 오름 능선에 사람들이 지나다니는 상황을 쉽게 감지할 수 있는 곳이었다는 점이다.

왜 이처럼 높은 오름 사면에 인위적인 공간이 자리 잡고 있는지

쉽게 이해되지는 않았지만, 연결고리의 하나로 혹여 제주4·3사건과 관련지을 수 있지 않을까 하는 생각이 들었다. 4·3사건 당시 어느 일 가족이 일시적인 피신처로 사용하기 위함이었거나 아니면 무장대가 은신처로 사용하기 위한 목적에서 마련한 것은 아니었을까. 바로 앞에는 물이 충분하게 있고, 주변의 큰 나무들과 자연 암반으로는 추위를 피할 수 있기에, 얼마든지 그럴 만한 장소라는 생각이 들었다.

이러한 사실을 입증이라도 하듯이, 탐사단에 동행한 한 여성이 바로 옆에서 녹슨 철모를 발견해 냈다. 모두가 깜짝 놀랐지만 엄연한 사실이었다. 철모는 위로 솟은 머리 부분은 완전히 삭아서 없어지고, 둥그런 주변부만 녹슨 채 남아있었다.

어떻든 녹슨 철모와 인공적인 공간과의 관계를 확실히 밝혀내려면 본격적인 조사가 필요할 것이라는 생각이 절실했다. 더불어 물찻오름에는 의외로 제주 사람들의 발자취가 많이 남아있을 것 같았다.

이번 물찻오름 탐사에서, 제주도민의 중요한 발자취를 발견할 수 있었던 것은 뜻밖의 큰 행운이었다. 이 중요한 발자취에 얽힌 사연을 산정화구호는 분명히 알고 있을 것이라는 생각을 하며 아쉬운 발길을 돌렸다.

중세의 성채(城砦)를 연상케 하는 오름,
성널오름[23]

성널오름은 한라산국립공원의 동남쪽에 자리 잡고 있으며, 주변에 위치하는 오름들과 비교하면 매우 큰 산체(山體)를 자랑한다. 성널오름은 한마디로 표현하자면, 넓은 가슴을 지닌 아버지 같은 오름이라 할 수 있을 것 같다.

성널오름의 남~남동쪽에는 특히 중세의 성채(城砦)를 연상케 하는 '성널(城板)'이 높게 솟아있어 접근하는 사람들을 놀라게 한다. 표고 약 1,000m 지점에서 바라보는 '성널'의 위용은 정말 심장이 멎어버릴 듯한 섬뜩한 분위기를 자아낸다.

'성널'은 널판과 같은 암석 덩어리가 상부에 덮여 있던 피복물이 걷히면서 드러난 것인데, 이 암석은 현무암보다는 기공(氣孔)이 적고

---

23) 이 원고는 2004년 6월 25일(금)자로 실린 일부 원고의 전문이다.

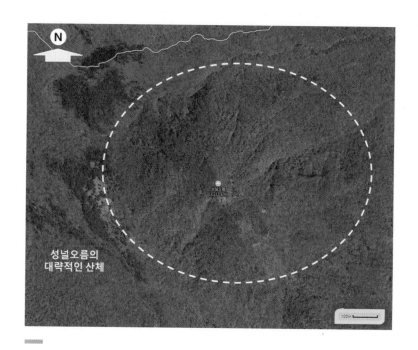

〈사진 33〉 성널오름의 산체(Naver 위성사진에 의해 재구성, 2024. 4.).

암석의 결정구조가 치밀한 조면암이다. '성널'의 규모는 높이가 약 30~50m로서 1km 정도 연결되어 나타난다. 성채와 같은 바위틈 곳곳에는 수줍은 듯 몸을 움츠린 부채손이 군락을 이루고 있었다. 그 모습은 마치 성널오름을 지키는 신선이 온갖 조화를 부리며 꾸며놓은 암벽화원(岩壁花園)이란 생각이 들 정도였다.

성널오름으로 향하는 중간 길목에는 폭포 하나가 있어 행인들의 마음을 끌어당긴다. 지금은 거의 잊혀버린 성널폭포다. 성널폭포는 한때 물맞이 객들로 붐비었을 정도로 인기가 높았다고 한다. 폭포의 높이는 어림잡아도 15m 정도는 돼 보였지만, 아직 장마철이 아니어서 그런지 6월의 물줄기는 그다지 시원스럽지 못했다.

성널오름은 빽빽하게 자란 나무숲이 좀처럼 길을 열어주지 않아, 정상에 발을 들여놓기가 간단치 않았다. 정상에 오르고 나서도, 어디가 분화구인지 가늠하기 어려울 정도로 방향감각을 상실케 했다. 바로 이 점이 성널오름의 특징을 잘 보여주는 배경이라 할 수 있다. 성널오름의 분화구는 한가운데가 아주 낮고 둥그런 형태로 파여 있지만, 분화구를 벗어나면서부터는 북서~남동 방향으로 길쭉한 타원형의 지형이 능선부를 이루며 이어진다. 따라서 분화구 안에 발을 딛고 있으면서도, 오름 능선에 서 있는 듯한 착각을 하게 된다. 물론, 이 모든 것은 주변 지구를 무성하게 뒤덮고 있는 나무숲 때문이다.

그래서인지, 성널오름은 정상에 올라서서 감상하기보다도 멀리 떨어져서 감상하는 것이 훨씬 잘 어울리는 오름이라 할 수 있다.

미지의 두 오름,
성진이오름과 테역장오리[24]

　　　　　　　　　　5·16도로 변에서 출발하여 성진이오
름(星珍岳)과 테역장오리(올)를 차례로 탐사했다. 이 두 오름은 오늘날
의 지형도에는 이름조차 등재되지 않은 오름들이다. 탐사 후에 나름
대로 관련 문헌을 찾아보았지만, 아직도 오름 이름의 유래조차 시원
스럽게 밝혀져 있지 않았다. 두 오름의 정상을 향해 걸을 때도 사면
능선에 빽빽이 들어선 나무들 때문에, 오름의 전체적인 생김새가 어
떤 모습인지 전혀 감을 잡을 수 없었다. 그만큼 두 오름은 필자에게
미지의 오름으로 다가왔다.

　한 가지 흥미로운 사실은 테역장올(오리) 주변에는 물장올(水長兀),
쌀손장올(沙孫長兀) 및 화장올(火長兀: 불칸디오름)이라는 오름들이 자리

---

24)　이 원고는 2004년 7월 16일(금)자로 실린 일부 원고의 전문이다.

<사진 34> 테역장오리와 주변부의 오름군(임재영 촬영, 2020. 7.).

잡고 있다는 점이다. 몇몇 고지도(古地圖)에도 분명히 등장하고 있듯이, 이들 4개의 오름 이름에는 공통으로 '장올(長兀: 장오리)'이란 단어가 사용되고 있다. 이런 정황으로 보아, 분명히 '장올'이란 단어에 특별한 의미가 있을 것으로 짐작된다. 그러나 지금까지도 '장올' 또는 '장오리'의 뜻은 정확히 밝혀진 바 없다. 우리의 선조들이 사용하던 지명이 오랜 시간이 흐르면서 묻히고 동시에 의미도 잃어버린 것이다. 후손인 우리 세대가 반드시 그 의미를 찾아 복원해야 할 지명이기도 하다.

성진이오름은 정상부인 분화구가 접시 모양처럼 아주 낮게 파여 있으면서도 남동 방향으로 개구(開口)된 형태를 보인다. 그리고 동서로 길고 완만한 타원형 분화구가 남북 방향에서 끌어올려지는 듯한 지형적 구조를 취하고 있다. 성진이오름은 나무숲으로 인해, 그 형태가 정확히 원추형인지 말굽형인지를 가려내기가 몹시 어렵다. 테역장오리는 북쪽으로 개구된 말굽형 오름이다.

테역장오리로 향하는 북서 사면(해발 약 750m 지점)에서는 원형처럼 잘 보존된 숯가마 하나를 관찰할 수 있었다. 숯을 굽는 가마의 내부와 배연구 및 불을 지피는 아궁이까지 아주 잘 남아있었다. 지금까지 탐사하는 과정에서 숯가마를 발견한 것은 이번이 처음이었다. 그만큼 숯가마의 발견은 제주 선조들이 살아온 삶의 궤도를 조명하는 데 필요한 가치 있는 일이라 할 수 있다.

숯가마는 숲속의 경사지를 이용하여 땅을 약 1.5m 정도 파낸 다음, 안쪽 내부를 동그랗게 돌아가면서 약 110~150cm 높이로 지면까지 현무암을 쌓아 올린 형태였다. 정확한 규모를 보면, 가마의 좌우(장축)는 320cm, 상하(단축)는 280cm 정도였고, 불을 때는 아궁이(입구) 쪽은 폭이 약 90cm였다. 그리고 가마 내부의 면적은 약 1.5평 남짓으로 다소 작아 보였다. 따라서 한 가족 단위로 숯을 구웠거나 성인 남성 두 사람 정도가 짊어지고 갈 분량의 숯을 제조한 것으로 추정해볼 수 있었다.

숯가마가 위치하는 지점은 한라산국립공원 내에 속하기 때문에, 가마를 이용한 시기는 대략 35년 전으로 거슬러 올라간다. 한라산과 주변 지역은 일단 1966년 10월에 천연보호구역으로 지정되었고, 다시 1970년 3월에는 국립공원으로 지정되었기 때문이다.

아무튼, 숯은 제주도민들의 생활에서도 없어서는 안 될 중요한 연료였음이 분명하다. 그렇기에, 이번에 발견한 숯가마는 제주도민들의 생활사를 밝히는 데 매우 중요한 단서가 될 것으로 기대되었다.

볼레오름(佛來岳)과
존자암(尊者庵)[25]

　　볼레오름은 한라산국립공원 내 영실 기암(靈室奇岩) 서쪽에 자리 잡은 오름으로 북서 방향으로 개구(開口) 된 말굽형 오름이다. 이 오름에는 두 개의 정상이 있는데, 북동쪽의 것은 해발 1,367m이고 마주하는 남서쪽의 것은 해발 1,374m를 보인다.

　볼레오름의 남서쪽 정상에 서면 산방산, 월라봉, 군산, 삼매봉 등 해안가의 오름은 물론이고 형제섬과 범섬, 중문해수욕장 및 서귀포항 등 사계 해안에서 서귀포 해안으로 이어지는 아름다운 파노라마 경관을 한눈에 감상할 수 있다. 여기에 더불어, 영실(휴게소)을 중간 기점으로 하는 한라산국립공원 내의 넓고 푸른 숲은 사람들의 마음을 순식간에 열어젖혀 시원함의 극치를 맛보게 한다.

---

25)　　이 원고는 2004년 10월 8일(금)자로 실린 일부 원고의 전문이다.

지명을 연구하는 도내의 한 연구자에 따르면, 여러 고지도(古地圖)에는 볼레오름의 이름이 포애악(浦涯嶽), 볼라악(曹羅岳), 존자악(尊者岳) 및 포라악(鋪羅岳) 등으로 표기되어 나타나고, 일반 주민들 사이에서는 불래악(佛來岳)으로 불린다고 하였다. 이들 오름 이름에서도 확인할 수 있듯이, 볼레오름에 대한 몇몇 이름은 볼레오름의 남서 사면(해발 약 1,100m)에 자리 잡은 존자암(尊者庵)에서 유래한다는 사실을 알 수 있다.

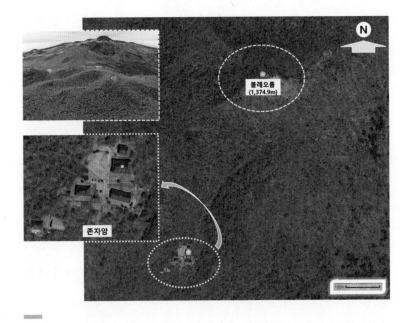

〈사진 35〉 볼레오름과 존자암(왼쪽 위: 임재영 촬영, 2020. 7. / 오른쪽: Naver 위성사진, 2024. 5.).

이처럼 사찰 이름이 오름 이름으로도 사용된 것으로 보아, 존자암이라는 사찰은 대단히 오래전에 건립되었을 것이라는 추측을 가능하게 한다. 더불어 진실 여부를 떠나, 당시 존자암의 지위나 위세도 상당했을 것이라는 생각을 갖게 한다.

일설에 의하면, 존자암은 석가모니의 여섯 번째 제자(第六尊者)인 발타라(跋陀羅)와 구백나한(九百羅漢)이 거주했던 암자로서 남방불교의 전래지일 것이라는 주장이 제기되었다. 그러나 1992년~1996년에 제주대학교 박물관이 발굴해 낸 자료에 따르면, 존자암은 고려시대 말~조선시대 초에 세워진 암자(庵子)로서 고승(高僧)들이 기거하며 수도하는 장으로 이용되었을 것으로 추정하고 있다.

수차례에 걸쳐 발굴한 결과, 존자암과 관련되는 건물지, 부도(浮屠), 탑지 추정지, 적석(積石) 시설과 명문(銘文) 기와 조각, 명문 백자편 및 청자 편 등 많은 유물이 출토되었다. 이들 중에서도 특히 부도는 팔각대석과 사리공(舍利孔) 등 독특한 형태의 양식을 보이는 것으로서 제주도 내에서는 유일한 것으로 평가되고 있다. 따라서 이 부도는 제주도로 불교가 전래되었던 역사적 사실과 관련되는 매우 중요한 유물이라 할 수 있다.

이상과 같이, 볼레오름은 남서 사면에 입지하는 존자암의 존재로 인하여 한층 더 신비함에 휩싸인 오름으로 다가온다. 영실 코스로 등산하는 사람들은 한 번쯤 볼레오름 능선에 자리 잡은 존자암(지)을 방문하여 오랜 역사의 향취를 느껴보는 것도 좋을 것이다.

오름의 리더 격인
어승생악(御乘生岳)26)

　　　　　　　　　　　어승생악은 제주도민들에게는 너무
나도 잘 알려진 오름 중 하나다. 이 배경에는 어승생(한밝) 수원지의
존재와 함께 임금님이 타는 말(어승마)과 관련된 전설적 이야기가 널
리 알려져 있기 때문이다. 어승생악은 제주시 해안동(산 220-1번지)에
위치하며 어리목 광장의 한라산국립공원 관리사무소 뒤편에 자리 잡
고 있다.

　어승생악은 많은 오름 중에서도 리더 격인 양 늘 우람한 산체로
위엄을 자랑한다. 이에 대해서는 어승생악과 관련된 두 가지 사실만
확인해 보면 쉽게 이해할 수 있다. 어승생악의 비고(比高)는 350m로
오백나한(389m)에 이어 두 번째로 높으며, 산체가 차지하는 면적도

---

26)　이 원고는 2004년 11월 5일(금)자로 실린 일부 원고의 전문이다.

<사진 36> 어승생악 전경 (임재영 촬영, 2020. 2.).

254ha로 군산(284ha)에 이어 두 번째로 넓은 지위를 차지한다. 또한 한라산 정상 가까운 곳에 큰 몸집으로 자리 잡고 있으면서, 아래쪽의 여러 오름을 거느리고 있는 듯한 자태 역시 리더로서의 품격을 지닌 듯하다.

1702년 이형상(李衡祥) 목사가 제작한『탐라순력도』(耽羅巡歷圖)에는 어승생악이 '어승생(御乘生)' 또는 '어승악(御乘岳)'으로 표기되고 있다. 따라서 현재 사용하고 있는 어승생악이라는 이름의 역사도 꽤 오래되었음을 이해할 수 있다.

<사진 37> 어승생악 정상부 동굴진지(2006. 6.).

어승생악은 탐방하는 모든 사람에게 최적의 자연학습장으로 권장할 만하다. 가장 먼저 권장하고 싶은 것은 오름의 형성과정에 대한 것이다. 어승생악은 크게 2회에 걸친 분화 활동으로 형성된 것인데, 첫 번째의 분화는 오름의 허리 부분까지를 만들었고 주로 조면암과 함께 검은색의 화산회(火山灰)를 분출하였다. 두 번째의 분화는 현재의 분화구에서 이루어졌으며, 주로 붉은색 송이(scoria)를 분출하여 산체의 높이를 더했다. 오름을 오르다가 산허리 부근에서 검은색 화산회(또는 조면암)와 붉은색 송이를 비교하여 살펴볼 수 있다면, 어승생악이 지니는 비밀은 다소나마 풀린 셈이다. 그리고 오름 정상에서는 화구호(火口湖)의 비밀에 대해 상상의 나래를 펴는 것도 좋은 자극제가 될 것이다.

오름 탐방에서 항상 놓칠 수 없는 공부 거리는 다양한 식물이라할 수 있다. 친절하게도, 어승생악의 등반로에는 수종에 따라 제각기 이름표를 달아놓았다. 가령 어느 오름에서나 흔하게 볼 수 있는 때죽나무, 산딸나무, 물참나무, 단풍나무, 윤노리나무 등을 비롯하여 전문가가 아니면 이름조차 생소하게 다가오는 가막살나무, 팥배나무, 음나무, 참빗살나무, 산개벚지나무 등도 모든 탐방객을 가리지 않고 반갑게 맞아들인다.

어승생악 정상에서는 제주 역사에 관한 공부도 가능하다. 정상 한쪽에는 일제강점기 때 만들어진 진지동굴과 토치카(tochka) 등이 콘크리트 구조물 형태로 남아있다. 일본군은 어승생악의 정상뿐만 아니라 오름 허리의 여기저기에도 진지동굴을 만들었고, 더불어 제주도의 요새라고 생각되는 여러 오름이나 해안가에도 거의 빠짐없이 다양한 군 시설물을 구축하였다. 이들은 일본군이 태평양전쟁 막바지에 다다르자, 제주도를 '결전 7호 작전' 지역으로 결정하면서 준비한 결과물들이다. 한 가지 결코 잊어서는 안 될 사실은 어승생악의 진지동굴이나 토치카를 건설하는 데도 많은 한국인이 동원되어 강제노역을 당했다는 점이다.

어승생악을 탐방하게 되면, 제주의 자연과 역사가 우리 눈앞에 저절로 다가온다. 특히 오름 정상에서 바라보는 백록담과 좌우로 길게 이어지는 오름군, 그리고 그 아래로 이어지는 Y계곡은 빼어난 제주 자연을 대표하는 절경 중 하나다.

올 한 해가 다 지나기 전에 어승생악을 탐방하여 빼어난 경관 감상과 함께 제주의 자연과 역사에 대해 학습해보기를 적극적으로 권한다.

형제처럼 나란히 서 있는 두 오름,
큰노꼬메오름과 족은노꼬메오름[27]

애월읍 유수암리 지경, 제1산록도로 언저리에서 직선거리로 약 350m 지점에 큰노꼬메오름과 족은노꼬메오름이 자리 잡고 있다. 두 오름은 북동~남서 방향으로 다정히 자리 잡고 있다. 두 오름은 거의 비슷한 방향으로 개구(開口)돼 있는 말굽형(북서향) 오름이며, 또 정상부도 똑같이 남북으로 두 개씩 형성돼 있는 오름이다. 역시 형제다운 모습이다.

큰노꼬메오름은 오름 사면의 2/3 정도가 여러 수종의 나무로 채워져 숲을 이루고 있고, 1/3 정도는 제주조릿대 군락으로 뒤덮여 있다. 특히 제주조릿대 군락은 오름 사면의 2/3 지점에서부터 무성하게 자리 잡고 있는데, 유난히 동쪽 사면으로 많이 번져 있다. 이 조

---

27)   이 원고는 2004년 12월 3일(금)자로 실린 일부 원고의 전문이다.

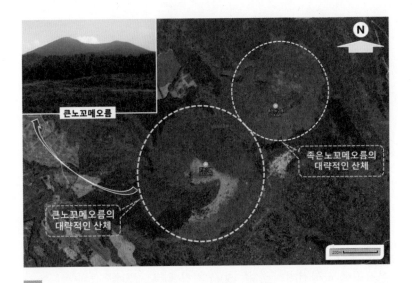

〈사진 38〉 큰노꼬메오름과 족은노꼬메오름(왼쪽 위: 2016. 6. / 오른쪽: Naver 위성사진, 2024. 5.).

릿대 군락은 어른 키의 허리 부분까지 올라올 정도로 왕성한 생육상태를 보인다. 족은노꼬메오름은 사면 전체가 숲이라 해도 좋을 만큼 가시덤불과 함께 잡목림으로 뒤덮여 있다.

큰노꼬메오름의 최고봉은 해발 834m, 족은노꼬메오름의 최고봉은 774m로 그 차이는 약 60m이다. 멀리 도로 쪽에서 바라보노라면, 충분히 그 높이의 차이를 헤아리고도 남음이 있다. 두 오름을 동시에 탐사하고 나서야, 왜 그리도 큰노꼬메오름 쪽이 힘이 들었고, 몸을 움츠리게 했으며, 주위에 신경을 써야 했는지를 이해할 수 있다.

큰노꼬메오름의 사면 경사는 너무나 급하여 오르기도 힘들지만 내려오기도 힘들다. 가령, 필자처럼 특별한 목적을 띠고 오름을 찾는 사람이라면, 1회 정도의 탐사로도 충분하다는 생각이 절로 들게 만든다. 그야말로 큰노꼬메오름은 한번 오르고 나면, 당분간 도전하고 싶은 욕심이 사라지게 할 정도로 몸을 피곤하게 만든다.

그러나 정상에 섰을 때의 상쾌한 기분은 그런 고단함을 잊게 한다. 큰노꼬메오름 정상에 서면, 주변이 탁 트인 시원스러운 경관이 한눈에 들어오기 때문이다. 유난히 가까운 애월읍 지역의 여러 마을, 초지와 도로 그리고 숲과 오름들이 어우러진 주변 경관이 선명하게 다가온다. 자연과 인문환경 요소들이 어우러진 경관은 사람들이 왜 더불어 살아야 하는지를 깨닫게 한다. 한 가지 눈에 거슬리는 것이 있다면, 군데군데 유난히 높게 솟아있는 송전용 철탑이다.

큰노꼬메오름의 북서 방향으로는 용암류가 분화구 쪽에서 흘러가면서 만들어 놓은 암설류(岩屑流)가 여기저기에 널브러져 있다. 큰노꼬메오름에서 분출한 용암류가 흘러가는 도중에 휴식을 취한 흔적이라 할 수 있다. 어찌 보면 그 모습은 인위적으로 조작한 듯한 느낌을 주기도 한다. 그러나 그런 느낌만으로는 이해되지 않는 것이 암설류의 분포 범위가 꽤 넓다는 사실이다.

그럴듯한 언덕 모양의 암설류가 끝나는 지점부터는 키 작은 가시덤불과 함께 독특한 식물로 구성된 곶자왈 지대가 나타난다. 이곳은 말하자면, 애월곶자왈의 일부이다. 오름 정상에서 보면, 곶자왈은 주변의 경관과는 쉽게 구별된다. 그만큼 곶자왈의 하부를 이루는 용암류의 구성 상태는 특이하다 할 수 있으며, 동시에 그런 용암류가 깔린 지대에는 나름대로 그에 부합되는 독특한 식물들이 자리를 잡고 있는 것이다.

최근, 지역 내 언론에서는 곶자왈이 무차별적으로 파괴되고 있음을 계속 보도하고 있다. 안타깝지만 현실이다. 이런 현실을 생각하고 있자니, 큰노꼬메오름에서 보는 애월곶자왈은 탐사단에게 무언의 암시를 던져주는 듯했다. 곶자왈은 언제나 곶자왈이어야 한다는 메시지가 아닐는지.

금악마을의 진산(鎭山),
금오름(금악)[28]

금오름(今岳)은 한림읍 금악마을의 진산(鎭山)이다. 금오름은 한라산 자락으로부터 계속 뻗어져 내려오는 험한 산세(山勢)를 막아내는 듯한 형국으로, 금악마을의 남동쪽에 위엄스럽게 자리 잡고 있다. 이러한 상황은 금오름 정상에 올라서서 마을 쪽을 내려다보면, 한층 더 그러한 분위기를 느낄 수 있다. 금오름과 같이 험하지 않은 산 하나를 지척에 두고, 마을이 들어설 수 있다는 것은 제주도만이 누릴 수 있는 자연의 혜택이자, 또한 제주 조상들의 지혜가 작용한 결과라 할 수 있을 것이다.

금오름은 『탐라순력도(耽羅巡歷圖)』와 같은 고지도에는 '흑악(黑岳)' 혹은 '금악(琴岳)' 등으로 표기돼 나타난다. 이와 함께 금악마을의 이

---

28) 이 원고는 2005년 3월 11일(금)자로 실린 일부 원고의 전문이다.

<사진 39> 금오름 전경(2015. 2.).

름도 '흑악촌(黑岳村)'으로 등장한다. 이런 배경에서, 금오름을 나타내
는 '今(금)', '琴(금)' 혹은 '黑(흑)'은 '신(神)'의 의미와 깊게 연관된 것으로
해석한다. 아울러, 최근 행정기관에서 세운 오름 표석에는 '검은오
름'으로 표기되어 있음을 확인할 수 있다.

금오름은 지방도인 한창로(1116호) 변에서 쉽게 접근할 수 있다. 이
도로변에서 오름 정상 부근까지는 시멘트로 포장되어 있는데, 이 도
로를 따라 25분 정도만 걸으면 정상에 도착할 수 있다. 금오름 탐방
에서는 한 가지 포인트를 잊어서는 안 된다. 그것은 오르는 중간마
다, 오른쪽 발아래로 펼쳐지는 파노라마를 감상하는 일이다. 가쁜 숨

을 고르며 인간과 자연이 합작해서 만들어 놓은 작품을 감상하는 일
은 또 다른 재미를 불러일으킨다.

먼저 형제처럼 가까이 인접해 있는 이달오름과 새별오름의 우아
한 자태가 볼 만하다. 마치 두 오름은 매끈하게 잘빠진 능선 자락을
자랑이나 하듯 뽐내고 있다. 또 달리 생각하면, 두 오름은 금오름 쪽
으로 달려와 안길 듯한 모습이기도 하다. 어떻든 등반자들의 마음을
부드럽게 하는 것은 역시 자연의 작품이라는 사실에 쉽게 동감할 수
밖에 없다.

이시돌 목장을 조성하면서 심어놓은 사각 형태의 삼나무 방풍림

〈사진 40〉 금오름 분화구(2010. 11.).

<사진 41> 금오름 주변 목장 경관(2010. 11.).

과 깨끗하게 정돈된 목장 용지도 제주 섬 어디서나 볼 수 있는 경관과는 크게 달라 보인다. 눈에 들어오는 농로와 집, 돈사(豚舍)와 목장 용지 그리고 방풍림과 못(池) 등 많은 인문적 요소가 목장을 조성하기 위해 오랜 세월에 걸쳐 발휘해 온 한 성인(聖人)과 제주도민의 손재주인 점을 생각하면, 더욱 정겹게 느껴진다.

   금오름은 두 개의 봉우리를 남북으로 두고 분화구가 좌우로 긴 타원형의 형태를 취하고 있다. 남쪽의 봉우리는 해발 428m, 북쪽의 봉우리는 404m이다. 분화구는 지형도상에서 볼 때 화구호(火口湖)로 나타나고 있지만, 일설에는 금악마을 사람들이 방목을 위해 인위적으로 조성했다는 이야기도 전해진다. 지형적으로 볼 때 1년 내내 물을 가둘 수 있을지는 판단하기 어려우나, 자연적으로도 충분히 물이 들어찰 수 있는 조건은 될 것으로 판단된다. 따라서 원래의 자연적 조건을 잘 이용하여, 더욱 많은 양의 물을 가둘 수 있도록 인위적으로 확장하여 조성한 것은 아닌가 생각된다. 탐사단이 찾았을 때는 겨울철이라 물은 고여 있지 않았다.

금오름은 정상부의 능선이 초지로 이루어져 있고, 능선 전체가 한눈에 들어오기 때문에 일주하는 데는 큰 어려움이 없다. 능선의 오르내림도 그다지 심하지 않다. 연인과 도란도란 얘기를 주고받으며 걷다 보면, 금세 일주가 끝나버릴 정도의 거리다.

새봄이 오는 길목에서, 가벼운 마음으로 한번 탐방해볼 만한 오름이 아닐까 여겨진다.

서부지역 원형 분화구의 본보기,
저지오름(楮旨岳, 鳥岳)[29]

저지오름은 서부지역의 한경면을 대
표하는 오름 중 하나다. 이런 사실은 오름 정상에 올라 분화구 안쪽
을 내려다보면 금세 실감할 수 있다. 저지마을의 동쪽에서 바라보는
저지오름은 제주도 내 어떤 곳에서나 흔히 볼 수 있는 단순한 오름
처럼 다가온다. 남북으로 비슷한 높이로 솟아있는 두 봉우리를 축으
로 하여, 분화구가 위치하는 중심부로는 아주 완만한 각도로 경사지
는 모습이다.

더불어 오름의 높이나 산체의 크기로 보더라도, 저지오름은 그다
지 위엄스럽지도 않거니와 그렇다고 해서 험한 분위기를 자아내지
도 않는다. 저지오름의 해발고도는 239m(북쪽 봉우리), 주변부의 평지

---

29) 이 원고는 2005년 4월 1일(금)자로 실린 일부 원고의 전문이다.

〈사진 42〉 저지오름 전경(2007. 10.).

와 비교되는 비고(比高)로는 104m이며 산체의 면적은 37.9ha이다.

저지오름 주변에는 크고 작은 오름들이 한 가족처럼 둘러앉아 있다. 바로 좌측으로는 가메창(암메, 비고 6m)과 이계오름(동, 38m)이, 북쪽의 우측 전방으로는 마오름(동 27m)과 송아오름(동 29m)이 자리 잡고 있다. 떨어진 거리로 보면, 가메창과 이계오름은 불과 100~200m 이내에 있고, 마오름과 송아오름은 각각 400m와 1,000m 정도를 유지하고 있다.

이들 오름을 지형도상에서 보면 마치 어미 닭인 저지오름이 4개의 알을 품고 있는 형국이다. 흔히 저지오름을 '새오름(鳥岳)'이라고도

부른다. 이런 이름이 등장하게 된 배경을 달리 해석해 보면, 오름 자체의 형상을 보고 판단한 것이 아니라 오히려 한 마리의 어미새(저지오름)가 새끼(가메창, 이계오름, 마오름 및 송아오름)를 거느리고 있는 형국에서 비롯된 것이 아닐까 하는 생각도 든다.

저지오름의 북서 사면에는 마을 공동묘지가 조성돼 있다. 저지오름은 북서 방향으로 완만하게 경사져 있어서, 마을 사람들이 공동묘지로 이용하는 데 매우 편리했을 것으로 여겨진다. 공동묘지를 지나 오름 정상으로 향하는 오솔길 등산로는 저지오름을 등반하거나 탐사하는 데 가장 편리한 코스이다. 공동묘지 방향에서 북쪽 정상까

〈사진 43〉 저지오름 분화구(2007. 10.).

지는 대략 20여 분 정도면 족하다. 그리고 북쪽 정상에는 탐방객들을 즐겁게 맞이하기라도 하듯 산불 예방을 위한 작은 초소가 설치돼 있다.

오름 사면은 주로 인위적으로 식재된 해송으로 덮여 있고 분화구 주변에는 크고 작은 잡목으로 뒤엉켜 있다. 따라서 분화구 안을 감상하려면, 특정 장소를 물색하지 않고서는 불가능하다. 우리 탐사단은 남쪽 봉우리로 향하는 중간 지점에서 분화구 안을 내려다볼 수 있었다. 저지오름의 분화구는 매우 가파른 원형을 취하고 있으며 깊이가 약 60여m, 둘레가 약 900여m 되는 것으로 알려진다.

저지오름 정상에 서면, 북쪽으로는 월림마을, 서쪽으로는 조수마을과 한원마을, 그리고 남쪽으로는 청수마을 등이 한적한 공간에 자리 잡고 있음을 확인할 수 있다. 이들은 제주도의 전형적인 중산간 마을로, 전원의 이미지를 물씬 풍겨주는 마을들이다. 아울러 북쪽 정상에서 가까운 한쪽 능선에는 저지마을의 본향당인 '저지 허릿당'이 자리 잡고 있다. 저지마을 사람들의 정신적인 의지처(依支處)라 할 수 있다.

이번 탐사에서 한 가지 아쉬운 점은 분화구 안으로 전혀 발을 들여놓지 못했다는 사실이다. 분화구 안쪽 사면이 급경사에다가 가시덤불과 잡목으로 뒤덮여 있어, 도저히 접근할 수 없었다. 분화구의 위용을 생각할 때, 언젠가 꼭 한번 탐사해보고 싶은 욕심이 들었다.

고산마을의 영산(靈山),
수월봉과 당산봉[30]

　　　　　　　　　　고산마을에는 우리에게 너무나 잘 알
려진 두 개의 오름이 있다. 다름 아닌 자구내 포구를 중심으로 동서
로 자리 잡은 수월봉(高山)과 당산봉(당오름)이다. 이 두 오름의 공통점
은 산체의 서사면이 해안을 끼고 있다는 점이다.

　수월봉과 당산봉은 수성화산(水性火山)체로서 가까운 천해에서 폭
발하여 산체가 형성되었으며, 산체는 화산재(灰), 화산사(火山砂), 화산
력(火山礫) 및 화산탄(火山彈) 등의 화산 쇄설성 퇴적층으로 이루어져 있
다. 특히 당산봉은 화산 쇄설성 퇴적층으로 형성된 산체가 커지면서
육상화(陸上化)된 이후에, 다시 이차적인 분출 활동으로 알오름(火口丘)
까지 만들어낸 오름이다. 말하자면, 당산봉은 두산봉이나 송악산과

---

30)　이 원고는 2005년 4월 15일(금)자로 실린 일부 원고의 전문이다.

<사진 44> 수월봉(2023. 9.).

같은 이중화산체이다.

　해안가 쪽에서 수월봉과 당산봉의 산체 주변을 유심히 관찰해보
면, 퇴적층에서 많이 나타나는 층리(層理)와 탄낭(彈囊) 구조가 아주 잘
발달해 있음을 확인할 수 있다. 물결무늬처럼 길게 이어지는 층리 구
조는 그저 바라보기만 해도 자연의 오묘함을 느끼게 한다.

　수월봉은 해발 78m의 아주 낮은 오름으로, 별칭인 고산(高山)과는
사뭇 다른 이미지를 풍긴다. 수월봉 정상에는 팔각정이 자리 잡고 있
다. 팔각정이 자리 잡은 지점은 동쪽으로는 넓은 '고산들'을, 서쪽으
로는 바닷가에 한가로이 떠 있는 차귀도와 눈섬(와도)을 전망하는 데
좋은 포인트가 되고 있다. 탁 트인 바다를 바라다보다 싫증이 난다

<사진 45> 당산봉(2023. 9.).

면 육지 쪽에 넓게 펼쳐진 들판을 바라보고, 또 넓은 들판이 싫다면 푸른 바다와 아기자기한 섬들을 감상하면 좋을 것이다. 특히 수월봉에서 전망할 수 있는 들판은 제주도에서는 가장 넓은 들판이란 사실도 함께 기억해 두는 것이 좋다. 제주도에서도 '평야(平野)'라고 부를 만한 곳이 있다면, 바로 이곳이기 때문이다.

팔각정에서 조금 떨어진 지점에는 2000년에 세운 수월봉 영산비(靈山碑)가 자리 잡고 있다. 이 비(碑)의 내용으로 볼 때, 수월봉은 오래전에 비가 내리지 않을 때면 동네 사람들이 모여 기우제(祈雨祭)를 지냈던 장소이기도 하고, 또 산에 영(靈)이 깃들어 있다 하여 영산(靈山)으로 신성시하던 대상이었음을 알 수 있다.

수월봉 남사면에는 고산기상대가 설치돼 있으며, 이 기상대는 서부지역의 기후를 관측하는 중대한 역할을 담당하고 있다. 수월봉과 관련하여 또 한 가지 잊어서는 안 될 것은 수월이와 노꼬라는 오누이의 애달픈 전설이다. 바닷가 쪽 사면 아래를 내려다보면서 수월이와 노꼬 오누이의 기막힌 사연을 한번 상상해 보는 것도 결코 무의미한 일은 아닐 것이다.

당산봉은 북쪽으로 U자형의 산체를 보이며 두 개의 봉우리를 지니고 있다. 바닷가에서 가까운 서쪽 봉우리에는 조선시대 때 봉수대가 설치돼 있었는데, 이름하여 당산봉수다. 당산봉수는 차귀진(遮歸鎭) 소속이었으며 북동쪽으로는 만조봉수(느지리오름), 남동쪽으로는 모슬봉수(모슬봉)와 연락을 취하고 있었다.

동쪽 봉우리에는 암석화된 퇴적층의 노두(路頭)가 드러나 있는데, 이를 '거북바위'라 부르고 있다. 이곳에서 바라보는 차귀도와 눈섬, 넓은 들판 그리고 고산마을을 가운데 두고 산재하는 오름(농남봉, 돈두미오름, 산방산, 송악산, 단산) 등의 전경은 수월봉 정상에서 감상하는 것과는 또 다른 차원의 묘미를 불러일으킨다. 오름 정상부 아래에 전후 좌우로 이어지며 펼쳐지는 파노라마 스타일의 경관은 분명히 색다른 감흥을 불러일으킨다.

끝으로 당산봉 서쪽 해안과 맞닿은 자구내 포구에서는 고산마을 사람들이 열심히 살아가는 모습을 접할 수 있다. 수월봉이나 당산봉을 탐방하고 나서 다소 시간적인 여유가 있다면, 그들과 세상 사는 이야기를 주고받는 것도 나름대로 각별한 인연을 맺는 일이 될 것이다. 그리고 자연에 의지하며 삶을 꾸려 가는 소박한 사람들의 모습이 자꾸 마음 한구석으로 끌려올 때는, 한 장의 사진으로 보관해 두는 것도 나그네의 처지에서는 필요할 것이다.

한라대맥 탐사를
마무리하며[31]

　　　　　　　　지난 4월 2일 한경면 고산마을의 수월
봉과 당산봉 탐사를 끝으로, '한라대맥을 찾아서'란 제하(題下)의 오름
탐사가 모두 마무리되었다. 2003년 9월 중순 무렵 우도의 쇠머리오
름 탐사에 첫발을 내디딘 후 약 1년 7개월 동안 이어진 셈이다. 탐사
위원으로서 나름대로 회고해 본다면, 시간상으로는 그리 긴 시간이
라 할 수 없으나 공간적으로는 '한라대맥(漢拏大脈)'이라는 키워드가 상
징적으로 의미하듯 꽤 넓은 지역을 감당하며 탐사해온 듯한 느낌이
든다.

　'한라대맥을 찾아서'란 기획에서의 탐사 대상은 주로 오름군(群)이
었다. 다시 말하면, 제주도의 최장축선(最長軸線)인 우도와 성산포 지

---

31)　　이 원고는 2005년 4월 29일(금)자로 실린 일부 원고의 전문이다.

역에서부터 한라산국립공원 내를 가로질러 고산 차귀도 앞 해안까지 남북으로 위치하는 중요한 오름들을 탐사하는 것이었고, 탐사의 궁극적인 목적은 여러 오름의 자연과 역사와 문화와 관련되는 정보를 발굴하여 제주도민들에게 널리 알리고 홍보하는 것이었다. 이러한 작업은 이미 고(故) 김종철 선생이 전도(全島)에 걸쳐 시도한 바 있으며, 그 결과물인 『오름 나그네』는 탐사단에게 훌륭한 안내자 역할을 해 주었다.

이번 한라일보의 대하 기획에서는 김종철 선생이 먼저 탐사한 오름 중에서도 극히 일부분이기는 하지만, 새로운 시각에서 다양한 정보를 얻어내려고 노력했던 것으로 여겨진다. 따라서 각 분야의 탐사위원들은 탐사하는 오름마다 제각기 독특한 자연생태를 비롯하여 역사와 문화 관련 요소들을 발견하려고 노력하였다.

필자가 담당한 인문지리 분야에서는 오름의 기본적 속성(지리적 위치, 면적, 외형적 특징)을 바탕으로 현대지도, 고지도 및 고문헌과 관련하여 여러 가지 사실들을 파악하고 실제 현장에서는 제주도민들의 오름 이용 실태와 훼손 실태, 경관적 특성과 문화적 특성(고고 유적, 역사 유적, 민속유적, 신앙유적 등의 존재 여부) 등을 주로 파악해 보려고 애썼다. 그렇지만, 필자의 능력 부족으로 예상했던 것만큼 다양한 정보를 얻어낼 수는 없었다.

그러나 언젠가 또 다른 누군가가 한라일보 탐사단이 탐사한 오름을 오르게 될 것이고, 그 과정에서 이번에 알려진 많은 정보를 바탕으로 더욱 소중하고 값진 정보를 쌓아 갈 수만 있다면 그것으로 큰 위안을 삼을 수 있을 것으로 생각된다.

끝으로, 탐사단원으로 같이 활동할 수 있게 배려해주신 한라일보사, 현장에서 많은 조언과 정보를 알려주신 탐사단장 강문규 편집국장(당시)과 안내 대장 오문필 위원, 매번 동행하며 의견을 나누었던 8명의 전문위원, 특별취재를 담당했던 5명의 기자단, 그리고 탐사 때마다 항상 즐겁게 동행해 주시던 많은 일반 참가자들께도 진심으로 감사의 말을 전하고 싶다.

중산간 지역의 특성,
보전 필요성

중산간은 말 그대로 해안과 산간 지역(지대)의 중간 점이지대(漸移地帶)라는 특성을 지닌다. 따라서 해안 지역에서 나타나는 요소와 산간 지역에서 나타나는 요소가 중첩돼서 나타날 수 있는 지역적 특성이 보이는 곳이 중산간 지역이다. 중산간 지역에는 마을이 형성돼 있기도 하고 마을 형성이 안 된 곳에는 넓은 초지가 형성돼 있기도 하다. 또, 중산간 마을 사람들이 경영하는 밭과 목장이 상당 부분 점유해 있는 공간이기도 하다.

중산간 지역에는 비록 바다는 없지만, 바다와 같이 넓은 초지와 목장, 그리고 다양한 수종을 지닌 숲이 자리 잡고 있어서, 오랫동안 제주도민들에게 일상생활과 경제활동에 기본적으로 필요한 자연자원을 안겨주던 '곳간'과 같은 곳이었다. 오늘날에는 지하수 함양은 물론이고 이산화탄소 감소 등 오염물질을 정화하는 기능을 담당하는 곶자왈이 넓게 존재하는 공간으로도 잘 알려져 있다. 이러한 중산간 지역은 과거로부터 오늘날에 이르기까지 제주도민들에게 무궁무진한 자연의 혜택을 안겨다 주는 소중한 지역이라 지적하지 않을 수 없다.

중산간 지역은 오랫동안 소와 말 사육 중심의 목축업과 밭농사에 의존하는 농업적 생산이 중심이 돼 오던 공간이기도 하다. 말하자면, 같은 제주도 안에서도 해안 지역과는 성격이 다른 독특한 생활공간이 펼쳐지는 곳이다. 특히 제주도의 목축업은 고려시대를 걸쳐 조선시대에 이르기까지 중산간 지역에서 말과 소를 대량으로 사육하여 한양으로 진상했던 역사적 배경을 가지고 있다. 당시 활용되던 중산간 지역의 넓은 목장은 일제강점기를 거치면서 마을 단위로 매각되어, 제주도 농업의 구조적 변화를 가져오는 데 큰 역할을 담당했다.

그리고 중산간 마을 주민들은 주어진 자연환경(상대적으로 서늘한 기후조건, 오름이나 하천 등의 위치에 따른 지형적 조건 등)을 최대한으로 활용하는 삶의 형태를 취해 왔으며, 따라서 생활방식도 해안 마을과는 다소 다른 면을 지니고 있었다. 가령 산뒤와 조, 콩, 팥, 고구마 등과 같은 농산물을 될 수 있으면 많이 생산해 두었다가 그

중산간 지역의 풍력발전 단지 모습.

따라비오름 주변의 중산간 지역 모습.

것을 해안 마을에서 올라온 해산물과 교환한다든지, 또 다양한 산나물과 버섯 등을 재배 혹은 채취해 두었다가 그것을 시장에 내다 팔며 다른 생활용품을 사들이는 나름의 지혜를 가지고 있었다.

궁극적으로 말하면, 제주도 내에서도 중산간 지역은 목축업과 밭농사가 전형적으로 이루어지던 제주도 농업문화의 중심지였다.

이상과 같이 중산간 지역은 과거는 물론이고 현재나 미래에도 제주도민들의 소중한 생활공간이며, 경제활동의 무대라는 점을 인식할 필요가 있다. 오늘날에 이르러서는 마치 중산간 지역이 버려져 있는 땅, 혹은 쓸모없는 땅으로 인식하여 언제든지 개발을 통해서만 경제적인 이익을 얻어낼 수 있는 대상으로 평가하고 있다. 한마디로 무지의 소산(所産)이라 아니할 수 없다. 중산간 지역은 결코 버려지거나 쓸모없는 땅도 아니고, 또 반드시 개발해야만 가치가 있는 곳도 아니다. 중산간 지역은 제주도민들에게 무한한 자연의 혜택과 은혜를 가져다주는 인간의 중심몸체와도 같은 곳이다. 제주도의 삼다수가 중산간 지역에서 채수(採水)한 물로 상품화되고 있다는 사실만 기억하더라도, 중산간 지역은 언제든지 제주도민들에게 큰 경제적 이익을 가져다주는 것은 물론이고 심신과 정신수양의 장(場)을 제공하며, 나아가 제주의 독특한 경관적 특성을 보여주는 소중한 자산이다.

중산간 지역이 개발 이익을 좇는 일부 사람들만의 몫으로 전용된다면 결코 제주도의 미래는 없을 것으로 여겨진다. 다시 말해 중산간 지역이 존재함으로써 얻게 되는 자연적·경제적 이익은, 궁극적으로 모든 제주도민에게 골고루 돌아가야만 한다는 것이다. 결론적으로 중산간 지역이 더는 무분별하게 파괴되지 않도록, 또한 가능하면 개발 대상이 되지 않도록 보전해 나가는 데 게을리해서는 안 될 것이다.

제4장

곶자왈
산책

곶자왈 탐사 이야기

이 원고는 제주특별자치도의 지원을 받아 발행한 『한라산과 곶자왈』(2021, 제주특별자치도·한라산생태문화연구소)이란 단행본에서 필자가 담당한 「곶자왈의 인문환경과 문화자원」(49~107쪽) 부분이다. 『한라산과 곶자왈』(2021)은 한라산 총서 16권 시리즈 중한 권인 제13권으로 편찬되었는데, 2006년도에 일차로 발행되었던 11권의 한라산 총서시리즈에는 포함되지 않았던 도서이다. 다시 말해 2021년도 시점에서는 2006년 한라산총서 11권 시리즈에 『한라산과 곶자왈』(제13권)을 포함하여 『한라산의 문헌사료집』(제12권), 『한라산의 기후와 기후변화』(제14권), 『한라산의 산림』(제15권), 『국제보호지역으로서의 한라산』(16권)이 추가로 발행되었다.

『한라산과 곶자왈』은 총 4명의 전문가가 참여하여 집필하였다. 제1장은 '곶자왈의 지질'로 송시태 박사(당시, 세화중학교 교장)가 담당하였고, 제2장은 '곶자왈의 인문환경과문화자원'으로 정광중(제주대학교)이 담당하였다. 제3장은 '곶자왈의 식물'로 송관필 박사((주) 제주생물자원 대표)가 담당하였고, 제4장은 '곶자왈의 보전과 활용'으로 서연옥박사(당시, 난대아열대산림연구소)가 담당하였다. 더불어 한라산 총서 시리즈는 제주특별자치도가 발행한 도서이기는 하지만, 비매품인 데다가 발행 부수가 상대적으로 적어일반인들에게는 쉽게 접근할 수 없는 배경이 있었다. 따라서 여기 개인 저서에서도 활용하게 되었음을 밝힌다.

곶자왈의 인문환경과
문화자원

곶자왈의
인문환경 특성

곶자왈 인문환경의 기본적 프레임

　　　　　　　곶자왈 자연환경의 중심은 곶자왈을
형성하는 지형과 지질, 식물군, 그리고 그 내부에 터를 잡으면서 다
양한 자원을 적극적으로 활용하는 크고 작은 동물군이다. 이 점은 충
분히 이해하고 남음이 있다. 그렇다면 곶자왈 인문환경의 중심은 어
디에서 찾아야 할까. 다름 아닌 곶자왈을 활용해 온 마을 주민이자
지역 주민이다. 시대를 한참 거슬러 올라간다면, 선사인(先史人)까지
도 포함할 수 있을 것이다.

곶자왈은 마을 주민 혹은 지역 주민들의 이용 역사와 매우 긴밀하

게 연결되어 있다. 울창한 곶자왈 숲속을 탐방할 때마다 늘 머릿속을 스치는 것은 애초부터 원시적이고 울창한 자연 숲이 존재한다고 할지라도, 인간과의 관계를 무시한 숲의 가치를 생각할 수 있을까 하는 상념이다. 숲의 가치에 대한 진정한 평가는 분명히 인간 생활과의 관계성에서 비롯될 수 있다. 말하자면 아주 거대한 산림(山林)이나 독특한 삼림(森林)이라도 주변 지역에 거주하는 사람들이 그 속에서 생활에 필요한 가시적인 물자 혹은 비가시적인 자연물(또는 효과)을 얻고, 동시에 산림이나 삼림 내의 자원들을 사회발전의 중요한 기제로서 보전하려는 의지가 확고해질 때 숲의 실질적인 가치도 한층 높아질 수 있는 것이라 여겨진다. 그만큼 숲의 존재는 인간 생활과의 관계성을 무시할 수 없다는 의미이다.

2000년대 이후, 우리가 흔하게 부르는 곶자왈은 아주 간단하고도 명료하게 정의하자면 '용암 숲'이라 할 수 있다. 용암 숲은 용암이 흐른 지형 위에 형성된 숲이다. 그렇지만 용암 숲은 중산간 지역의 들판이나 해안 지역의 평지에 형성된 일반 숲과는 성격이 아주 다르다. 용암 숲인 곶자왈에는 토양이라곤 극히 미미한 상황임에도 불구하고, 일상생활에 긴요한 특정 수종이나 재질이 단단한 나무들의 생육이 탁월하다. 또 특정 곶자왈에는 희귀한 식물들이 자리 잡아 식물학계를 놀라게 한다. 그뿐만 아니라 일부 곶자왈은 관목류와 교목류는 물론 초본류에 덩굴류 식물까지 매우 다양한 식물 군락들이 엉키고 섞여 사람들의 접근을 쉽게 허락하지 않는다. 이러한 곶자

왈은 오늘날에 이르러서 제주 생태계의 요추(腰椎)를 이루는 결과를
가져왔다.

제주의 곶자왈은 제주도민들에 의해 오랜 세월 이용돼 왔다. 전
통적인 생활방식이 유지되던 시기에는 자연이 주는 혜택을 외면할
수도 없지만, 숲이 제공하는 크고 작은 자원 없이는 생활 자체가 곤
란한 경우가 많았다. 그렇기에 곶자왈을 끼고 있는 마을이건 끼고 있
지 않은 마을이건 다소간 차이는 있을지언정, 제주도민은 곶자왈의
혜택에 의지하지 않을 수 없었다.

제주도민들이 곶자왈에서 얻는 자원은 일반 숲에서는 얻지 못하
는 것일 수도 있다. 가령 필요한 나무를 하나 얻는다고 가정하더라
도, 곶자왈에서 얻는 나무는 재질이나 크기나 길이에 있어서 다를 수
있다. 제주도민들은 곶자왈에 가면 다른 일반 숲에서 얻는 나무보다
훨씬 곧고 굵으며, 재질이 좋은 나무를 얻을 수 있다는 확신을 가질
수 있었다. 더욱이 곶자왈 내부에 들어가면, 정말 시기에 걸맞게 등
장하는 야생동물이든, 야생 열매든, 땔감용 나뭇가지나 낙엽이든 대
량으로 얻을 수 있었다. 한 가지 더 중요한 사실은 곶자왈에서는 상
대적으로 짧은 시간 안에 원하는 자원을 필요한 만큼 얻을 수 있다
는 것이다.

오랜 세월에 걸쳐 제주도민들은 곶자왈 내부의 특정 장소나 습지,
다종다양한 수종, 나아가 숲 자체를 활용하면서 끊임없이 일상생활
의 안정을 취하기 위한 경제활동을 추구해왔다. 따라서 오늘날 곶자

왈 인문환경의 기본적 프레임은 〈그림 1〉과 같이 곶자왈 내의 자연자원과 문화자원들의 존재성과 함께 이들 두 자원에 직접 관여하는 요소나 주체의 상관성을 통해 접근해 볼 수 있다.

근본적으로 곶자왈 내부에는 다양한 자연자원과 문화자원이 존재하는데, 자연자원은 문화자원의 형성에 막대한 영향을 끼친다. 먼저 자연자원은 곶자왈이 형성된 이후부터 주로 기후요소(氣候要素)인 기온, 강수량, 바람, 습도, 일조, 일사 등의 영향을 받으며 지속적으로 성장하거나 혹은 부분적으로 파괴, 변형 및 쇠퇴의 길을 걷는다. 이들 자연자원 중에서도 특히 목본식물과 초본식물의 경우는 상대적으로 좁은 지역 내에서 미기후(微氣候)의 영향을 민감하게 받으며 특정 지구에만 집단으로 자생한다거나 또는 종수가 매우 제한적이거나 아니면 개체수가 매우 적은 희귀한 식물로 자리 잡는 경우도 적지 않다.

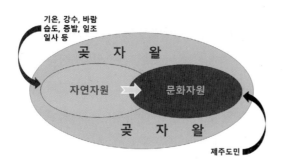

〈**그림 1**〉 곶자왈과 자연자원, 문화자원의 현존 상태 및 그 관계성(모식도).

곳자왈 내의 문화자원은 기본적으로 많은 자연자원을 대상으로 제주도민들이 다양한 경제활동을 행하는 과정에서 탄생한 결과물이다. 따라서 곳자왈 내부에서도 여러 장소에 다양한 종류와 형태로 존재하는 특성을 보인다. 결과적으로 곳자왈 내에 다종다양한 자연자원이 존재하지 않는다면, 문화자원도 존재하지 않는다. 개별 문화자원의 형성은 곳자왈 내 특정 지구를 중심으로 한 자연자원의 존재 여부나 다소 관계, 밀집 정도에 크게 영향을 받는다. 그리고 곳자왈 내에서도 자연자원의 특수성, 즉 지형적 특성에 따른 경사지와 평탄지의 유무, 암반의 존재 여부나 암석의 다소 정도, 특정 수종의 집단적 서식 등은 일부 문화자원의 형성을 크게 조장하는 결과를 가져오기도 한다.

곳자왈 내에 잔존하는 문화자원은 모든 종류가 그렇지는 않으나, 조성 시기나 사용 시기가 다르므로 출현 시기가 다른 것도 적지 않다. 나아가 개별 문화자원은 존재하는 장소에 따라 속성을 달리하는 것들이 있다. 특히 어떤 문화자원의 경우는 매우 이른 시기에 조성된 것이지만, 후대에 이어서 사용한 것도 확인할 수 있다. 이러한 사실은, 그만큼 곳자왈의 자연자원을 특정 세대에만 사용한 것이 아니라 누대(累代)에 걸쳐 활용해 왔다는 배경을 시사한다. 이처럼 곳자왈 내의 문화자원은 제주도민들의 오랜 세월에 걸친 경제활동의 산물이라 할 수 있으며, 나아가 오로지 가족을 지키기 위한 행위의 결정체라 할 수 있다. 결국 곳자왈 내에 남아있는 문화자원은 소박한 제주도민들이 추구하는 가정경제의 끈과 맞닿아 있다고 말할 수 있다. 이들 개별 문화자원의 속성과 특징에 대해서는 다음 장에서 살펴보고자 한다.

동부와 서부지역의 곶자왈 인문환경 특성

곶자왈의 인문환경은 동부지역과 서부지역이 얼마나 다를까. 일단 제주의 4대 곶자왈을 정리해 보자면, 동부지역의 조천-함덕곶자왈과 구좌-성산곶자왈, 서부지역의 애월곶자왈과 한경-안덕곶자왈로 구분할 수 있다(그림 2). 두 지역의 곶자왈을 서로 비교해보면 다소나마 차이가 드러난다.

먼저 동부와 서부지역의 곶자왈 면적을 비교해보자(표 1). 제주의 곶자왈 총면적 92.56㎢ 중에서 동부지역에 분포하는 조천-함덕곶자왈(23.1㎢)과 구좌-성산곶자왈(15.43㎢)의 면적은 38.53㎢이고, 서부지역의 한경-안덕곶자왈(49.11㎢)과 애월곶자왈(4.92㎢)은 54.03㎢로 확인된다. 따라서 곶자왈의 단순한 면적 비교에서는 동부지역의 곶자왈보다 서부지역의 곶자왈이 약 15.5㎢가 큰 것으로 파악된다.

〈표 1〉에서 확인할 수 있듯이, 동부지역의 곶자왈을 형성하는 데 중요한 역할을 담당한 오름군은 조천-함덕곶자왈의 경우 민오름(또

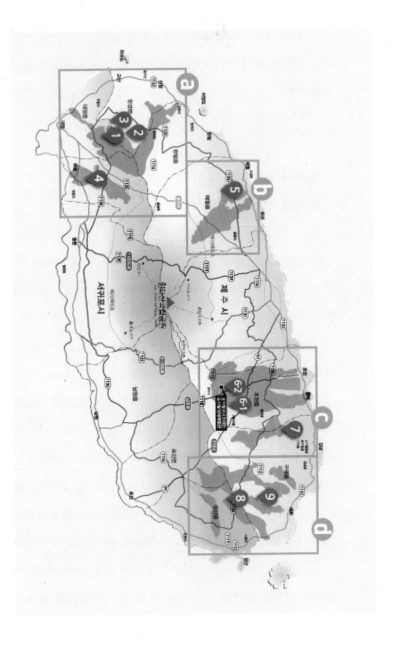

〈그림 2〉 제주의 4대 곶자왈. 출처: (재)곶자왈공유화재단 홈페이지에 의함.

는 지그리오름)과 돔베오름, 거문오름 등 3(4)개이고, 구좌-성산곶자왈
은 동거문이오름을 시작으로 다랑쉬오름, 용눈이오름 및 백약이오름
등 4개이다. 이처럼 동부지역의 곶자왈을 형성하는 데 기여한 오름
군은 보통 3~4개로서, 서부지역의 곶자왈을 형성한 오름 수인 1~2개

〈표 1〉 4대 곶자왈 별 용암류 기원지(오름), 중심 마을 및 면적

곶자왈 별 / 용암류 기원지		인접하는 주요 마을	면적(㎢)
4대 곶자왈	용암류 기원지		
조천-함덕 곶자왈	민오름(643m) (지그리오름, 598m)	대흘리·와흘리·조천리	5.43
	돔베오름(466m)	교래리·와산리·함덕리	11.83
	거문오름(457m)	선흘리·김녕리	5.84
구좌-성산 곶자왈	동거문이오름(340m)	종달리·평대리·한동리	4.62
	다랑쉬오름(382m)	세화리	2.45
	용눈이오름(248m)	상도리·하도리	4.77
	백약이오름(357m)	수산리	3.59
한경-안덕 곶자왈	도너리오름(440m)	금악리·월령리·월림리·저지리·청수리·산양 리·구억리·보성리·무릉리·신평리·영락리·동 광리·서광리	38.57
	병악오름(492m)	상창리·화순리·덕수리	10.54
애월 곶자왈	노꼬메오름(834m)	납읍리·상가리·소길리	4.92
합계	-	-	92.56

출처: 제주녹색환경지원센터(2014) 및 Naver 위성사진(2020. 4. 14.) 등을 바탕으로 재구성.

와는 상대적으로 큰 차이를 보인다. 이러한 배경 때문에 동부지역에 자리 잡은 조천-함덕곶자왈과 구좌-성산곶자왈은 용암류가 여러 갈래로 흐르면서 곶자왈 자체도 여러 지구로 나뉘게 되었다.

한편 곶자왈의 분포지역을 오늘날의 행정구역과 결부시켜 보면, 또 다른 상황을 이해할 수 있다. 동부지역의 곶자왈 중 조천-함덕곶자왈은 대흘리, 와흘리, 조천리, 교래리, 와산리, 함덕리, 선흘리 및 김녕리 등을 아우르는 조천읍과 구좌읍의 일부 지역에 형성되었고, 구좌-성산곶자왈은 종달리, 한동리, 세화리, 상도리 및 하도리 등의 구좌읍과 수산리를 중심으로 한 성산읍의 일부 지역에 형성되어 있다.

반면 서부지역의 곶자왈 중 안덕-한경곶자왈은 도너리오름에서 흘러나온 용암류가 금악리, 월령리, 월림리 등의 한림읍과 저지리, 청수리, 산양리 등의 한경면 방향, 그리고 동광리, 서광리의 안덕면과 구억리, 보성리, 무릉리, 신평리, 영락리 등의 대정읍 방향으로 흐르면서 형성되었다. 병악의 용암류는 상창리, 화순리 및 덕수리 등 안덕면 지역을 남북 방향으로 흐르면서 곶자왈을 형성하였다. 애월곶자왈은 노꼬메오름에서 흘러나온 용암류가 납읍리와 상가리, 소길리 등을 포함하는 애월읍의 일부 지역을 덮으면서 형성되었다.

결과적으로 생각할 때, 동부와 서부지역에 형성된 곶자왈은 용암류가 흐른 방향과 용암의 양에 따라서 지역 주민들이 생활하는 거주공간의 범위에도 다소간의 차이를 가져온 것으로 이해할 수 있다. 가령 설촌 과정에서 일부의 곶자왈이라도 자신들의 생활영역 내에 두고 싶어 한다면, 반대로 택지와 농경지를 집단으로 마련하는 데 필요한 공간은 상대적으로 감소할 수 있다. 더욱이 자신들의 거주영역 내에 형성된 곶자왈을 근간으로 생각할 때는, 곶자왈 내부에 어느 정도의 용암 암반이 존재하는지 혹은 용암이 어느 정도의 두께로 덮여 있는지를 가늠하기가 매우 어렵다. 이러한 배경은 시간이 흐른 뒤에 마을 주민들이 곶자왈을 개간하여 사용할 수 있는지와 관련이 있다.

그럼에도 불구하고 서부지역의 경우에는 설촌 과정에서 곶자왈을 생활공간의 일부로 편입시키거나 아니면, 적어도 가까운 거리에 두고자 하는 의식을 가진 마을 주민들이 많았던 것이 아닌가 추정해 볼 수 있다. 마을 주민들로서는 자연의 혜택을 최대한 활용할 수 있다는 점을 생각할 때 얼마든지 고려해 볼 수 있는 사안이다. 이러한 배경을 전제로, 동부지역과 서부지역 곶자왈의 분포범위에 따른 인구수를 서로 비교해보자(표 2).

〈표 2〉는 동·서부지역 곶자왈의 분포범위에 거주하는 제주도민들의 인구수를 1980년, 2000년, 2019년 시점에 걸쳐 대비한 자료이다. 이 자료를 통해 과거 제주도민들의 곶자왈 활용실태를 유추해보는 동시에, 오늘날 곶자왈 활용에 대한 개발 압력을 점검하는 작은 실마리로 삼고자 한다.

먼저 제주도민들의 곶자왈 의존도가 높게 지속되던 1980년 시점의 인구수를 살펴보자. 1980년 시점의 곶자왈 별로 인구수를 점검해보면, 동부지역의 조천-함덕곶자왈은 19,893명, 구좌-성산곶자왈은

곶자왈 별 인구수(명)	동부지역		서부지역		합계(명)
	조천-함덕 곶자왈	구좌-성산 곶자왈	한경-안덕 곶자왈	애월곶자왈	
1980년	19,893	47,200	80,077	25,878	173,048
2000년	20,741	33,693	61,062	25,960	141,456
2019년	25,313	33,570	70,301	37,345	166,529

주: 조천-함덕곶자왈은 조천읍의 인구수를, 구좌-성산곶자왈은 구좌읍과 성산읍의 합계 인구수를, 한경-안덕 곶자왈은 한림읍, 한경면, 대정읍, 안덕면의 합계 인구수를, 그리고 애월곶자왈은 애월읍의 인구수를 설정한 연대별로 활용한 것임.
출처: 『제주통계연보』(1979년, 2001년) 및 『주민등록인구통계』(2020년)에 의해 작성.

47,000명, 서부지역의 한경-안덕곶자왈은 80,077명, 애월곶자왈은 25,878명으로 파악된다. 기본적으로 해당 곶자왈 주변에 거주하는 제주도민들은 가까이에 있는 곶자왈을 그 누구보다도 많이 활용함과 동시에, 곶자왈 내부에 존재하는 다양한 자원들을 애정을 갖고 지키려고 노력하는 입장이라 할 수 있다. 이런 관점에서 생각하면, 곶자왈을 인접한 거리에 두고 생활하는 지역 주민들은 상대적으로 곶자왈로부터 먼 거리에 거주하는 제주도민들에 비해 곶자왈을 방문하는 횟수는 물론이고, 곶자왈 내에서 채취하는 자원의 양이나 자원을 활용하는 빈도도 높게 나타날 수밖에 없는 조건을 안고 있다.

이상과 같은 시각을 적용해 볼 때, 1980년 시점에서 보는 동·서부지역의 곶자왈 활용도는 동부지역보다는 서부지역이 높게 나타난다고 말할 수 있다. 그 배경은 1980년 시점에서 보는 동부지역의 2개 곶자왈 주변에 거주하는 인구수가 67,093명(38.8%)인 데 반하여 서부지역의 2개 곶자왈 주변에 거주하는 인구수는 105,955명(61.2%)으로 파악되기 때문이다. 앞에서 정리한 바와 같이, 1980년 시점만 하더라도 제주도민 중 많은 사람이 곶자왈과 같은 자연에 의존하는 강도가 높았던 시기를 고려해 본다면, 동·서부지역의 곶자왈 주변에 거주하는 지역 주민들은 일상생활에서 자연의 혜택을 크게 받았다고 말할 수 있다.

한편 2000년 시점과 2019년 시점은 오랫동안 방치됐던 곶자왈이 지역개발이나 관광지 개발이라는 미명 하에 개발 압력이 상당히 높아지는 시기와 맞물린다. 그렇기 때문에, 2000년 이후부터는 곶자왈과 같이 저가로 판정된 토지에 대한 수요가 엄청나게 높아지면서, 지목상 대부분이 임야나 목장 용지(목초지)로 잔존하는 곶자왈이 개발 대상으로 전락하기 시작하였다.[1] 곶자왈의 내부를 찬찬히 살펴보면, 울퉁불퉁하게 흘러든 용암류로 인하여 일정한 경제활동을 하기에는 어려운 장소나 지구가 분명히 존재한다. 그러나 그러한 불용 장

---

[1]   정광중, 2015, 「곶자왈의 과거, 현재 그리고 미래-곶자왈의 존재방식에 대한 물음과 제언-」, 『한국사진지리학회지』 25(3), 20~24쪽.

소나 지구는 저마다 주어진 생태계의 기능을 담당하는 다양한 동식물이 자리 잡고 있으므로, 나름대로 남아있어야만 하는 이유가 있는 것이다.

곶자왈의 소유관계를 보면, 전체면적 중 사유지(개인, 법인, 재단, 그 밖의 단체 포함)가 59.9%, 공유지(국유지, 도유지)가 40.1%로 나타난다.[2] 〈표 2〉에 제시한 곶자왈 주변에 거주하는 지역 주민들은 과거에는 인접한 곶자왈을 단순히 활용하던 입장이기도 하지만, 또 이들 중에는 곶자왈을 직접 소유하는 개인이나 단체들(마을목장조합 등)도 있다. 결국 곶자왈을 소유하는 개인이나 단체들은 지금까지 매매 수익을 기대하여 개발업자나 개발 주체에게 이미 양도하였거나 아니면 특정 시점에 이르렀을 때 양도할 가능성을 안고 있다. 이러한 관점에서 본다면, 동부지역의 곶자왈보다는 서부지역의 곶자왈이 훨씬 더 개발 대상지로 전락할 가능성이 크고, 더불어 1개 지번의 곶자왈은 더 작은 면적(지번)으로 세분될 수 있는 상황에 놓여 있음을 예측할 수 있다.

현실적으로 서부지역의 한경-안덕곶자왈 지역에서는 신화역사공원(400.1ha)을 필두로 골프장(393.6ha, 3개 골프장 합계)과 영어교육도시(379.7ha) 조성, 그리고 채석장(66.8ha, 4개 채석장 합계)[3] 개발 등으로 동부

---

2) 제주녹색환경지원센터, 2014, 『곶자왈 보전관리를 위한 종합계획 수립』, 142쪽.
3) 〈표 3〉에 제시되지 않은 채석장이 2개 더 있는데, 대류 채석장(안덕면 서광리 소재)이 4.0ha, 서일 채석장(안덕면 서광리 소재)이 1.6ha를 점하고 있다.

〈**표 3**〉 최근까지 행해진 대표적인 곶자왈 파괴 실태

순위	사업체(주) 또는 유형	면적(ha)	관련 곶자왈	비고
1	신화역사공원	400.1	한경-안덕곶자왈	안덕면 서광리 등
2	영어교육도시	379.7	〃	대정읍 신평리 등
3	에코랜드 GC	274.0	조천-함덕곶자왈	골프장 등
4	블랙스톤 G&R	154.7	한경-안덕곶자왈	골프장, 리조트
5	(구)세화-송당 온천지구	143.6	구좌-성산곶자왈	중단 상태
6	라온 GC	133.4	한경-안덕곶자왈	골프장
7	테디벨리 G&R	105.5	〃	골프장, 리조트
8	도로 개설	55.4	조천-함덕곶자왈 한경-안덕곶자왈 등	주로 공공도로
9	세창산업	39.2	한경-안덕곶자왈	채석장
10	제피로스 GC	32.0	조천-함덕곶자왈	골프장
11	성일산업	22.0	한경-안덕곶자왈	채석장
12	라온 더 마파크	20.2	〃	한림읍 월림리
13	제주돌문화공원	18.6	조천-함덕곶자왈	공공 관광지
14	잡종지	18.1	〃	현재는 초지
15	대정농공단지	13.8	한경-안덕곶자왈	대정읍 일과리

주: 곶자왈 파괴 면적이 10ha 이상인 사례만을 선정하였음.

출처: 제주녹색환경지원센터, 2014: 127~129쪽 등을 토대로 필자 재구성.

지역의 곶자왈보다는 상대적으로 넓은 면적이 망가지는 불운을 맞고 있다.[4] 〈표 3〉의 대표적인 곶자왈 파괴 사례(10ha 이상)에서 볼 때도, 동부지역은 약 486.3ha(27.7%), 서부지역은 약 1,268.6ha(72.3%)의 면적으로 대비되면서 서부지역의 곶자왈이 한층 더 심각한 상황임을 인식할 수 있다. 따라서 앞으로 얼마나 더 많은 곶자왈이 망가지며 사라질 것인가에 대한 물음은 어이없게도 제주 섬을 돈벌이 장소로만 생각하는 사람들이 얼마나 많이 몰려올 것인지를 묻는 질문과 깊게 연관되어 있다.

곶자왈에 대한
제주도민들의 인식[5]

자연환경은 오랜 시간적 흐름을 배경으로 자체적으로 변화하며 진화하는 특성을 지닌다. 여기에 인간 활동이 결부되면, 그것의 변화속도는 엄청나게 빨라진다. 이런 관점에서 본다면, 제주도에 광범

---

4)   제주녹색환경지원센터, 2014, 앞 책, 133~135쪽.
5)   이 글은 정광중, 2012, 『곶자왈의 역사문화자원 현황조사』, 국립산림과학원·(사)한라산생태문화연구소, 109~120쪽의 내용을 수정·보완한 글임을 밝힌다.

위하게 분포하는 곶자왈은 과거로부터 단순하게 존재해온 것이 아니다. 곶자왈이 형성된 이후부터 제주도민들은 어떠한 형태나 방식으로든 곶자왈을 일상생활에 이용하며 관여해왔다. 말하자면, 자연이 가져다주는 단순한 차원의 이용에 머무는 것이 아니라, 생활을 영위하기 위한 땔감 채취 수준의 소극적 이용에서부터 다양하고 풍부한 임산물을 채취하여 상품으로 판매하는 적극적 이용에 이르기까지 곶자왈은 제주도민들의 소중한 보물창고로서 기능을 담당해왔다. 따라서 곶자왈은 제주도가 현대사회로 이행하기 이전, 다시 말해 전통사회의 특성을 간직하던 1970년대 초·중반까지는 제주도민들에게 생활공간의 일부로 자리 잡고 있었던 것이 분명하다.[6]

그런데 곶자왈을 생활공간의 일부로서 오랫동안 이용해 온 배경은 과거로부터의 유산이라 해도 과언은 아니다. 다시 말하면, 집안의 선조로부터 곶자왈의 이용정보를 접하고, 또 부모나 조부모와 함께 실제로 곶자왈 내에서의 이용 상황을 몸소 체득하면서 곶자왈의 소중함과 더불어 일상의 필요공간으로 인식해 왔을 것으로 판단된다. 이러한 상황은 탐라나 제주 사회의 시대상을 정리한 지리지(耽羅誌) 등의 고문헌과 부분적으로나마 과거의 지리적 지식과 지역의 변화상을 담은 고지도(古地圖)를 통해 객관적으로 확인할 수 있다.

---

6)   정광중, 2015, 앞 논문, 17쪽.

여기서는 여러 고문헌과 고지도에 기록된 곶자왈과 그 주변 지역의 숲에 대하여 구체적으로 어느 지역에 형성되어 있으며, 또 어느 정도의 빈도수로 나타나는지를 살펴보고자 한다. 이를 통해 과거 제주도민들의 곶자왈에 대한 인식 정도와 활용 가능성 등을 간접적으로나마 이해할 수 있을 것으로 판단된다.

〈표 4〉는 탐라나 제주의 역사 혹은 문화의 한 단면을 기록한 『탐라지』 등 지리지에 나타난 곶자왈과 숲 지명을 정리한 것이고, 〈표 5〉는 주로 18C 이후 제주도의 지리적 정보를 담은 고지도 상의 곶자왈과 숲(이하, '곶자왈(숲)'로 표기) 지명을 정리한 것이다. 물론, 이들 지리지나 고지도에 나타난 곶자왈(숲) 지명은 일부에 지나지 않으며, 특히 고지도의 사례는 본 연구자의 눈으로 판독 가능한 지명만을 발췌한 것이기 때문에, 곶자왈(숲) 지명의 수는 한층 더 증가할 수 있다.[7]

먼저 고문헌에서 확인할 수 있는 곶자왈(숲) 지명을 살펴보자. 『신

---

[7]   탐라나 제주의 역사, 문화 및 지리적 지식을 정리한 지리지(탐라지)와 고지도가 많지만, 대개 후대에 편찬된 것들은 이전 시기에 편찬된 내용이나 지명을 그대로 전사(轉寫)하는 경우가 많다고 지적한다. 이런 관점에서 보면, 곶자왈(숲) 지명도 예외가 아니어서 후대에 편찬된 지리지나 고지도에는 이전의 지명을 그대로 전사한 사례가 많은 것이 사실이다. 그러나 전사한 곶자왈(숲) 지명을 보면 지명의 한자어가 바뀐 사례가 상당수 발견되기 때문에, 모든 지명이 실제로 전사하는 과정에서 오류가 발생한 것인지, 아니면 당시 지명의

증동국여지승람(新增東國興地勝覽)』(이행 외, 1530)에서는 곶자왈(숲) 지명과 관련하여 11개가 등장하는데, 김녕수(金寧藪, 김녕곶), 고마수(畗亇藪, 고(그)막곶), 말응내수(末應乃藪, 멍내곶), 개리사수(介里沙藪, 개리모살곶), 사야수(斜野藪, 빗드르곶), 궁괘로개수(弓掛老介藪, 활궤로개곶), 복현수(卜縣藪, 짐걸이곶), 괴질평수(怪叱坪藪, 궷드르곶), 말질가리수(末叱加里藪, 맛가리곶), 대교수(大橋藪, 한드리곶), 대수(大藪, 한곶) 등이다.

이들 곶자왈(숲) 지명 중에서 김녕곶(현, 구좌읍 김녕리 묘산봉 일대)을 비롯한 고(그)막곶(현, 구좌읍 종달리), 궷드르곶(현, 조천읍 와흘리 고평동 일대), 맛가리곶(현, 조천읍 북촌리 일대)등 4개가 현재의 지명과 거의 일치하는 것으로 확인되며, 한드리곶(현, 성산읍 수산리 일대?), 개리모살곶(현, 한림읍 월령리 일대?) 및 한곶(현, 표선면 성읍리?)은 그 위치를 대략 추정할 수 있는 정도이다. 그리고 나머지 4개는 현재로선 위치나 장소가 확인하기 어려운 곶자왈(숲)이다. 물론 이들 곶자왈(숲) 지명은 앞으로 구체적인 장소나 위치를 거론한 고문헌이 발견된다면, 현재 주목받고

지리적 정보에 대한 오류를 바로잡은 것인지는 조사 시점에서 단정하기가 어렵다. 그렇다고는 하나, 이 글에서도 현실적으로 모든 고문헌과 고지도를 참고할 수 없는 관계로 일부에 한정하여 분석하였음을 밝혀둔다. 아울러 한자음의 곶자왈(숲) 지명에 대한 한글 표기는 오창명의 연구(오창명, 2007,『제주도 마을 이름의 종합적 연구 I, II』(행정명사·제주시편/서귀포시편), 제주대학교출판부)에 의존하는 바가 크다.

〈표 4〉 고문헌(古文獻)에 보이는 곶자왈 또는 숲 관련 지명

관련문헌	곶자왈 또는 숲 지명	위치 표현	구체적인 위치(장소)
新增東國與地勝覽 (이행李荇 외, 1530)	金寧藪(김녕곶)	제주성 동쪽 55리, 둘레 50여 리	김녕리
	尒亇藪(고막곶)	제주성 동쪽 79리, 둘레 20리	종달리
	末應乃藪(멍내곶)	제주성 서남쪽 62리	?
	介里沙藪(개리모살곶)	제주성 서쪽 75리	월령리 일대(?)
	斜野藪(빗드르곶)	한라산 가운데	?
	弓掛老介藪 (활궤로개곶)	한라산 가운데	?
	卜縣藪(짐걸이곶)	한라산 가운데	?
	怪叱坪藪(궷드르곶)	제주성 동남쪽 23리	와흘리 고평동 일대
	末叱加里藪(맛가리곶)	제주성 동쪽 31리	북촌리
	大橋藪(한ᄃ리곶)	정의현 동쪽 17리	수산리(?)
	大藪(한곶)	정의현 남쪽 4리	성읍리(?)
耽羅志 (이원진李元鎭, 1653)	猫坪藪(궷드르곶)	정의현 남쪽 4리	와흘리 고평동 일대
	金寧藪(김녕곶)	제주성 동쪽 50리, 둘레 50여 리	김녕리
	暗藪(어둔곶)	제주성 동쪽 95리, 둘레 30여 리	와산리
	黏木藪(ᄎ남곶)	제주성 서남쪽 60리	상대리
	盖沙藪(개모살곶)	제주성 서쪽 70여 리, 둘레 50여 리	월령리 일대(?)
	木橋藪(남ᄃ리곶)	정의현 동쪽 17리	수산리

관련문헌	곶자왈 또는 숲 지명	위치 표현	구체적인 위치(장소)
耽羅志 (이원진李元鎭, 1653)	大藪(한곶)	정의현 남쪽 4리	성읍리(?)
	螺藪(구제기곶)	대정현 동쪽 10리	덕수리와 화순리 경계
	所近藪(박은곶)	차귀악(당산봉) 동북쪽	고산리
	板橋藪(널ᄃ리곶)	대정현 서쪽 5리	신평리 서쪽
南宦博物 (이형상李衡祥, 1704)	猫坪藪(궷드르곶)	제주성 동남쪽, 23리	와흘리 고평동 일대
	金寧藪(김녕곶)	제주성 동남쪽 50리, 둘레 50리	김녕리
	黏木藪(ᄎ남곶)	제주성 서남쪽 60리	상대리
	蓋沙藪(개모살곶)	제주성 서쪽 70리, 둘레 50리	월령리 일대(?)
	暗藪(어둔곶)	제주성 동쪽 95리, 둘레 30리	와산리
	木橋藪(남ᄃ리곶)	정의현 동쪽 17리	수산리
	大藪(한곶)	정의현 남쪽 4리	성읍리(?)
	所近藪(박은곶)	대정현 서쪽 25리	고산리
	板橋藪(널ᄃ리곶)	대정현 서쪽 5리	신평리 서쪽
	螺藪(구제기곶)	대정현 동쪽 10리	덕수리와 화순리 경계
耽羅誌草本 (이원조李源祚, 19C 중반)	猫坪藪(궷드르곶)	제주성 동남쪽 23리	와흘리 고평동 일대
	金寧藪(김녕곶)	제주성 동쪽 50리, 둘레 50여 리	김녕리
	暗藪(어둔곶)	제주성 동쪽 95리, 둘레 30여 리	와산리
	黏木藪(ᄎ남곶)	제주성 서남쪽 60리	상대리
	盖沙藪(개모살곶)	제주성 서쪽 70여 리, 둘레 50여 리	월령리 일대(?)

관련문헌	곶자왈 또는 숲 지명	위치 표현	구체적인 위치(장소)
耽羅誌草本 (이원조李源祚, 19C 중반)	木橋藪(남ᄃ리곶)	정의현 동쪽 17리	수산리
	大藪(한곶)	정의현 남쪽 4리	성읍리(?)
	螺藪(구제기곶)	대정현 동쪽 10리	덕수리와 화순리 경계
	板橋藪(널ᄃ리곶)	대정현 서쪽 5리	신평리 서쪽
	所近藪(박은곶)	차귀악(당산봉) 동북쪽	고산리
濟州郡邑誌(1899)	金寧藪(김녕곶)	제주성 동쪽 50리, 둘레 50여 리	김녕리
	盖沙藪(개모살곶)	제주성 서쪽 70여 리, 둘레 50여 리	월령리 일대(?)
大靜郡邑誌(1899)	螺藪(구제기곶)	-	덕수리와 화순리 경계
	所近藪(박은곶)	-	고산리
	板橋藪(널ᄃ리곶)	-	신평리 서쪽
增補 耽羅誌 (담수계淡水契 편, 1954)	盖沙藪(개모살곶)	제주읍 서쪽 28km, 둘레 50여 리	월령리 일대(?)
	黏木藪(ᄎ남곶)	제주읍 서남쪽 24km	상대리
	暗藪(어둔곶)	제주읍 동쪽 38km, 둘레 30여 리	와산리
	金寧藪(김녕곶)	구좌면 김녕리, 둘레 50여 리	김녕리
	猫坪藪(궷드르곶)	조천면 대흘리 괴평동	와흘리 고평동 일대
	所近藪(박은곶)	한림면 차귀악 동북쪽, 둘레 40여 리	고산리
	板橋藪(널ᄃ리곶)	대정현 서쪽 1km	신평리 서쪽

관련문헌	곶자왈 또는 숲 지명	위치 표현	구체적인 위치(장소)
增補 耽羅誌 (담수계淡水契 편, 1954)	蝶藪(구제기곶)	대정현 동쪽 4km	덕수리와 화순리 경계
	大藪(한곶)	표선면 성읍리	성읍리(?)
	木橋藪(남드리곶)	정의현 7km	수산리

출처: 위의 각 문헌에 의해 필자가 발췌하여 정리하였음.

있는 곶자왈(숲)과 관련지을 수 있거나 혹은 별개의 숲이라는 사실 여
부를 가려낼 수 있을 것으로 생각된다.

『탐라지(耽羅志)』(이원진, 1653년)는『신증동국여지승람』보다는 123년
이나 늦게 편집·발간된 문헌이지만, 제주 섬을 기록한 최초의 사찬
(私撰) 지리지라는 점에서 이후에 편찬되는 여러 지리지와는 그 의미
나 가치가 사뭇 다르다. 그것은 지리지의 내용과 구성 체제에서 후
에 발행되는 많은 지리지에 막대한 영향을 끼쳤다고 볼 수 있기 때
문이다. 그만큼 이원진 목사의『탐라지』는 탐라 또는 제주 관련 지리
지의 선구적 역할을 했다는 차원에서 중요한 위치를 점한다.

이원진의『탐라지』에는 곶자왈(숲) 지명이 10개 등장한다.『신증동
국여지승람』에 등재된 곶자왈(숲) 지명의 수와 거의 비슷한 수준이
지만, 기록한 내용 면에서는 확연히 다르다는 사실을 알 수 있다. 먼저
두 고문헌에서 확인되는 공통적이거나 유사한 곶자왈(숲) 지명은 김
녕곶, 궷드르곶, 개(리)모살곶, 한곶 등 4개이다. 물론 이들 중 김녕곶
과 한곶 외의 궷드르곶과 개(리)모살곶은 일부 한자어의 표기가 다르

나, 제주읍성을 기준으로 한 거리를 고려할 때 동일한 곳자왈(숲)을 가리키고 있음을 알 수 있다. 이외에 6개의 곳자왈(숲)은 새롭게 추가되었고, 또 『신증동국여지승람』에 기록되었던 7개의 곳자왈(숲)은 빠져 있다. 이러한 차이는 두 문헌이 각기 편찬되는 과정에서 지역 정보가 얼마나 정확하게 반영되었는가에 대한 문제일 수도 있고, 혹은 당시에 수집된 정보의 오류이거나 중요성에 기초한 문제일 수도 있다. 만약 두 문헌에 등장하는 곳자왈(숲) 지명이 정확한 정보에 기초한 것이라면, 두 문헌에 등장하는 곳자왈(숲)은 더욱 증가하는 상황이 되고, 그 경우에 곳자왈(숲)에 대한 주민들의 인식 정도는 한층 더 높다는 사실을 대변하는 것으로 이해할 수 있다.

한편 이원진의 『탐라지』에 등장하는 곳자왈(숲) 중 『신증동국여지승람』에는 등장하지 않는 6개의 곳자왈(숲)에 주목해 보자. 암수(暗藪, 어둔곳)는 지금의 조천읍 와산리에 위치하는 곳자왈(숲)이며, 점목수(黏木藪, 츳남곳)는 한림읍 월령리 일대에 위치하는 곳자왈(숲)이다. 그리고 나수(螺藪, 구제기곳), 소근수(所近藪, 박은곳) 및 판교수(板橋藪)는 각기 안덕면 덕수리와 화순리의 경계, 한경면 고산리, 그리고 대정읍 신평리 서쪽 일대를 가리키는 곳자왈(숲)이다. 나아가 목교수(木橋藪, 널ᄃ리곳)는 성산읍 수산리 일대에 나타나는 곳자왈(숲)이다.

이들 중 어둔곳과 남ᄃ리곳이 동부지역에 위치하는 곳자왈(숲)이라면, 츳남곳을 비롯한 구제기곳, 박은곳 및 널ᄃ리곳 등 4개는 서부지역에 위치하는 곳자왈(숲)로 구분된다. 그러나 이원진의 『탐라지』

에 등장하는 개사수(蓋沙藪, 개모살곶)나 대수(한곶)가 각각 한림읍 월령리와 표선면 성읍리 일대에 위치하던 곶자왈(숲)이었는지, 또한 해당 마을을 기점으로 하여 정확하게 어디에 위치하는 숲을 가리키는 것인지는 좀 더 신중하게 검토해 볼 필요가 있다.[8]

이형상의『남환박물(南宦博物)』(1704년)과 이원조의『탐라지초본(耽羅誌草本)』(19C 중반)에도 일부 한자어의 표기가 다르지만, 이원진의『탐라지』와 똑같은 10개 곶자왈(숲)이 등장한다. 이러한 사실은 앞서 편찬된 이원진의『탐라지』영향이 컸던 것으로 판단된다. 더욱이 개별 곶자왈(숲)이 자리 잡은 위치를 설명한 내용을 보면, 후대로 이어지는『남환박물』과『탐라지초본』은 이원진의『탐라지』에 나타난 지리적 정보를 십분 활용했음을 이해할 수 있다. 아무튼 이들 곶자왈(숲) 중 ᄎ남곶과 한곶 및 박은곶을 제외하면, 오늘날에도 거의 곶자왈(숲)이 그대로 남아있는 장소로 확인할 수 있다. 그런데 한 가지 주목해야 할 사실이 있다. 이들 곶자왈(숲)의 위치가 이 글에서 설정하는 현재의 지명과 일치한다고 한다면, ᄎ남곶과 한곶 및 박은곶은 물론이고 이들 주변 지구에 어떠한 형태로 곶자왈(숲)이 연결되어 있었는지

---

[8] 〈표 4〉에 정리한 구체적인 위치(장소)는 관련 고문헌에 나타난 위치 설명의 내용과 더불어 개별 지명을 분석한 오창명의 연구(2007, 앞 책) 등을 참고로 정리한 것이다. 따라서 일부 곶자왈(숲)은 오늘날의 정확한 위치와는 구체적으로 연결되지 않고, 단지 추정하는 수준에 머무는 것도 있음에 유념해야 한다.

또 이들이 조사 시점에서 거론하는 곶자왈(숲)이 아닐지라도 별도의 숲이 형성되어 있었는지를 밝혀내야 한다.

1899년에 편찬된『제주군읍지(濟州郡邑誌)』및『대정군읍지(大靜郡邑誌)』에는 각각 2개와 3개 곶자왈(숲)이 등장하는데, 이들 곶자왈(숲)은 모두『남환박물』과『탐라지초본』에 등장하는 것이다. 따라서 두 읍지를 편찬하는 시기에 일반에게 널리 알려진 전형적인 것만을 간추려 정리한 것인지는 다른 관점의 분석이 필요할 것으로 판단된다. 동시에 동일한 연대에 편찬된『정의군읍지(旌義郡邑誌)』에는 단 1개의 곶자왈(숲) 지명도 등장하지 않는다. 그 이유나 배경에 대해서도 다른 문헌이나 고지도와의 비교 분석이 필요한 시점이다.

1954년 담수계(淡水契)가 편찬한『증보 탐라지(增補 耽羅誌)』에는 앞서 정리한 이원진의『탐라지』, 이형상의『남환박물』및 이원조의『탐라지초본』에 등장하는 10개의 곶자왈(숲)이 기록 순위가 바뀐 채 그대로 재등장한다. 단지 개별 곶자왈(숲)의 위치를 설명하는 내용에서는 당시의 행정구역인 읍면(邑面)과 조선시대의 행정구역인 현(縣)을 일정한 기준 없이 사용하고 있고, 또 과거의 거리 단위인 '천허(籵許: 1,000미터)'를 사용한다는 점이 다를 뿐이다. 한 가지 주목할 수 있는 것은 김녕곶, 궷드르곶 및 한곶의 경우, 과거의『탐라지』와는 달리 그것이 위치하는 마을 이름을 구체적으로 언급하고 있다는 점이다. 그렇다고는 하나, 궷드르곶은 현재의 지명으로 볼 때 와흘리 고평동(古坪洞)인데,『증보 탐라지』에는 '大屹里 槐坪洞(대흘리 괴평동)'으로 잘못 기재하고 있다.

이상의 여러 고문헌을 통해서 살펴본 곶자왈(숲)은 조선시대 행정 구역을 토대로 볼 때 제주목에 6개(궷드르곶: 조천읍 와흘리, 김녕곶: 구좌읍 김녕리, 어둔곶: 조천읍 와산리, ᄎ남곶: 한림읍 상대리, 개모살곶: 한림읍 월령리, 박은 곶: 한경면 고산리), 정의현에 2개(남ᄃ리곶: 성산읍 수산리, 한곶: 표선면 성읍리?), 대정현에 2개(구제기곶: 안덕면 화순리와 덕수리 경계, 널ᄃ리곶: 대정읍 신평리)가 등장하는 것으로 확인된다. 그리고 이들 중 고문헌에서 가장 많이 등 장하는 곶자왈(숲)은 김녕곶과 개모살곶으로 파악된다. 나아가 『신증 동국여지승람』에 등장하는 곶자왈(숲) 중 사야곶, 활궤로개곶 및 짐 질이곶은 곶자왈 내에 자리 잡은 숲이라기보다는 현재의 한라산국 립공원에 위치한 숲으로 보이나, 구체적인 장소의 확인은 앞으로 연 구해야 할 과제라 생각된다. 더불어 같은 문헌에 한ᄃ리곶(大橋藪)이 라는 곶자왈(숲)이 기록되어 있으나, 후대에 이원진의 『탐라지』를 비 롯한 여러 고문헌에는 남ᄃ리곶(木橋藪)으로 바뀌어 나타난다. 이러 한 사실이 오창명의 지적처럼,[9] 처음에는 한ᄃ리곶이라 부르다가 후에 남ᄃ리곶으로 바뀐 것인지 향후 추가 분석이 필요하다고 생각 된다.

이어서 〈표 5〉를 검토해 보자. 여기에 제시한 자료는 탐라나 제주

---

[9]   오창명, 1998, 『제주도 오름과 마을 이름』, 제주대학교 출판부, 486~487쪽.

를 그린 고지도 전체를 조사·분석한 것이 아니기 때문에, 이외에 곳자왈(숲) 지명을 표기한 고지도는 물론이고 본 연구에서 활용한 고지도 내에서도 판독이 불가능한 것을 포함한다면, 더 많은 곳자왈(숲) 지명을 찾아낼 수 있을 것이다. 그러나 여기서는 입수 가능한 고지도를 바탕으로, 판독이 가능한 곳자왈(숲) 지명만을 찾아 정리했음을 밝혀둔다.

탐라나 제주를 표현한 여러 고지도 중에는 단독으로 탐라나 제주를 표현한 대축척 단독지도가 있는 반면, 상대적으로 작게 표현한 군현지도책 속의 지도, 전국지도첩(책) 속의 지도, 지리지 속의 지도 등도 있다.[10] 이들 중 곳자왈(숲) 지명이 많이 확인되는 것은 주로 전자인 대축척 단독지도와 군현지도책 속의 지도에 해당하는 고지도들이다. 〈표 5〉에서 확인할 수 있듯이, 여러 고지도에 표현된 곳자왈(숲)은 최소 1개에서 최고 8개까지 나타나고 있음을 알 수 있다. 1개의 곳자왈(숲)이 표현된 고지도들은 가령, 「여지도 제주목(濟州牧) 지도」(1698~1703년)를 시작으로 「해동지도 중 제주삼현도(2)」(1750년경), 「제주지도」(1700년대 전반), 「호남전도 중 제주지도」(1700년대), 「전라남북여지도 중 제주지도」(1700년대), 「팔도지도 중 호남방여도의 제주지

---

10) 오상학, 2020, 「조선시대 제주도 지도의 현황과 유형별 특성」, 『제주도연구』 53, 218~219쪽.

<표 5> 고지도(古地圖)에 보이는 곶자왈 또는 숲 관련 지명

관련 고지도	곶자왈 또는 숲 지명	추정 위치
여지도 중 제주목(「濟州牧」與地圖), 1698~1703년, 국립중앙박물관 소장	楮木藪(닥남(낭)곶)	회천동
탐라순력도 한라장촉(「耽羅巡歷圖」漢拏壯矚), 이형상(李衡祥), 1702년, 한국학중앙연구원 소장	亇(介)馬藪(고막곶)	종달리
	竿藪(우진곶)	선흘리 우진제비(우진동) 일대
	楮木藪(닥남(낭)곶)	회천동
탐라지도병서(耽羅地圖幷序), 이규성(李圭成), 1709년, 제주도민속자연사박물관 소장	竿長藪(우진곶)	선흘리 우진제비(우진동) 일대
	金寧藪(김녕곶)	김녕리
	猫藪(궤곶)	한동리
해동지도 중 제주삼현도(1)(海東地圖「濟州三縣圖」), 1750년경, 서울대학교 규장각 소장	楮木藪(닥남(낭)곶)	회천동
	金寧藪(김녕곶)	김녕리
	猫藪(궤곶, 궤술)	한동리
	亇(介)馬藪(고막곶)	종달리
	竿藪(우진곶)	선흘리 우진제비(우진동) 일대
	腐藪(썩은곶)	조수리 부근
해동지도 중 제주삼현도(2)(海東地圖「濟州三縣圖」), 1750년경, 서울대학교 규장각 소장	楮木藪(닥남(낭)곶)	회천동
제주지도(濟州地圖), 1700년대 전반, 숭실대학교 박물관 소장	亇(介)馬藪(고막곶)	종달리
조선강역총도 중 제주(濟州「朝鮮疆域摠圖」), 1700년대 전반, 서울대학교 규장각 소장	大橋藪(木橋藪의 오기?)	수산리(?)

관련 고지도	곶자왈 또는 숲 지명	추정 위치
제주삼읍도총지도(濟州三邑都摠地圖), 1770년대, 제주도민속자연사박물관 소장	磊藪(머들(흘)곶)	어음2리
	玄路藪(검(감)은질곶)	월령리
	廣藪(넙은곶)	광평리
	螺藪(구제(젱)기곶)	화순리와 덕수리 경계
	楮木藪(닥남(낭)곶)	회천동
	介(夰)馬藪(고막곶)	종달리
	竽藪(우진곶)	선흘리 우진제비(우진동) 일대
	西林藪(서림곶)	일과리
호남전도 중 제주(濟州「湖南全圖」), 1700년대, 영남대학교 박물관 소장	楮木藪(닥남(낭)곶)	회천동
전라남북도여지도 중 제주(濟州「全羅南北道輿地圖」), 1700년대, 영남대학교 박물관 소장	楮木藪(닥남(낭)곶)	회천동
팔도지도 중 호남방여도의 제주(濟州「八道地圖〈湖南方輿編〉」), 1700년대 후반, 국립중앙박물관 소장	魚寧藪(金寧藪의 오기?)	김녕리(?)
청구도(靑邱圖),金正浩,1834년, 국립중앙도서관 소장	魚寧藪(金寧藪의 오기?)	김녕리(?)
제주지도(濟州地圖), 1872년, 서울대학교 규장각 소장	竽長藪(우진곶)	선흘리 우진제비(우진동) 일대
	金寧藪(김녕곶)	김녕리
고지도첩 중 탐라전도(耽羅全圖「古地圖帖」), 1700년대, 영남대학교박물관 소장	大橋藪 (木橋藪의 오기?)	수산리(?)

관련 고지도	곳자왈 또는 숲 지명	추정 위치
해동여지도 중 제주 정의 대정(濟州 旌義 大靜「海東輿地圖」), 1800년대 후반, 국립 중앙도서관 소장	魚寧藪(金寧藪의 오기?)	김녕리(?)
대정군읍지 중 대정군지도(大靜郡地圖 「大靜郡邑誌」), 1899년, 서울대학교 규장 각 소장	林藪(OO곳)	서귀포시 영남리 북동쪽(한라산 국립공원 부근)

주: 1996년에 제주도민속자연사박물관이 편집 발행한 『제주의 옛 지도』(영인본)를 토대로 판독이 가능한 지명만을 바탕으로 정리했기 때문에 실제로는 곳자왈(숲) 관련 지명이 더 많이 기재돼 있을 것으로 판단된다.
출처: 위의 여러 고지도를 토대로 필자가 발췌·정리함.

도」(1700년대 후반), 「청구도」(1834년), 「고지도첩 중 탐라전도(耽羅全圖)」(1700년대), 「해동여지도 중 제주·정의·대정지도(濟州·旌義·大靜地圖)」(1800년대 후반), 『대정군읍지』 중 「대정군지도」(1899년) 등이다.

이들 고지도 중 일부에서는 곳자왈(숲) 지명을 잘못 기록한 것들도 발견되는데, 예를 들면 김녕수(金寧藪, 김녕곳)를 '어녕수(魚寧藪)'로 표기하거나 목교수(木橋藪, 남ᄃ리곳)를 '대교수(大橋藪)'로 표기한 고지도들이다. 이들 고지도는 특히 늦은 시기에 제작된 것임에도 불구하고 오기(誤記)가 발견된다는 점에서, 이전에 제작된 고지도의 지리적 정보를 그대로 전사하는 과정에서 오류가 발생했을 것임을 다분히 추정케 한다.

한편 여러 고지도 중에서도 지명 판독이 가능한 것들을 토대로 분석해보면, 곶자왈(숲)은 「제주삼읍도총지도(濟州三邑都摠地圖)」가 8개로 가장 많이 확인되며, 이어서 「해동지도 중 제주삼현도(濟州三縣圖)⑴」가 6개로 확인된다. 그런데 김오순의 연구에 따르면,[11] 「제주삼읍도총지도」에서는 곶자왈(숲)이 13개, 그리고 「해동지도 중 제주삼현도⑴」에서는 7개가 확인된다는 결과를 얻어내고 있다. 이러한 차이는 필자가 2개 고지도의 원본(原本)을 독도(讀圖)하지 못한 데서 발생하는 것이라 판단되지만, 좀 더 세밀한 분석의 여지는 남아있다. 말하자면, 원본을 재차 영인한 고지도를 토대로 독도했기 때문에, 판독할 수 없는 지명들이 있을 수 있다는 것이다. 아무튼 김오순의 연구를 참고해 보더라도, 여러 고지도 중에서도 곶자왈(숲)이 가장 많이 기

---

11) 김오순, 2005, 「18~19세기 제주 고지도의 연구」, 영남대학교 석사학위논문, 23쪽. 이 논문에서 김오순은 「제주삼현도⑴」, 「제주삼읍도총지도」 및 「제주삼읍전도」 등 3개 고지도에 나타난 지명을 비교·분석하고 있는데, 앞의 2개 고지도(각 13개, 7개의 곶자왈(숲)을 표현) 외에 「제주삼읍전도」에 나타난 2개의 곶자왈(숲)을 포함하여 3개 고지도에는 총 22개의 곶자왈(숲)이 표현된 것으로 밝히고 있다. 그리고 같은 연구에서 곶자왈(숲) 지명은 고지도에 표현된 '수(藪)'자를 기준으로 분류한 후 '기타 지명'으로 다루고 있다. 결과적으로, 3개 고지도에 나타난 총 22개의 곶자왈(숲)은 중복되는 것을 빼면 13개로서 저목수, 김녕수, 마마수(이마수), 묘수, 우장수, 우수, 뢰수, 현로수, 부수, 세뢰수, 서림수, 광수, 나수 등 그 위치만큼은 구체적으로 밝히고 있으나, 3개 고지도별로 파악되는 곶자왈(숲)의 분류는 행하지 않고 있다.

재된 고지도가 「제주삼읍도총지도」라는 사실에는 의심할 여지가 없어 보인다.

여러 고지도에 표현된 곶자왈(숲)은 『탐라지』 등의 고문헌과 마찬가지로, 대부분은 이전 시기에 제작된 고지도의 지리적 정보를 활용하여 그대로 옮긴 것으로 판단된다. 이러한 사실은 시대를 달리하는 여러 고지도에 곶자왈(숲)이 계속해서 중복적으로 표기되는 것으로도 추정할 수 있다.

〈표 5〉에 제시된 여러 고지도 상에서 가장 많이 등장하는 곶자왈(숲)은 저목수(닥남(낭)곶)로서 총 7회가 확인된다. 닥남(낭)곶은 오늘날 제주시 회천동에 위치하는 곶자왈(숲)로, 앞서 정리한 고문헌에서는 전혀 나타나지 않는 곶자왈(숲)이라는 점에서 주목된다. 그리고 닥남(낭)곶이라는 지명이 시사하듯이, 실제로 닥나무가 많이 자생하던 곶자왈(숲)이었는지도 궁금증을 자아내게 한다.

닥남(낭)곶 다음으로는 김녕수(김녕곶, 6회),[12] 고마수(고(그)막곶, 4회), 우수(우진곶, 3회), 우장수(우진곶, 2회), 묘수(궤곶, 2회), 대교수(남ᄃ리곶의 오기?, 2회), 부수(썩은곶, 1회), 뇌수(머들(흘)곶, 1회), 현로수(검은질곶, 1회), 광수

---

[12] 김녕곶은 「팔도지도 중 호남방여도의 제주지도」를 비롯한 「청구도」, 「해동여지도 중 제주·정의·대정지도」 등 3개 고지도에서 '김(金)'이 '어(魚)'로 잘못 표기된 것까지 포함한 수치이다.

(넙은곳, 1회), 나수(구제(젱)기곳, 1회), 서림수(서림곳, 1회), 임수(남곳 또는 술곳?, 1회) 순으로 나타난다. 이들 곳자왈(숲) 중에서도 특히 김녕곳은 여러 고문헌에도 자주 등장하는 지명으로서, 현재 김녕리 묘산봉 남쪽지구에 펼쳐지는 광대한 곳자왈(숲)을 가리킨다. 이런 사실로 보아, 고문헌이나 고지도를 편찬·제작하던 당시에도 김녕곳은 가장 널리 알려진 곳자왈(숲)이었을 것으로 판단된다.

여러 고지도에 나타나는 곳자왈(숲)은 마을 단위의 분포로 볼 때 회천동(제주시), 종달리(구좌읍), 선흘리(조천읍), 김녕리(구좌읍), 한동리(구좌읍), 조수리(부근)(한경면), 어음(2)리(애월읍), 월령리(한림읍), 광평리(안덕면), 화순리 및 덕수리(안덕면), 일과리(대정읍), 성읍리 또는 수산리(표선면 또는 성산읍), 영남리(서귀포시 대천동 북동쪽) 등 12개 마을이 확인된다. 이들 마을은 현재의 4개 주요 곳자왈 지대가 분포하는 마을이거나 주변 마을과 거의 일치한다고 봐도 손색이 없다.[13] 다시 이들을 읍면동 단위로 확인해 보면, 구좌읍 3개, 안덕면 2개, 제주시 동지역 1개, 조천읍 1개, 애월읍 1개, 한림읍 1개, 대정읍 1개, 표선면(또는 성

---

[13]   이와 관련된 개략적인 내용은 정광중의 연구(2011)에서도 이미 지적한 바 있다(정광중, 2011, 「곳자왈의 인식과 이용에 대한 인문지리학적 접근」, 『곳자왈, 보전과 활용 어떻게 할 것인가』, 곳자왈의 보전과 활용 심포지엄 발표자료집, 국립산림과학원 난대아열대산림연구소, 63~83쪽.).

산읍) 1개, 서귀포시 동지역 1개 등으로 파악되며, 제주시나 서귀포시 동지역 2개를 제외하면 분포범위를 넓게 볼 때 오늘날의 곶자왈 지대와도 대부분 중첩되는 상황임을 이해할 수 있다. 따라서 〈표 5〉에 제시된 고지도 상의 지명 자체가 오늘날의 지명과는 달리 표기돼 있지만, 근본적인 기원(출처)이 어디에 있든 곶자왈(숲)의 존재를 분명하게 인식한 상황 속에서 제작되었다는 사실을 확인할 수 있으며, 그러한 배경에는 제주도민들의 곶자왈(숲)에 대한 인식 정도가 깊게 반영되었을 것으로 판단된다.

이상과 같이 탐라나 제주를 기록한 고문헌이나 땅 모양을 평면상에 표현한 고지도를 바탕으로 곶자왈(숲)이 어느 정도로 기록되어 있는지, 또 어느 지역에 구체적으로 기재되어 나타나는지를 주로 수지명(藪地名)의 빈도수와 위치(장소)를 근간으로 검토해 보았다. 고문헌과 고지도에서 곶자왈(숲) 지명을 살펴본 결과, 몇 가지 중요한 사실과 의문점을 찾아낼 수 있었다. 그 주요 내용을 정리하면 다음과 같다.

첫째로, 여러 고문헌이나 고지도에 나타난 곶자왈(숲)은 오랜 기간을 통해 보더라도 거의 한정적으로 확인된다는 점이다. 고문헌의 경우, 편찬된 시기를 기준으로 볼 때 400년 이상의 오랜 기간에 기록돼온 곶자왈(숲)의 수는 총 16개에 이르는 것으로 파악된다. 이들 중 여러 고문헌에 공통으로 확인되는 곶자왈(숲)은 10개 정도인데, 당시의 행정구역으로 볼 때 제주목(濟州牧)에 6개, 정의현(旌義縣)에 2개, 대정현

(大靜縣)에 2개가 위치하는 것으로 확인된다. 그리고 고지도에 명시된 곶자왈(숲)의 수는 약 200년이란 제작 기간 사이에 12개가 확인된다.

물론 이 글에서 활용한 고지도에서 파악되는 곶자왈(숲)은 필자의 제한된 분석 결과에 의한 것일 수도 있기 때문에, 실제 곶자왈(숲)의 수는 다소 증가할 수 있다. 즉, 이 글에서 인용한 김오순의 연구 결과를 활용하거나 고지도의 원본을 판독할 기회를 얻는다면, 곶자왈(숲)의 수는 적어도 3~5개 정도가 더 추가될 수 있을 것으로 판단된다.

둘째로, 고문헌이나 고지도에 등장하는 곶자왈(숲)은 시대를 달리하는 과정에서 새롭게 추가되는 사례를 거의 발견할 수 없었다. 이러한 사실 자체는 당시 제주도민들 사이에 널리 유포되며 알려진 지리적 정보를 온전하게 반영했기 때문에 나타난 결과인지, 아니면 단순히 이전 시대에 편찬되거나 제작된 고문헌과 고지도의 내용을 전사함으로써 파생된 결과인지는 조사 시점에서 단정하기가 어렵다. 여러 문헌이나 고지도를 분석한 연구 결과를 보면, 후자에 해당하는 지적이 많은 것이 사실이다.

그러나 만약에 이들 고문헌과 고지도에 기록·표기된 곶자왈(숲)이 당시 제주도민들의 입에 통상적으로 오르내리던 것들을 모두 포함한 것이라고 한다면, 그러한 사실을 입증하는 노력도 동시에 이어져야 할 것이다. 이러한 노력은 오늘날 제주도민들의 입에 오르내리는 마을 단위의 곶자왈(숲)의 수가 과거의 고문헌과 고지도에 나타난 숫

자보다도 훨씬 적다는 사실[14])에서 시작해야 할 것으로 판단된다.

셋째로, 고문헌과 고지도에서 확인되는 곶자왈(숲)은 지명을 기준으로 할 때 상당한 차이가 있다는 점이다. 예를 들면, 고문헌에 기록된 곶자왈(숲)이 고지도에는 상당수가 빠져 있거나 반대로 고지도에 표현된 곶자왈(숲)이 고문헌에는 많이 빠져 있다는 사실이다. 특히 이 점은 『신증동국여지승람』을 제외하면, 여러 고문헌이나 고지도가 편찬·제작된 시기적 차이가 그다지 크지 않음에도 불구하고 두 자료에 공통으로 기재된 곶자왈(숲)은 몇 개 되지 않는다는 사실이 큰 의문점으로 남는다.

고문헌과 고지도에 공통으로 등장하는 곶자왈(숲)은 고작 김녕곶, 고(그)막곶 및 한드리곶(또는 남드리곶) 정도이다. 이들 중에서도 고(그)막곶은 고문헌에서 볼 때 『신증동국여지승람』 이외에는 전혀 기록되어 있지 않으며, 한드리곶(또는 남드리곶)은 고지도에서 볼 때 「조선강역총도 중 제주지도」와 「고지도첩 중 탐라전도」 외에 기재된 사실이 없다. 따라서 고문헌에 기록된 곶자왈(숲)과 고지도에 기재된 곶자왈(숲)이 중복되어 나타나지 않는 이유와 배경을 다른 고문헌이나 고지

---

14) 오늘날 제주도민들 사이에서 널리 유포된 마을 단위의 곶자왈(숲)은 선흘곶을 비롯하여 저지곶, 청수곶, 한수(기)곶, 산양곶 등 그 수가 얼마 되지 않는다.

도를 통해 밝히는 작업이 필요할 것으로 보인다.

넷째로, 필자가 조사한 고문헌과 고지도에 의존하는 한, 여러 고문헌과 고지도에 공통으로 등장하는 김녕곶은 상당히 오래전부터 지역 주민들에게도 인지되던 곶자왈(숲)이었을 것으로 판단된다. 김녕곶은 조사한 문헌 중 가장 오래된『신증동국여지승람』에서부터 비교적 오래전에 제작된「탐라지도병서」는 물론, 여러 고문헌과 고지도에 두루두루 등장하고 있다. 물론 이들 고문헌이나 고지도에서 가리키는 김녕곶은 오늘날 김녕리 묘산봉 남쪽 지구에 전개되는 선흘곶자왈을 의미한다.

선흘곶자왈은 선흘리 주변에서 시작하여 북쪽 해안에 위치하는 김녕리 영역까지 이어지는 광대한 숲 지역이기 때문에, 당시로서는 역사가 오래되고 마을세가 큰 김녕(리)을 숲 지명으로 사용한 것으로 판단된다. 이러한 사실을 토대로 한다면, 제주도민들 사이에서 '김녕곶(과거) → 선흘곶(현재)'이라는 곶자왈(숲) 지명의 통상적인 변화가 언제, 어떠한 구도 속에서 진행되었는지가 새로운 연구과제로서 주목받는다. 더불어 과거에 사용하던 다른 곶자왈(숲) 지명들도 어느 시기에 어떤 이유로 사라지게 되었는지에 대해 추적하는 작업이 필요할 것으로 여겨진다.

다섯째로, 여러 고문헌과 고지도에 등장하는 곶자왈(숲) 지명이 모두 현재 우리가 주목하고 있는 곶자왈(숲) 또는 곶자왈 내의 숲을 가리키는 것은 아니라고 생각된다. 그 대표적인 예로서, 사야곶·활궤로개곳·짐걸이곳(이상, 『신증동국여지승람』), 박은곳(이원진의 『탐라지』 등), 임수(남곳 또는 술곳?, 『대정군읍지』 중 「대정군지도」)를 들 수 있다. 이들은 오늘날 한라산국립공원이나 그 주변(사야곳·활궤로개곳·짐걸이곳·임수(남곳 또는 술곳?))에 형성된 숲과 해안지대에 형성된 숲(박은곳)으로 추정할 수 있다.

그렇다고 한다면, 이들 숲은 구체적으로 어디에 위치하며, 또 어느 정도의 규모였는지를 확인하는 작업이 뒤따라야 할 것으로 생각된다. 물론 이러한 작업은 오랜 세월이 지나는 동안 지명 자체가 변화하여 규명작업이 어려울 수도 있겠지만, 다른 고문헌이나 고지도의 발굴과 함께 최소한 지역 주민들을 대상으로 한 다양한 관점의 인터뷰가 절실히 요구되는 시점이라 생각된다.

곶자왈 내 문화자원(동부·서부)의
분포 실태와 특징

곶자왈 내 문화자원의 잔존에 대한 기본적 이해

곶자왈 탐방을 전혀 경험하지 못한 사
람들이나 또 탐방했더라도 곶자왈 내부까지 발길을 들여놓지 못한
사람들은 왜 곶자왈 내에 문화자원이 존재하는지에 대해 다소 의아
해할 수도 있다. 이에 대한 답은 잠시 나중으로 미루어 두고, 여기서
한 가지 짚고 넘어가고자 한다. 이 글에서는 시종일관 문화자원이라
는 용어를 사용하고 있는데, 이 용어를 더 쉽게 풀어쓰자면 '생활문
화유산'이라는 의미로 받아들여도 좋을 것이다. 나아가 생활문화유
산이라 하면 마치 선사시대나 고려~조선시대의 유적처럼 시간상으
로 매우 오래된 것으로만 생각하기 쉬우나, 곶자왈 내의 생활문화유
산은 극히 일부를 제외하면 대부분 100년 미만의 유적들이다. 따라
서 여러 가지 오해를 불러일으키지 않게 하려면 여기서는 문화자원

이라는 용어로 통일해서 사용하는 것이 무난할 것으로 판단하였다.

오늘날의 곶자왈은 좀 더 세밀하게 말하면, 〈그림 3〉과 같이 핵심 지구와 주변 지구로 구분할 수 있다. 즉, 곶자왈의 핵심 지구는 1970년대 이전은 물론이고 그 이후부터 현재까지도 전형적인 용암 숲으로 잘 남아있는 지구이고, 주변 지구는 1970년대 이전은 물론이고 그 이후부터 1990년대까지도 주변 마을 주민들이 중심적으로 자주 활용하던 지구라 할 수 있다. 오늘날 곶자왈이냐 아니냐를 놓고 극한 논란의 대상이 되는 지구가 바로 곶자왈 주변 지구이다.

조사 시점에서 곶자왈 주변 지구가 논란의 대상이 되는 이유는 크게 2가지로 요약할 수 있다. 먼저 곶자왈 주변 지구는 1970년대 이전까지도 마을공동목장 등으로 적극 활용하였기 때문에 이 과정에서 나무들은 거의 다 베어지고 목장 내부의 모든 험지(險地)는 소와 말이 다치지 않도록 평탄화 작업이나 나름대로 적절한 조치(화입 등)를 취한 결과, 기존의 자연 숲 지구로서의 특징이나 가시덤불 등이 무성해 있던 자왈의 속성을 잃은 지 오래되었다는 것이다.

다른 한 가지는, 곶자왈 주변 지구는 1980~1990년대에 이르러 목축업의 사양화로 인해 마을공동목장으로서의 기능이 거의 종식된 데다가 거의 20여 년 동안 방치된 상태로 존재해왔기 때문에, 다시 다양한 수목들이 성장함으로써 2차림을 형성하게 되었다. 결과적으로 검토 시점에서는 곶자왈 주변 지구도 핵심 지구의 숲과 연결된 상태로 이어지고 있어서, 외면상으로는 애초부터 특이한 숲을 형성하고 있던 곳자왈 핵심 지구처럼 보인다는 것이다.

그런데 여기서 한 가지 주목해야 할 점이 있다. 그것은 곳자왈 주변 지구에 위치한 마을공동목장이 개간하기 이전에도 곳자왈 핵심 지구와 같은 속성을 지닌 지구였는지 아니었는지의 여부다. 결론적으로 이 물음에 대한 대답은 같은 속성을 지닌 지구도 있었고, 반대로 전혀 그렇지 않은 지구도 있었다는 것이다. 말하자면 모든 곳자왈 주변 지구가 같지는 않다는 뜻이다.

앞에서 구분한 곳자왈 핵심 지구는 1970년대 이전은 물론이고, 그 이후부터 오늘날까지도 용암 숲이 잘 남아있는 지구로 평가하였다. 그렇다고 해서 마을 주민들이 곳자왈 핵심 지구를 전혀 활용하지 않았다는 의미는 결코 아니다. 곳자왈 핵심 지구 안에서도 마을 주민들은 숯 제조나 산전 경영 등 여러 가지 경제활동을 행하였다. 다만

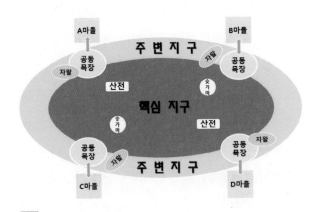

〈그림 3〉 곳자왈 핵심 지구와 주변 지구 그리고 이용 관련성 개념도.

대규모적이었거나 아니면 곶자왈의 속성을 완전히 파괴해 버릴 정도의 자원 착취는 아니었다는 것이다. 곶자왈 핵심 지구에서는 부분적으로 특별한 목적을 해결하거나 아니면 가족들의 생계를 위해 어쩔 수 없는 상황에서 이용하는 경우가 많았다. 따라서 극히 일부 주민이나 농가에 의해 행해졌기 때문에 규모적으로는 미미했다고 말할 수 있다.

이상과 같이, 곶자왈 핵심 지구와 주변 지구의 용도를 개략적으로 정리해 보면, 앞에서 지적했던 곶자왈 내부에 왜 문화자원이 존재하는지에 대한 의문은 어느 정도 풀릴 것으로 생각된다. 다시 말하면 곶자왈 핵심 지구는 핵심 지구대로, 더불어 주변 지구는 주변 지구대로 이용 시기와 이용 목적 그리고 이용 빈도가 서로 다르지만, 자연에 의존도가 높았던 조선시대 후기부터 1960년대까지는 아주 특별한 목적을 해결하기 위한 개인이나 생계가 몹시 어려운 농가(가구) 그리고 마을 단위의 주민들에 의해서 주기적으로 이용해 온 결과, 문화자원이 곳곳에 잔존하고 있다.

곶자왈 내 문화자원의 분포 실태와 특징

〈표 6〉은 곶자왈 내부에서 제주도민들이 행해왔던 다양한 경제활동을 정리한 것이다. 이를 통해 확인할 수 있듯이, 오늘날 곶자왈 내부에는 제주도민들에 의해 만들어진 문화자원들이 곳곳에 남아있다.

〈표 6〉 곶자왈 내 경제활동 별 자원 이용 실태 및 관련 문화자원

경제활동 별		자원 이용 실태	대표적 사례 곶자왈	관련 문화자원
01	숯 생산	참나무류 등 숯 재료 수종의 줄기, 숯 생산 관련 장소	선흘, 교래, 함덕, 저지, 청수, 산양, 화순 곶자왈 등	숯가마(또는 숯가마 터), 숯막, 물텅(통)
02	옹기류 생산	땔감용 수종의 줄기 및 뿌리	산양, 무릉, 저지곶자왈 등	옹기가마
03	농경지 개간(경영)	일부 평지 및 습지	선흘, 교래, 세화, 수산, 저지, 신평, 보성, 구억곶자왈 등	산전(山田), 화전(火田), 수전(水田) 및 경계용 돌담, 머들, 물텅(통) 등
04	사냥 활동	노루, 오소리, 꿩 등 야생동물	모든 곶자왈	노루텅(통)
05	생활 용구용 목재 벌채	참나무, 느티나무, 팽나무, 윤노리나무 등 다양한 생활 용구용 수종의 줄기	모든 곶자왈	없음
06	땔감(장작, 섭나무, 낙엽 등) 채취	신탄 및 땔감용 수종의 줄기 및 뿌리	모든 곶자왈	없음
07	야생 열매 및 식용·약용식물 채취*	다양한 열매, 약용식물의 줄기 및 뿌리	모든 곶자왈	없음
08	목축업*	초지, 야생식물의 줄기 및 열매	교래, 저지, 상창, 화순, 청수, 상도, 하도 곶자왈 등	공동목장, 잣성, 경계용 돌담
09	양봉업*	양봉용 수종의 꽃	선흘, 화순, 저지곶자왈 등	물텅(통), 평지, 편평한 암반
10	기타 활동: 일시적 거주지(임시 대피소), 종교 활동(제단/제터)*, 일제 군사활동	용암동굴(소형), 궤, 자연 암석(암반), 언덕과 평지	저지, 청수, 산양, 무릉, 화순, 선흘, 구억 곶자왈 등	용암동굴, 궤 속의 유물, 대형 암석(암반), 막사와 부엌, 보초용 및 은폐용 돌담

주: *표시는 현재도 소규모로 행해지는 자원 이용 방식임.

출처: 정광중, 2015 및 2017 자료를 일부 수정하여 작성.

물론 곶자왈이 제주도민들의 경제활동을 위한 장(場)으로만 작동된 것은 아니다. 다시 강조하자면, 과거 전통적인 생활상을 전제할 때 제주도민들이 곶자왈 내의 다양한 자연자원을 활용한다는 시각을 고려해 볼 때 개략적으로 〈표 6〉과 같이 정리할 수 있다는 것이다.

그리고 〈표 6〉에는 비록 경제활동은 아니지만, 위기적인 상황에서 제주도민들이 곶자왈을 적극적으로 활용했던 사례도 포함하고 있다. 이러한 사례들은 평소 제주도민들의 예상에서 한참 벗어난 곶자왈이 주는 각별한 혜택이라 할 수 있다. 이하에서는 개별 경제활동과 그 결과 탄생한 관련 문화자원의 기본 속성 및 특성에 대하여 구체적으로 검토한다.

숯 생산에 의한 숯가마(터)와 숯막

제주도민들이 곶자왈 내부에서 숯을 생산하던 시기는 특히 일제강점기를 기점으로 이전과 이후로 나누어 접근할 수 있다. 두 시기는 적어도 조선시대 후기부터 일제강점기 이전 시기와 해방 이후부터 약 1960년대까지이다. 이처럼 숯 생산 시기가 다르면, 그에 따라 잔존하게 되는 숯가마(터)의 형태도 달라진다. 시기적으로 앞선 숯가마는 이를테면 돌숯가마(또는 곰숯가마)이고, 늦은 시기의 숯가마는 1회용 숯가마(폐기형 숯가마)를 가리키는데, 이것은 엄밀히 말하면 1회용 숯가마 터라고 해야 옳다.

〈사진 1〉 돌숯가마(곰숯가마). A: 선흘곶자왈, 2012. 4. / B: 구억곶자왈, 2016. 11.
출처: 정광중 촬영 및 작성.

먼저 돌숯가마는 현재 제주도 내 곶자왈 내부나 그 주변 지역에 10
여 기가 확인되었거나 보고되었다(사진1). 이들 중 대부분은 반파(半破)
되었거나 아니면 아궁이 주변 혹은 천장 등 일부분이 파손된 것이 많
고(사진 1-B), 온전하게 보전되고 있는 것은 2~3기에 불과하다(사진 1-
A).15) 사실상 돌숯가마는 이미 100년 이상의 시간이 흘렀고, 더불어

---

15) 제주도 내에 분포하는 돌숯가마 중에서 조사 시점에서도 어느 정도 형태를 유
    지하고 있는 것은 선흘곶자왈과 그 주변 지역에 3기를 시작으로 교래곶자왈 내
    1기, 거문오름 내 1기, 서광곶자왈 내 2기, 구억곶자왈 내 1기, 한라산 관음사
    탐방로 상 1기(1998년 10월 정면부와 상단부 복원) 등으로 확인된다. 이들은
    약식 또는 정식 발굴과정을 거쳐 보고된 것과 단순히 현장에서 확인된 것을 포
    함하는 수치이며, 이들 중 거의 완전한 형태로 잔존하는 것은 선흘곶자왈 내 1
    기와 그 주변 지역에 있는 1기 정도이다. 아울러 10여 년 전까지 잔존해 있던
    서광곶자왈 내 일부 돌숯가마는 이미 해체되어 사라졌으며, 선흘곶자왈 내 1
    기와 거문오름 내 1기, 교래곶자왈 내 1기 등은 거의 파괴 직전에 직면해 있다.

강수량이 많은 제주도 기후 특성상 오늘날까지 온전하게 잔존하기
에는 어려운 환경이라 할 수 있다. 그나마 온전하게 버텨준 2~3기의
돌숯가마는 우리에게 큰 행운을 가져다준 것일 수도 있다.

돌숯가마는 숯이 필요할 때마다 여러 차례에 걸쳐 제조할 수 있는
특징을 가지고 있지만, 숯가마 자체는 애당초 축조한 크기(규모)가 정
해져 있으므로, 한번에 많은 양을 제조할 수 없다는 단점이 있다. 돌
숯가마에서는 화력이 좋은 백탄(白炭)을 주로 생산하였다. 제조한 숯
은 대부분 관가(官家)로 반입되었으며 일부는 적절한 가격에 팔리는
대상이었을 것으로 판단된다. 강창화·정광중의 연구(2014)에 따르면,
이미 보고된 선흘곶자왈 내 돌숯가마는 장축 550㎝, 단축 530㎝, 높
이는 160~170㎝(사진 1-A)로 실측되었다. 그리고 강창화 외 보고서
(2017)에 따른 구억곶자왈의 돌숯가마 사례는 장축 780㎝(남북 방향), 단
축 560㎝(동서 방향), 높이는 160㎝로 확인되었다(사진 1-B).

1회용 숯가마는 폐기형 숯가마라고도 할 수 있다(사진 2). 그 이유는
완성된 숯을 꺼내는 과정에서 숯가마를 완전히 헐어내기 때문이다.
따라서 1회용 숯가마는 숯 재료의 양에 따라서 얼마든지 크게 또는
작게 축조할 수 있으며, 그 규모와는 관계없이 한번 숯을 제조하고
나면 숯가마를 반드시 헐어내면서 숯을 꺼내야 하는 특성상 대부분
은 숯가마의 가장자리에 원형의 돌담만 남는 게 보통이다. 이 돌담
은 숯가마를 축조할 때 숯가마의 중간 부분(2/3 지점)까지 쌓아 올렸
던 중심 재료이다.

〈사진 2〉 1회용 숯가마. A: 선흘곶자왈, 2012. 5. / B: 청수곶자왈, 2014. 8.
출처: 정광중 촬영 및 작성.

오늘날 1회용 숯가마 터가 명확하게 확인되는 곶자왈은 조천-함
덕곶자왈 중 교래곶자왈과 선흘곶자왈이고(사진 1-A), 한경-안덕곶자왈
중 저지곶자왈과 청수곶자왈에서는 극히 일부 지구에서만 확인된다
(사진 1-B). 특히 이들 마을 단위 곶자왈 중에서는 교래 및 선흘곶자왈
이 유난히 밀집도가 높게 나타난다. 그리고 이들 곶자왈을 끼고 있
는 4개 마을은 모두 해안 지역이 아닌 중산간 지역의 마을들이고, 1
년 중 한시적인 기간에 한정하여 숯 제조를 행하였지만, 제주도에서
는 대표적인 숯 마을이라 해도 좋을 것이다.

1회용 숯가마는 앞서 정리한 돌숯가마로부터 발전한 형태이기 때
문에, 한번에 대량으로 숯을 제조할 수 있는 특징을 가지고 있으나,
숯을 굽는 중간에 가마 자체가 무너져 내릴 수도 있으므로 많은 일
손과 현장 관리 감독을 필요로 한다. 더불어 숯 재료의 확보 여부에
따라서 숯가마의 크기(너비와 높이)가 달라지기 때문에 숯가마가 폐기

된 후의 석렬(石列) 잔흔도 다양한 크기로 남게 된다. 이처럼 1회용 숯가마는 기본적으로 잔존하는 원형 혹은 타원형의 1~2단 석렬로만 추적이 가능하기 때문에, 나무들이 우거진 곶자왈 내부에서 일일이 확인하기란 쉽지 않다. 지금까지 확인된 1회용 숯가마의 규모는 바닥면 장·단축 길이(석렬 기준)로 볼 때 소형이 200~300cm, 대형은 700~900cm이다.[16)]

숯막은 숯을 제조할 때 임시로 기거하거나 휴식을 취하는 막사이다(사진 3). 숯 생산은 보통 농한기인 매년 12월부터 이듬해 3월까지 주로 행해진다. 말하자면 이 시기는 가장 추운 때이기도 하고 또 숯을 한번 제조하는 데까지는 보통 3~4일에서 7~10일이 걸리기 때문에, 작업자들이 도중에 휴식을 취하거나 밤을 지새우며 추위를 피할 수

〈사진 3〉 숯막. A: 교래곶자왈, 2013. 8. / B: 선흘곶자왈, 2012. 3. / C: 구억곶자왈, 2016. 11.
출처: 정광중 촬영 및 작성.

16) 강창화·정광중, 2014, 「제주 선흘곶자왈 내 역사문화유적의 분포실태와 특성」, 『한국사진지리학회지』 24(1), 163쪽.

있는 공간이 필요한 것이다. 특히 시장으로 내다 팔 목적으로 한번에 많은 양의 숯을 제조하는 경우에는 숯막이 반드시 필요하다. 그래서 실제로 많은 양의 숯을 제조할 때는 같은 동네에 거주하는 사람들끼리 동아리를 조직하여 공동으로 작업하는 사례도 많다.[17]

숯막의 잔존 형태는 일정한 높이까지 쌓아 올린 타원형(사진 3-A), 원형(사진 3-B) 및 방형(사진 3-C)의 돌담으로 남는다. 그리고 쌓아 올린 돌담의 높이는 50~60cm에서 80~100cm 정도이며, 내부 면적은 0.5평(≒1.7㎡)에서부터 2평(≒6.6㎡) 크기까지 다양하나 대부분은 1평(≒3.3㎡)을 전후한 크기이다. 숯막 면적이 1평을 전후한 크기라면 숯을 제조하는 과정에서는 성인 2~4명이 동시에 식사하거나 일시적인 휴식이 가능하고, 또한 2명씩 교대로 쪽잠을 잘 수도 있는 크기이다. 숯막이 집중적으로 확인되는 곶자왈은 선흘곶자왈이고, 교래곶자왈과 구억곶자왈에서도 일부가 확인된다.

옹기류 생산과 옹기가마

제주에서도 옹기류는 일반 서민들의 일상생활에서 절대적으로 필요한 기물(器物)이다. 개별 가정에서는 물항을 비롯하여 허벅, 장항(된장독, 간장독 등), 쌀독, 장태, 시루, 고소리, 술병, 망대기, 조막단지, 독

---

17)   정광중, 2014, 164~165쪽.

사발 등 다양한 옹기류를 필요로 하였다. 이들은 시기적으로 거슬러 올라가면 육지부에서 들어온 것을 구하여 사용하기도 했지만, 1960~1970년대에 이르면 대부분은 제주의 옹기가마에서 제조한 것들을 사용하였다.

제주의 옹기기마는 보통 '노랑굴'과 '검은굴'로 구분하여 불렀다.[18] 다시 말해, 가마 안에서 소성되어 나오는 기물의 색상이 노란색을 띠는 옹기가마를 노랑굴이라 하고, 또 기물의 색상이 검은색을 띠는 옹기가마를 검은굴이라 하였다.[19] 노란색 옹기류와 검은색 옹기류의 차별은 단순히 색상에 따른 구분을 목적으로 삼고자 하는 것이 아니라 옹기류의 기능과 용도에 따라 제작 기법이 다를 수밖에 없다는 점을 시사하는 것이다.

이러한 옹기가마는 개인이 축조하여 옹기를 생산하기란 어렵고, 대개는 계(契)를 조직하여 여러 계원이 각기 맡은 역할을 통해 운영하였다. 이것은 그만큼 다양한 옹기류를 만들어내는 데 여러 전문 분야의 특성이 있는 계원들의 솜씨가 발휘되어야 하기 때문이다. 다시

---

18) 노랑굴은 1,200℃ 이상의 고온에서 옹기류의 표면색이 노란색을 띠게 하여 허벅, 항아리 및 병 등을 제조하는 가마이고(이경효, 2010: 45쪽), 검은굴은 약 900~1,000℃의 온도에서 발생하는 탄소를 옹기류의 표면에 스며들게 하여 회흑색의 시루, 화로 및 자배기 등을 제조하는 가마이다(김은석, 1991: 26쪽).

19) 오창윤, 2010, 「제주 옹기(甕器)에 관한 연구-제주돌가마 축조와 옹기관광제품생산을 중심으로-」, 단국대학교 박사학위논문, 49~51쪽.

말하면, 옹기류는 옹기가마의 축조에서부터 각종 옹기의 성형(成形), 가마 안 재임과 번조(燔造) 그리고 제품의 운송과 판매 등 여러 부문에 걸쳐 전문가의 협력이 작동되어야 한다.

이러한 옹기가마의 입지에는 몇 가지 중요한 조건이 뒤따른다. 이경효의 주장(2010: 26·27)에 따르면, 옹기가마의 축조와 옹기류를 제조하는 데는 필수적으로 연료 확보가 좋아야 하고, 옹기 재료인 점토 확보가 용이해야 하며, 나아가 원료의 운반과 옹기 판매를 위한 육상 및 해상 교통로 확보가 중요하다는 것이다. 이러한 사실은 〈그림 4〉의 제주도 내 옹기가마 분포도를 통해서 어느 정도 입증되고 있다.

옹기가마의 입지 조건과 관련지어 볼 때 특히 가마 축조 시는 물

〈**그림 4**〉 제주도의 가마 분포도. 출처: 이경효, 2010: 26쪽.

론이고 옹기류를 제조하는 데 많은 연료 소모가 동반되기 때문에, 이왕이면 곶자왈과 가까운 지점에 가마를 축조하려는 사례들이 있었다. 이 점은 두말할 여지도 없이 곶자왈로부터 풍부한 땔감을 조달하기 위한 목적이 있는 것이다. 이러한 사실은 이미 김은석의 연구(1991)에서도 확인된 바 있다. 다시 말하면, 그의 연구에서 조사된 8기의 옹기가마 중 적어도 2기(산양리 월광동 소재 노랑굴 I, II)는 산양곶자왈 초입부에 입지하고 있었음이 밝혀졌다. 이처럼 곶자왈은 옹기류의 제조와 관련하여 절대적으로 필요한 연료 공급지로서 옹기가마의 입지를 가능케 했다는 것이다.

〈사진 4〉는 현재도 잔존하고 있는 산양리 월광동 소재의 속칭 '조롱물 노랑굴'이다. 아궁이와 소성실의 천장 일부가 파괴되었지만(사진 4-A), 최근까지도 전체적으로 내·외부 원형이 잘 보전되고 있는 옹기

〈사진 4〉 신양곶자왈 초입부의 조롱물 노랑굴. A: 전경, 2014. 5. / B: 내부 불벽 및 불구멍, 2014. 5.
출처: 정광중 촬영 및 작성.

가마 중 하나이다(사진 4-B). 더불어 옹기가마의 후면부(배연구 또는 가늠구멍)에는 바로 산양곶자왈이 이어지고 있어서, 과거 옹기가마의 입지 조건을 제대로 살펴볼 수 있는 좋은 사례가 되고 있다.

이 옹기가마는 김은석의 연구에서 조사된 월광동 소재 '노랑굴 II'에 해당하는 것이기도 하다. 이 옹기가마에서는 근처에 있는 조롱물이라는 봉천수의 물을 이용하여 옹기를 빚고, 또 조롱물 주변에서 채취한 진흙을 옹기가마의 축조 및 옹기 재료로 사용했다고 하여 '조롱물 노랑굴'이라고도 불렀다. 2004년 6월에 구 북제주군에서 설치한 안내판에 따르면, '조롱물 노랑굴'은 길이 1,265㎝, 너비 150㎝, 높이 200㎝로 파악된다.

농경지 개간과 산전(山田), 수전(水田) 및 경계용 돌담, 머들, 물텅(통)

제주도 내에서 곶자왈의 일부 지구를 개간하여 농경지로 사용하는 사례는 적어도 조선시대 후기로 거슬러 올라갈 것으로 판단된다. 이러한 사실은 김상호(1979), 박찬식(1996) 및 이욱(2008)의 연구를 통해서도 충분히 유추해낼 수 있다. 다시 말해 19C에 이르러서는 목장 내의 경작과 그 주변 지역의 화전을 공식적으로 허락하면서, 관(官)에서 장세(場稅)와 화전세(火田稅)를 부과하였기 때문이다.

화산섬인 제주도는 전체적으로 용암대지를 이루는 지형적 특성을 보이는 결과 농경지가 절대적으로 부족한 것이 엄연한 사실이다.

따라서 과거 시점에서는 곶자왈이든 일반적인 임야든 어느 정도의 농업 활동을 할 수 있는 가능성이 있다면, 농경지로 개간하는 것이 당연한 조처였을지 모른다. 결과적으로 이러한 현상은 대가족을 부양해야 했던 1960년대까지도 지속된 것으로 이해할 수 있다.

곶자왈 내부에서 농경지를 개간하여 활용한 사례는 곳곳에서 확인할 수 있는데, 일부 곶자왈의 사례에서는 인접한 마을 주민들로부터 생생한 경험담을 전해 들을 수 있다. 지금까지 농경지 개간이 확인된 곶지왈은 마을 단위로 볼 때 동부지역에서는 선흘곶자왈을 시작으로 교래, 세화, 수산곶자왈, 서부지역에서는 저지, 신평, 보성 및 구억곶자왈을 들 수 있다.[20] 아울러 이들 곶자왈 중에서도 가장 전형적으로 잔존하는 곳은 선흘, 교래 및 신평 등 3개 곶자왈이다.

아래 사례에서는 오늘날의 조천읍 대흘리 주변 곶자왈에서 생계가 어려웠던 가구들이 산전(山田)을 개간하여 피와 팥 등을 재배했다는 생생한 증언을 접할 수 있다. 그런데 산전을 일구는 장소는 곶자왈 핵심지역이 아닌 곶자왈과 목장의 경계지역, 즉 곶자왈 초입부 정도로 이해할 수 있다(그림 3 참조). 산전으로서의 최적지는 큰 암반이나

---

20) 농경지 개간과 관련된 곶자왈은 탐방로나 과거의 우마로를 근간으로 하여 개간 후의 농지용 경계 돌담이나 머들 등의 잔존 실태로 확인한 곶자왈도 포함된다. 이런 사실로 볼 때, 실제로는 더 많은 곶자왈에서 농경지 개간이 행해졌을 것으로 추정할 수 있다.

암석들이 많지 않은 장소로서 더불어 토양층이 어느 정도 존재하는 장소라 할 수 있다. 이 점은 산전 개간에 따른 노동력 절감과 함께 작물 재배과정에서의 발아와 생장을 전제해야 하기 때문이다. 따라서 암반이나 암석이 적은 곶자왈 초입부라 할지라도, 산전으로 개간이 가능한 면적은 그리 넓지 못한 것이 현실이다. 아래의 산전 개간 사례는 바로 그러한 사실을 적나라하게 보여준다.

> "곶자왈지대 인근의 주민들은 예로부터 산전(山田)을 일구며 살았다. 곶자왈지대와 목장의 경계 주변 일대(저자 주: 조천-함덕곶자왈, 마을 단위로는 대흘곶자왈 주변 지역)에서는 일제시대까지 오랫동안 경작지로 활용돼 왔고, 곶자왈 중심지역은 워낙 바위투성이라 밭을 일굴 엄두를 내지 못했지만, 곶자왈 주변에서는 손바닥만 한 크기의 밭을 일굴 수 있었다. 따비 등을 이용해 돌을 일구고 가시덤불을 태워버린 다음 팥이나 피 같은 작물을 심었다. 그때는 거름이나 비료 같은 것을 쓸 여유가 없었던 때였지만, 오랫동안 나뭇잎이 쌓인 곳은 그나마 곡식을 키울 만했다. 한 2~3년 동안 농사를 짓고 나면 다시 장소를 옮겨 새로운 밭을 일궈야 했다."(제민일보곶자왈특별취재반, 2004: 87)

곶자왈 내의 농경지 개간은 매우 특이한 형태로도 행해졌다. 선흘곶자왈에서는 일반 농경지(밭)와 더불어 '강못'이라 부르는 수전(水田)을 개간하여 벼를 재배하기도 했는데, 조사 시점까지도 논을 개간하여 쌀을 생산한 사례로는 제주도 내 여러 곶자왈 중 유일한 사례로 주목된다. 특히 강못은 선흘곶자왈 내에서도 지하에 파호이호이 용암류가 넓게 깔린 장소를 선택하여 조성하였는데, 이런 장소는 상대적으로 물이 많이 고이고 더불어 물 빠짐도 더디므로 나름대로 벼 재배가 가능했던 것으로 판단된다.[21] 이런 의미에서 볼 때, 선흘곶자왈에서 확인되는 논 형태의 강못은 매우 중요한 의미를 띨 수 있으며 동시에 소중한 자원적 가치를 지닌 대상으로 평가할 수 있다.

〈표 7〉은 선흘곶자왈에서 행해진 농경지 개간 사례이다. 제주도 내의 모든 곶자왈이 동일한 변화과정을 거친 것은 아니지만, 제주도가 육지부와는 멀리 떨어져 있고 또 작은 화산섬이라는 공간적인 범위 안에서 한정된 자원을 활용한다는 거시적 측면에서 보면, 곶자왈 내의 농경지 개간 시기도 대략 유사한 상황을 보일 수 있다. 특히 제주도는 조선시대 후기부터 일제강점기를 지나 1960년 이전까지는 경제적으로 상당히 어려운 시기였기 때문에, 소농이 많았던 여러 마을에서는 중산간 지역의 주인 없는 땅을 개간하는 사례가 많았다.[22]

---

[21] 강못은 자체적으로 고인 물을 이용하면서도 인근에 별도의 물텅(통)[물 저장소]을 만들어 놓고 비상시 활용하기도 하였다. 물텅(통)은 강우 시에 자연적으로 형성되는 못(池) 형태의 것도 있지만, 농가가 직접 돌담을 두르고 견고하게 만든 것도 있다.

[22] 송성대, 2001, 『문화의 원류와 그 이해』, 도서출판 각, 274쪽.

〈표 7〉 곶자왈 내에서 개간한 농경지 종류, 조성·사용 시기 및 재배작물(선흘곶자왈 사례)

농경지 종류	조성·사용 시기	재배작물	경지화 과정의 특징
산전	1894년(갑오년) 이후 ~1950년대 말	보리, 조, 피, 산뒤 등	경지 내에 머들이 존재
강못	1940~1950년 전후	논벼(水稻)	습지 가장자리에 돌담을 두름

출처: 정광중, 2015: 14쪽.

이처럼 제주도의 여러 곶자왈 내 농경지 개간은 경제적으로 어려웠던 시대상(時代相)과도 맞물리는 가운데 특히 가정경제가 어려운 농가들이 많은 부양가족을 먹여 살리려고 바둥대던 징표라 할 수 있다.

선흘곶자왈의 농경지 개간은 1894(갑오)년 이후부터 1950년대까지 이어지는 산전, 그리고 해방을 전후한 시기인 1940~1950년 사이에 행해진 강못으로 구분할 수 있다. 산전에서는 주로 보리, 조, 피, 산뒤 등을 재배했으며, 강못에서는 벼를 재배하여 집안의 대소사(기일제, 대소상, 혼례 등)에 유효하게 활용하였다.

〈사진 5〉는 각각 교래곶자왈(A)과 신평곶자왈(B)의 산전 개간 사례이고, 〈사진 6〉은 산전을 개간하고 나서 농경지의 가장자리에 두른 경계용 돌담(즉, 밭담(A))과 산전을 정리하는 과정에서 나온 잔돌을 한데 모아놓은 머들(B)이다. 그리고 〈사진 7〉은 선흘곶자왈에서 산견되는 벼 재배용 강못과 물텅(통)을 나타낸 것이다.

〈사진 5〉 산전. A: 교래곶자왈, 2011. 9. / B: 신평곶자왈, 2014. 5.
출처: 정광중 촬영 및 작성.

〈사진 6〉 산전용 경계 돌담(A: 교래곶자왈, 2013. 8.)과 머들(B: 교래곶자왈, 2016. 3.).
출처: 정광중 촬영 및 작성.

　　교래와 신평곶자왈의 개간 사례로 보면, 대개 산전은 상대적으로
토양이 존재하면서 동시에 지형적으로 평평한 장소를 선택하여 행
해졌으며, 선택한 장소 안의 크고 작은 나무와 가시덤불 등을 일차
적으로 자른 후에 불을 질러서 농경지로서의 기능을 최대한 높인 것

으로 추정된다. 또한 본격적인 농사를 짓는 과정에서는 쟁기나 따비 등에 걸려 나오는 크고 작은 돌들을 〈사진 6-B〉와 같이 한 지점에 모아두는 것이 일반적이었다. 이 점은 한번 개간한 산전은 2~3년 정도가 지나면 다시 이동해야 하고, 또 곶자왈과 같은 험하고 좁은 공간에서는 돌멩이를 멀리 치우기가 버겁다는 사실과 맥을 같이한다.

농가마다 개간한 산전은 일단 개간한 당사자의 소유권을 알리는 표식으로서 〈사진 6-A〉와 같은 경계용 돌담을 둘렀는데, 일반적으로 해안 지역이나 중산간 지역의 들녘에 보이는 밭담과 비교하면 낮고 다소 조악한 형태를 보이는 것이 특징이다. 이런 상황을 전제하면, 곶자왈 내의 산전은 일정 기간 경작과 이동에 중심을 두고 있었던 것으로 판단된다.

선흘곶자왈에서 확인되는 벼 재배지인 강못(사진 7-A)은 평지를 개

〈사진 7〉 강못(A: 선흘곶자왈, 2012. 3.)과 물텅(통)(B: 선흘곶자왈, 2012. 5.).
출처: 정광중 촬영 및 작성.

간한 농경지와는 달리 물기를 머금는 장소를 선점해야만 하고, 벼 재배 기간 중에 물이 부족하면 자연적인 물통이든 농가가 직접 만든 물통(사진 7-B)에서든 부족한 물을 적절히 보충해야만 온전하게 쌀 생산이 가능해진다. 이처럼 벼 재배지인 강못과 물 저장소인 물통은 불가분의 관계를 유지하며 선흘곶자왈에서만 볼 수 있는 독특한 문화 자원으로 자리 잡고 있다.

사냥활동과 노루텅(통)

곶자왈에서는 사냥활동도 지속해서 이루어졌다. 그러나 곶자왈 내 사냥활동이 어느 정도의 공간적인 범위에서, 또 어떤 동물을 대상으로 폭넓게 이루어졌는지는 관련 연구가 거의 없어서 그 실상을 정량적으로 파악하기가 매우 어렵다. 그러나 이미 오래전부터 곶자왈을 포함한 제주도 전역에서 특정 동물을 본격적으로 사냥해왔으며, 포획한 동물은 고기는 물론이고 가죽과 털 등을 일상생활에서 애용해 왔다는 사실이 기존 연구에서 밝혀지고 있다.

먼저 조태섭의 연구(2017)에 따르면 7~9C 제주도에서는 사슴을 비롯한 노루, 소, 돼지(멧돼지), 말, 개 또는 오소리 등 7종 동물이 사냥 대상이 돼 왔는데, 이들 중에서도 사슴, 소, 돼지 등 3종 동물은 사냥 활동의 중심이었으며, 특히 사슴 사냥은 가장 활발했음을 밝히고 있다. 그리고 고순희·장현주(2014)는 과거 제주도민들이 사냥한 동물이나 사육한 동물의 털과 가죽을 활용하여 털옷, 모자(가죽감티, 털벌립), 버선이나 신발 등을 만들어 착용하였는데, 이들 재료는 주변에서 사냥으로 쉽게 얻을 수 있는 노루, 사슴이나 오소리, 그리고 목축 활동을 통해 얻을 수 있는 소, 말, 개 등의 동물이었음을 지적하고 있다. 더불어 고순희·장현주(2014)는 모피·피복류에 사용하는 동물들은 주로 중산간 지역을 터전으로 삼았던 테우리와 화전민, 사냥꾼들이 주로 사육하거나 포획하는 대상이었음을 밝히고 있다.

이상의 연구 성과를 바탕으로 제주도의 사냥활동과 관련된 몇 가지 중요한 사항을 끌어낼 수 있다. 첫 번째, 제주의 들녘에서 사냥을 통해 취할 수 있는 주요 야생동물은 사슴, 노루, 오소리나 멧돼지이며, 이들은 제주도민들에게 고기와 피, 털과 가죽을 얻는 수단이었음을 유추해낼 수 있다. 두 번째, 야생동물의 모피나 가죽은 가죽 모자(털벌립 포함)는 물론이고 털옷(또는 가죽옷), 가죽버선과 가죽신 등을 만드는 소중한 재료로 활용하였다. 세 번째, 야생동물을 사냥하는 사람들은 중산간 지역에 터전을 잡고 생활하는 주민 중에서도 주로 목축업에 종사하는 테우리(牧子)와 화전민 그리고 사냥꾼의 직업을 가진 사람들이라는 점이다. 네 번째, 야생동물을 주로 사냥하는 사람들은 중산간 지역에서 목축업, 화전(산전) 농업 또는 사냥활동을 전문적으로 행하는 직업군이라는 점에서 이심전심으로 중산간 지역에 널리 분포하는 곶자왈과의 연관성을 유추할 수 있다는 점이다. 다시 말하면, 야생동물들은 위급 시에 사람들을 피해 몸을 숨기는 장소로서 또는 새끼를 낳아 기르는 장소로서도 곶자왈을 자주 찾는 특성을 보이고 있기 때문에, 곶자왈에서의 사냥활동과도 얼마든지 연관될 수밖에 없는 것이다.

한편 곶자왈 내부에서 행해진 사냥활동에 대한 기록은 거의 전무하기 때문에, 실제로 경험했던 고령의 주민들로부터 전해 들을 수밖에 없다. 그렇지만 이 글에서 다루려는 노루텅(통)처럼, 시기적으로 아주 오래된 문화자원은 현존하는 고령자들로부터도 자세하게 전해 들을 수 없는 상황이다. 노루텅은 말 그대로 야생노루를 잡기 위한 석축함정(石築陷穽)으로서, 이 노루텅을 만들어 사용한 시기는 조선시대 말부터 일제강점기 이전(1910년 이전)까지이다. 따라서 노루텅은 현재 생존하는 고령자들도 거의 사용한 경험이 없고, 이들의 부모 세대가 사용한 것으로 전해진다.

〈사진 8〉(A~C)은 오늘날 선흘곶자왈에 잔존하는 노루텅이다. 지금까지 확인된 노루텅의 수는 7기인데,[23] 〈사진 8〉에 제시한 3기의 노루텅(A~C)은 7기 중 그나마 원형에 가깝게 잘 남아있는 것들이다. 노루텅 A는 선흘곶자왈 내 동백동산 탐방로 상에서 가까운 지점에 위치해 있으며, 야생노루가 발을 딛고 올라서서 송악의 줄기와 잎을 뜯어 먹는 상부 지점과 그 반대의 하부 지점의 경사도가 꽤 큰 장소

---

23)   강창화·정광중, 2014, 앞 논문, 156쪽; 정광중, 2014, 앞 논문, 9쪽.

〈사진 8〉 선흘곶자왈 내 여러 형태의 노루텅(통)(A: 2017. 5. / B: 2013. 7. / C: 2012. 5.).
출처: 정광중 촬영 및 작성.

에 설치된 노루텅이다. 내부 형태는 위에서 보면 삼각형을 취하며,
정황적으로 볼 때 농경지 가장자리에 설치한 것으로 추정된다.[24]

노루텅 B는 선흘곶자왈 내에서도 비교적 평평한 농경지가 전개
되는 한쪽 가장자리에 설치되어 있는데, 상단부의 돌담이 허물어져
일부 파괴된 모습을 보인다. 노루가 올라서는 상부와 그 반대인 하
부 지점의 경사도는 아주 미미한 정도이며 내부 형태는 알파벳 D자
를 아래로 눕힌 형태를 취한다. 노루텅 C는 선흘곶자왈 내에서도 북

---

24) 조사 시점(2018년 10월)을 기준으로 할 때, 노루텅이 설치돼 있는 주변 지구
는 많이 헝클어져 있기는 하지만 어렴풋하게나마 농경지로 사용한 흔적을 엿
볼 수 있었다.

서쪽의 단위생활지구 내 농경지 가장자리에 설치된 3기 중 하나이다. 현재까지 발견된 노루텅 중에서는 형태가 가장 잘 보전되어 있으며, 상부와 하부의 경사도도 꽤 큰 차이를 보이는 노루텅이다. 내부 형태는 한쪽 면이 다소 길쭉한 타원형을 취한다.

지금까지 발견한 노루텅을 토대로 보면 몇 가지 공통점을 확인할 수 있다. 먼저 하나는 노루텅이 농가가 개간한 농경지의 가장자리에 주로 설치되어 있다는 점, 또 다른 하나는 노루텅 설치 장소는 경사도를 십분 이용한다는 점, 즉 농경지의 가장자리를 기준선으로 볼 때 농경지 바깥쪽은 높고, 농경지 안쪽은 낮게 구안하여 설치한다는 점이다. 이러한 공통점을 통해 볼 때, 노루텅의 설치 목적은 대략 두 가지로 요약된다. 첫째는 농가가 개간한 농경지의 재배작물(보리, 조, 피, 산뒤 등)을 보호하기 위하여 설치하였고, 두 번째로는 노루를 포획하여 동물성 지방분인 고기[25]와 피를 포함해 가죽으로 활용할 수 있으므로 설치한 것이다. 이상과 같이 선흘곶자왈에 잔존하는 노루텅은 중산간 마을인 선흘리 주민들의 지혜를 엿볼 수 있는 훌륭한 문화자원으로 자리매김할 수 있는 것이다.

---

25) 오성찬(2000: 107쪽)에 따르면, 마을 주민들이 단체로 노루를 포획할 때는 노루고기를 마을제에 쓰거나 소금에 절여 저장했다가 포(脯)를 떠서 먹었다고 한다.

목축업과 공동목장, 잣성, 경계용 돌담

곶자왈은 공동목장으로 활용하기에도 여러 가지 장점이 있다. 그렇다고 해서 모든 곶자왈의 범위가 공동목장에 포함되어 있다거나 혹은 여러 개의 공동목장에 곶자왈이 반드시 포함되어 있다는 의미는 아니다. 공동목장은 대개 마을의 위치에 따라 그 배후의 중산간이나 산간 지역으로 연결되어 전개되기 때문에, 사실상 곶자왈을 끼고 있지 않은 사례가 더 많다고 할 수 있다.

그러나 곶자왈을 가까이 두고 있는 마을에서는 공동목장의 일부가 곶자왈을 포함하거나 곶자왈과는 성격이 조금 다른 자왈의 일부를 포함하는 경우가 있다. 따라서 일부 곶자왈을 포함하는 공동목장의 경우에는 소나 말들의 먹이인 다양한 식물들이 무성하게 자생하는 지구가 존재하기 때문에 방목에는 매우 유용하다는 것이다.[26]

소나 말들은 공동목장 안에서 풀을 뜯다가 스스로 먹이 경험을 배경으로 저절로 곶자왈 내부로 들어가는 사례가 허다하다. 그런 상황 속에서 소나 말들이 곶자왈 내부 깊숙한 곳까지 들어갔다가 다치는 경우도 종종 발생하기 때문에 그때마다 농가 주인이나 테우리들

---

26) 강만익, 2001, 「조선 시대 제주도 관설목장의 경관 연구」, 제주대학교 석사학위논문, 63쪽.

은 곤욕을 치르기도 한다. 곶자왈은 그만큼 소나 말들에게 매력 있는 장소이기도 하지만, 위험을 동반하는 장소로도 드러나기 때문에 공동목장 안에 곶자왈을 끼고 있는 마을에서는 항상 긴장을 늦출 수 없다.

오늘날 제주도의 공동목장은 거슬러 올라가면 조선시대 관영목장(官營牧場)과 맥을 같이한다. 특히 마을 단위의 공동목장(즉, 마을공동목장)은 일제강점기인 1910~1930년대에 전도적으로 마을공동목장조합이 설립되면서 등장한 것이다.[27) 이러한 사실을 전제해 보면, 과거의 관영목장(즉, 10소장 및 산마장[산간목장])이 입지했던 한라산 산록지대(해발고도 200~600m)와 일부 산악지대(해발 600m 이상)는 일제강점기에 대부분 잘게 구획되어 마을 단위의 공동목장으로 변신한 것임을 이해할 수 있다. 결과적으로 한라산을 중심으로 동서남북 방향으로 전개되는 중산간 지역은 대부분 마을공동목장으로 변신한 것이기에, 동부와 서부지역에 위치하는 일부 공동목장은 어쩔 수 없이 곶자왈지대와도 겹칠 수밖에 없다.

이처럼 곶자왈을 끼고 있는 일부 공동목장은 마을 단위로 정확하

---

27) 강만익, 2013, 『일제 시기 목장조합 연구』, 경인문화사, 53~75쪽. 더불어 강만익(2017: 102쪽)에 의하면, 마을 단위 목장조합은 일제의 목야지정리계획(1933년)에 따라 출현하게 되었는데, 그 결과 1930년대에 110여 개의 마을 단위 공동목장조합이 결성되었다.

게 추출하기는 다소 어렵지만, 동부지역에서는 구좌읍과 성산읍의 일부 마을들, 그리고 서부지역의 애월읍과 한림읍, 대정읍과 안덕면에 속하는 일부 마을의 공동목장인 것만큼은 분명하다. 이들 마을 중에서도 최근 조사에서 그 흔적을 엿볼 수 있는 공동목장은 동부지역의 선흘리, 교래리, 김녕리, 동복리, 송당리, 서부지역의 납읍리, 어음리(1, 2리), 상가리, 소길리, 장전리, 유수암리, 금악리, 상명리, 저지리, 청수리, 산양리, 무릉리, 서광리, 덕수리, 화순리 지경에 포함된 마을공동목장 등이다.[28] 이들 마을공동목장은 목장 부지가 위치한 마을과 실제로 소유하거나 관리하는 마을이 다른 경우도 존재한다. 예를 들면 장전공동목장은 인접하는 유수암리(산 1178번지 외 65필지)에 위치해 있고, 납읍리 공동목장은 어음리(산 2번지 외 12필지)에 입지해 있다.

마을공동목장은 대개 1980년대 중반에 이르러 기능이 종식된 곳이 많아서 조사 시점에서는 곶자왈 내에서도 목장 운영과 관련된 요소들을 찾아보기가 쉽지 않다. 그나마 〈사진 9〉에 제시한 우마용 급수장 및 구유 시설은 비교적 늦은 시기인 1980년대 중반 이후부터 2010년대까지도 우마를 사육하는 농가들이 사용하던 것들이다. 즉 9-A는 무릉곶자왈 초입부에 남아있는 구유이고, 9-B는 저지곶자왈

---

28) 안경아 외, 2018, 『제주지역 마을공동목장 관리실태 및 개선방안』, 제주연구원, 15~148쪽.

초입부에 남아있는 우마용 급수장으로 1982년도에 시멘트 회반죽으로 만든 것이다. 이 급수장 바로 옆(사진 좌측)에는 우마사(牛馬舍)와 함께 우마에게 물을 마실 수 있도록 설치한 구유 시설도 확인된다. 그리고 9-C(상부)와 D(하부)는 청수곶자왈 초입부에 잔존하는 우마용 급수장 및 구유 시설이다. 이 시설은 상부에는 우천 시 빗물을 저장할 수 있도록 하면서 아래쪽으로는 구멍을 통해 구유 시설로 물이 흘러나오도록 구안한 복합적 급수시설이다.

〈사진 10〉은 과거에 저지리가 소유했던 마을공동목장 부지의 일부를 보여준다. 사진에서 보는 것처럼, 1933년 저지리 마을공동목장

〈**사진 9**〉 곶자왈(구, 마을공동목장 부지)에 잔존하는 우마용 물통(급수장) 및 구유 시설(A: 무릉곶자왈, 2014. 5. / B: 저지곶자왈, 2020. 5. / C와 D: 청수곶자왈, 2020. 6.).
출처: 정광중 촬영 및 작성.

은 여러 곳으로 나뉘어 분포하고 있었는데 그 이유는 공동목장 부지
를 조성하는 과정에서 여러 지구의 매입지와 차입지로 구성되고 있
었기 때문이다. 그 비율을 보면 전체면적 중 매입지가 14%, 차입지
가 86%로, 저지리 마을공동목장은 차입지가 대부분을 차지하고 있
어서 사실상 저지리의 경우는 다소 특이한 사례로 볼 수 있다. 아무
튼 매입지보다 차입지의 비율이 높다는 것은 그만큼 마을공동목장
부지가 여러 지구로 분산될 가능성이 크다는 배경을 시사하는 것이
다. 특히 차입지 중에는 군유지(북제주군, 저지리 산 18번지)와 국유지(저지
리 산 29번지)도 포함되고 있었으며, 또한 목장 설립에 참여하는 농가
122명으로부터 임대하여 조성한 부지도 있었다.[29]

　저지리 마을공동목장에는 〈사진 10〉에서도 확인할 수 있듯이, 군
유지와 국유지는 물론 개인 소유지에도 곶자왈이 많이 포함되어 있
었다. 그러나 일부 곶자왈(군유지)은 이미 골프장으로 개발되었고, 또
다른 곶자왈은 여러 개의 지번으로 쪼개져 매매되기도 했다. 이처럼
곶자왈은 당시만 해도 헐값에 상거래되는 운명에 놓여 있었다. 조사
시점에서는 이들 곶자왈(구, 저지리 마을공동목장 부지)에서 공동목장의 흔
적을 찾아보기 어려운 것이 사실이지만, 마을 주민들로부터 소중한
정보를 접하면 〈사진 11〉과 같이 두 마을의 공동목장을 가로지르는

29)　부혜진·정광중·강창화, 2016, 「제주도 중산간 곶자왈 지대의 마을공동목장 운
　　　영과 방목활동을 통한 생활상 연구」, 『한국지역지리학회지』 22(2), 358쪽.

〈사진 10〉 과거 저지리 마을공동목장의 분포(굵은 선)와 최근의 토지이용(2016. 2.).
출처: 부혜진·정광중·강창화, 2016: 360쪽.

〈사진 11〉 저지리-용수리 마을공동목장의 경계용 돌담과 구간별 차이(2012. 9.).
출처: 정광중 촬영 및 작성.

경계용 돌담을 일부 구간에서 확인할 수도 있다.

아울러 조선시대 관영목장의 흔적인 잣성(특히 상잣과 하잣)이 부분적으로 곶자왈에 잔존해 있는 경우도 많다. 본 연구자가 곶자왈 내에서 확인한 잣성은 마을 단위로 구분해 볼 때 수산곶자왈과 애월곶자왈 등의 극히 일부 구간에 국한되지만, 최근 조사된『잣성유적 실태조사 보고서』(동부지역은 2016년 조사, 서부지역은 2018년 조사 완료)[30]에 따르면, 여러 곶자왈에서 잣성의 일부 구간이 잔존하고 있음을 지적하고 있다. 곶자왈에서 확인되는 잣성은 단순히 크고 작은 돌들을 활용하여 외담이나 겹담(접담)으로 쌓아 올린 상태인데, 높이로 볼 때는 높은 지점이 1m 전후, 낮은 지점이 40~50㎝ 정도를 보인다. 이처럼 곶자왈에서 만나는 잣성은 외형적으로는 일반적인 돌담이나 밭담과 큰 차이를 보이지 않기 때문에,[31] 지형도나 GPS 등을 적절하게 활용하지 않으면 현지에서도 조선시대 때 쌓은 잣성의 일부임을 인지하기가 매우 어렵다.

---

30)　① 제주특별자치도, 2016,『제주 목마 관련 잣성유적 실태조사 용역』(동부지역), 제주특별자치도 세계유산본부. ② 제주특별자치도·(재)제주문화유산연구원, 2018,『제주 목마 관련 잣성유적 실태조사』(서부지역), 제주특별자치도·(재)제주문화유산연구원

31)　따라서 외형적으로는 〈사진 11〉에서 보는 마을공동목장의 경계용 돌담과도 거의 유사하다.

양봉업과 물텅(통), 일부 평지 또는 편평한 암반[32]

제주도는 양봉업의 경영조건에 비추어 볼 때 다양한 꽃과 수목으로 밀원(蜜源)이 풍부하고, 또한 개화 시기가 반도부보다 20여 일 이상 빠르므로, 일찍부터 다양한 꿀을 채취할 수 있는 우수한 환경을 가지고 있는 것으로 알려져 있다. 나아가 제주도는 자연적으로 성장·개화하는 꽃과 나무 외에도 유채와 감귤을 생산하는 산업 구조적 특성을 보여서 벌꿀을 생산하는 양봉농가가 점차 증가해 온 것으로 파악된다.

〈그림 5〉는 제주도 내 꿀벌 사육 군수(群數)[33]를 지역별(시군 단위)로 살펴본 것이다. 이 자료에 따르면, 제주도 내에서도 한라산 북사면인 제주시보다 남사면에 위치한 서귀포시가 보다 많은 꿀벌을 키우며 벌꿀을 생산하고 있음을 알 수 있다. 먼저 〈그림 5〉에 제시된 연도에 따라 양적 비교를 해보면, 1999년에 제주시 1,886군, 서귀포시 5,607군, 북제주군 2,878군 및 남제주군 8,901군이었던 것이, 2004년에는 제주시 11,764군, 서귀포시 21,352군, 북제주군 7,684군

---

32) 이 글은 필자가 연구 책임자로서 정리한 곶자왈 관련 보고서(정광중 외, 2012, 『곶자왈의 역사문화자원 현황조사』, 국립산림과학원·(사)한라산생태문화연구소)의 내용 중 '양봉업 장소로서의 곶자왈'을 수정·보완한 것이다.

33) 꿀벌의 군수(群數)는 보통 약 25,000~30,000마리를 1군(群)으로 삼는다.

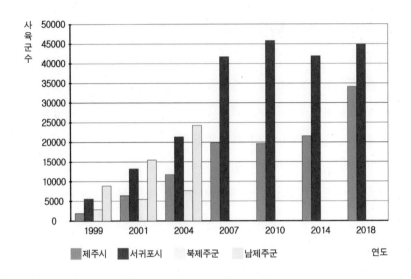

〈그림 5〉 제주도 내 지역별 꿀벌 사육 군수의 변화(1999~2018년). 단위: 群/年.
출처: 제주특별자치도 통계연보(http://www.jeju.go.kr)에 의해 작성.

및 남제주군 24,296군으로 전체적으로는 각 지역이 크게 확대되며
성장해 왔음을 이해할 수 있다. 그런 과정에서도 특히 제주시(동지역)
의 성장세가 크게 돋보이기는 하나, 항상 우위를 차지하는 지역은 과
거의 남제주군이었음을 인지할 수 있다.

더불어 제주도가 2개의 시로 통합된 이후에는 제주시와 서귀포시
의 꿀벌 사육 군수의 비율은 거의 3:7 또는 4:6의 비율로 서귀포시가
높게 나타나고 있다. 이렇게 볼 때 제주도 내의 양봉업은 산북지역
인 제주시보다 산남지역인 서귀포시가 훨씬 활발하게 행해지고 있

다는 사실을 알 수 있으며, 특히 감귤재배가 가장 활발하고 곶자왈을 끼고 있는 과거의 남제주군이 양봉 사육 농가나 벌꿀 생산량이 많은 지역으로 파악된다.

이어서 실제로 곶자왈 주변에서 양봉업을 행해온 사례를 살펴보기로 하자. 고○봉 씨는 오래전에 숯을 제조한 경험과 함께 선흘곶자왈 주변에서 양봉업을 겸업으로 삼고 있었다.[34] 고○봉 씨는 1970년대 중반 무렵부터 3~4명의 마을 지인들과 함께 양봉업을 시작했으며, 2012년 5월까지 약 35년간 종사해 왔다고 한다. 그리고 처음 시작하는 단계에서는 마을 지인들과 함께 한라산과 가까운 지역이나 과거 남제주군 상효동과 신효동 지경까지 이동하며 벌꿀을 생산하기도 했다.

선흘곶자왈 주변에서는 곶자왈을 끼고 가로지르는 새로운 도로(36번 제주시도)가 생기자마자 정착하여 약 15년간 한 장소에서만 벌꿀을 생산해왔다. 고○봉 씨가 양봉업을 행해온 장소는 산 29번지로 선흘곶자왈 동남쪽 끝자락에 해당한다(그림 6). 이곳은 선흘곶자왈에 포함되지는 않지만, 바로 인접하는 장소로 동쪽으로는 동복리와 경계를 이루는 지점이다.

---

[34] 2012년 7월 조사 시점에서 고○봉 씨는 감귤재배와 더불어 밭작물 생산에만 전념하고 있다.

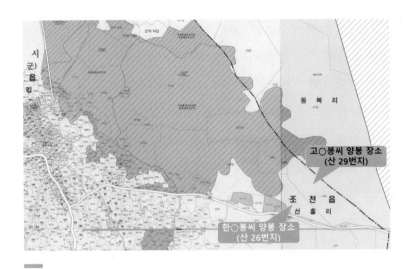

<그림 6> 사례 양봉농가의 양봉 장소(2012. 8.). 출처: 1:5,000 지적도를 일부 재구성.

처음 시작 단계에서 양봉 기술은 같은 마을에서 먼저 시작한 고○식 씨로부터 전수받고 벌통 3개를 구매하여 시작하였는데, 당시 벌통은 서귀포에서 구입하였다. 벌을 구매할 때는 보통 벌 소비(巢脾), 즉 벌집의 개수로 정하는데 벌통 1개에 가득 차면 벌 소비 수는 4~5매가 되며, 1통당 8~12만 원 정도의 시가로 판매되었다. 꿀벌을 잘 키우면, 반드시 벌꿀을 생산하지 않더라도 벌통을 단위로 판매하여 수입을 올리기도 했다. 벌꿀은 주로 3~8월에 걸쳐 생산하는데, 1년에 대개 5~6회 정도 뺄 수 있고 고○봉 씨는 최대 10번까지도 뺀 경험이 있다고 했다. 그리고 선흘곶자왈 주변에서는 과거에 8명이 양봉을 하고 있었지만, 2012년 시점에서는 3명만이 남아있다고 한다.

자신이 양봉하던 산 29번지 바로 옆 장소(산 26번지)에는 같은 마을에 거주하는 한○봉 씨가 양봉을 하고 있으며(그림 6), 그는 주변에서도 가장 크게 양봉을 하고 있어서 적어도 벌통이 190개 정도는 될 것이라고 했다. 그리고 양봉은 적어도 500m 범위 안에서는 같이 해서는 안 된다고 지적한다. 그것은 벌꿀이 모이지 않아 서로에게 피해를 줄 수 있기 때문이다. 선흘곶자왈에는 동백낭(동백나무)을 비롯하여 조밥낭(조팝나무), 비쭈기낭(비쭈기나무), 엄낭(엄나무), 솔로레비(?) 등 꿀벌들이 좋아하는 나무들이 아주 많아서 한번 장소를 정하면 다른 장소로는 이동하지 않게 된다고 하였다.

　　양봉이나 벌꿀 생산에는 무엇보다도 장소 선정이 중요하다고 한다. 선흘곶자왈 주변은 사시사철 벌들이 드나들 수 있는 지구가 많아서 양봉하기에 최적의 장소라 말한다. 그 이유는 첫째 다양한 꽃이 많아서이고, 두 번째 집에서 거리가 가까워서 꿀벌을 키우고 관리하기에 좋기 때문이다. 특히 벌꿀을 뺄 때는 일손이 더 많이 필요한데, 선흘곶자왈 주변은 집에서 가까우니 쉽게 도움을 요청할 수 있어서 좋다고 한다. 그리고 세 번째로는 곶자왈 주변에는 습지나 물통이 많으므로 꿀벌들이 물 마실 장소가 풍부해서 좋다는 것이다. 꿀벌들이 물 마실 장소가 없으면, 인공적으로 물통을 만들어줘야 하기 때문에 시간과 노력이 많이 든다고 한다. 다른 곳에서 양봉할 때는 꿀벌들이 다니는 길목에 땅을 파서 비닐을 깐 다음, 민물과 소금물을 별도로 만들어 놓는다고 한다.

〈사진 12〉 선흘곶자왈 내 고○봉 씨의 양봉 장소(A: 2012. 5.)와 꿀벌용 물통(B: 2017. 5.).
출처: 정광중 촬영 및 작성.

이런 상황을 고려하면, 곶자왈 주변에서 양봉업과 관련된 문화자원은 벌통과 함께 꿀벌들이 수시로 왕래하는 물통 정도이다(사진 12). 양봉의 최적지는 상대적으로 꽃나무가 많이 자생하는 곶자왈과 가깝고, 동시에 벌통을 줄지어 안치시켜 놓을 수 있는 편평한 장소가 반드시 필요하다(사진 12-A).

또한 벌통과 가까운 장소에는 반드시 물통이 있어야만 꿀벌이 꿀을 생산하는 데 지장이 없다(사진 12-B). 결과적으로 생각하면, 파호이호이 용암류가 넓게 깔린 선흘곶자왈 주변 지역은 지구에 따라 편평한 장소가 많고 또한 자연적으로 물이 고이는 물통이 많아서 양봉에는 매우 유리한 조건을 갖추고 있다고 말할 수 있다.

그 외 활동에 따른 곶자왈 내 문화자원

앞에서는 주로 제주도민들의 경제활동에 따른 곶자왈 내 문화자원의 속성과 특성을 검토하였다. 그러나 오늘날 곶자왈 내에는 경제활동이 아닌 종교활동이나 제주4·3사건, 일제강점기 일본군 주둔 등의 영향으로 잔존하게 된 문화자원들이 있다. 여기서는 이들에 대해 정리해 보고자 한다.

① 종교활동과 신당(神堂), 제단(祭壇)

곶자왈 내부에는 선흘1리, 납읍리, 청수리 및 서광서리와 같이, 마을신(본향당신, 포제신) 또는 목축신에게 제를 지내기 위한 신당이나 포제단과 함께 소나 말의 번식을 위한 특별한 목축제용 제단(祭壇)을 만들어 놓은 사례들이 있다. 전체적으로 어느 곶자왈에 어느 정도의 신당과 포제단 또는 특별 용도를 위한 제단이 있는지는 개별 마을 단위로 조사를 해야만 윤곽이 분명하게 드러날 것이지만, 곶자왈을 끼고 있는 중산간 마을이면 존재할 가능성이 커진다.

선흘1리의 경우에는 일뤳당(웃선흘)과 포제단이 곶자왈 내부에 있다. 아마도 오래전에는 곶자왈이 아닌 보통 임지(林地)에 있었을 것으로 예측되나 30~40년 사이에 수목들이 자라면서 곶자왈 숲과 연결되어 현재는 신당과 포제단 모두가 곶자왈의 일각에 포함된 것으로 판단된다. 그러나 지형적으로나 주변 지구와 수목의 연계성 등을 볼

〈사진 13〉 선흘1리(웃선흘) 탈남밧 일뤳당(A: 2016. 6.)과 포제단(B: 2012. 6.).
출처: 정광중 촬영 및 작성.

때 일뤳당이나 포제단이 입지한 장소는 곶자왈의 특성을 충분히 지닌 것이 분명하다.

선흘1리(웃선흘) 탈남밧 일뤳당은 선흘곶자왈의 서쪽에 자리 잡고 있는데, 주변부는 물론 신당 내부에도 종가시나무가 자생하는 모습을 보이는 가운데 약 1.5~1.8m의 돌담(일부 외담과 겹담)으로 둘려 있다(사진 13-A). 일뤳당을 감싸는 돌담의 재료는 상당히 거칠고 각(角)이 진 형태를 띠는 것으로 보아, 곶자왈 내부의 가까운 장소로부터 운반하여 쌓은 것으로 유추할 수 있다. 신당 내부에는 정면에 신을 모신 궤 4기가 안치되어 있다. 그리고 궤가 안치된 정면부는 10㎝ 정도의 높이로 시멘트를 발라 지면으로부터 높인 구조를 취하고 있다.

선흘1리 포제단은 선흘곶자왈 내 동백동산 지구 내 남서쪽 일각에 자리 잡고 있다. 포제단 주변은 동백나무와 소나무, 종가시나무들이 에워싸는 듯한 형국으로 자생하고 있는데, 제단이 마련된 배후는 두꺼운 용암류에 의해 작은 궤가 형성된 구조를 취한다(사진 13-B). 정면에는 4각 형태의 시멘트 구조물로 제단 2개를 만들고 신위를 의미하는 조두석(俎豆石)을 각기 1기씩 세워놓고 있다. 제단 앞쪽으로는 넓은 정원처럼 편평한 공간이 이어지는데, 매년 정월 초에 열리는 포제 봉행 시 많은 주민이 돗자리를 깔고 참여할 수 있도록 배려하고 있다.

납읍리 포제단은 난대림이 무성한 금산공원 내에 자리 잡고 있다(사진 14-A). 금산공원은 애월곶자왈의 끝자락을 이루는 공간이라 할 수 있는데, 많은 난대성 식물이 혼재되어 있어서 1993년부터 천연기념물(제375호)로 지정·보전되고 있는 지구이기도 하다.

포제단은 마을제를 지내는 공간이기 때문에 마을 주민들의 참여가 매우 중요하다. 따라서 포제단이 입지한 장소에는 신위를 모신 성소(聖所)와 제단 외에도 주민들이 참석할 수 있는 넓은 공간이 필요하

〈사진 14〉 납읍리 포제단(A: 2015. 2.) 및 청수리 병풍석(B: 목축의례 제단, 2016. 11.).
출처: 정광중 촬영 및 작성.

다. 납읍리 포제단이 입지한 장소도 그러한 특징을 잘 보여준다. 다시 말해, 난대림으로 둘러싸인 아늑하고 성스러운 공간에 성소와 제단을 갖춘 기와지붕 건물을 한 동 세우고, 건물 앞으로는 넓은 공간을 두고 있다.

청수리에는 다소 특이한 목축용 제단이 있다(사진 14-B). 청수곶자왈은 청수리 마을에서 남동쪽으로 이어지는데, 곶자왈 입구(마을에서는 '마진흘'이라 부른다.)에 입지한 웃뜨르빛센터로부터 가까운 장소에 병풍석이라 부르는 큰 바위가 자리 잡고 있다. 바로 이 병풍석을 배경 삼아 제단을 만들고 목축용 제사를 지냈다. 병풍석은 높이 약 3m, 좌우 길이 약 6m의 크기를 보이는데, 현재도 바위 앞에는 다소 허물어진 제단이 잔존하고 있다.

홍경희(2014)에 따르면, 병풍석 앞에서는 약 35년 전까지 목축업에 종사하던 주민들이 마소의 번식을 위하여 1년에 1번씩 제(祭)를 지낸 것으로 전해진다. 그 당시는 병풍석 주변에 촐왓(꼴밭)을 소유하고 소와 말을 많이 사육하던 마을 주민(고, 김○관)이 제를 지냈다고 전한다.

② 제주4·3사건과 임시적 대피소 또는 은신처(케), 일시적 거주지(소형 용암동굴)

곶자왈은 제주4·3사건과 같은 제주 현대사의 크나큰 아픈 역사와도 숨결을 같이한다. 곶자왈 내부는 다양한 수목으로 우거져 있으므로, 일시적으로 몸을 숨기는 데 안성맞춤의 은신처였다. 또 필요에 따라서는 온 식구들이 1개월 이상 장기간에 걸친 일시적(임시적) 거주지로 활용했을 만큼 곶자왈에는 궤(바위굴)나 소형 용암동굴(주로 소형)이 산재해 있다. 결과적으로, 제주도민들이 4·3사건과 같은 엄청난 변란이 있을 때 곶자왈 내부에 산재한 궤나 용암동굴을 활용하는 것은 어쩌면 당연한 일이었다고 말할 수 있다.

그러나 곶자왈 내에 얼마만큼의 궤와 용암동굴이 존재하는지는 사실상 정량적으로 파악하기 어렵다. 가령 용암동굴의 경우에는 국가나 제주특별자치도에서 지정 관리하는 천연기념물(제주 김녕굴 및 만장굴 외 7건)[35])을 비롯한 기념물(북촌동굴 1개) 그리고 단순 관리를 목적으로 하는 천연동굴 목록(질메가짓굴 외 145개)에 포함되지 않은 소형 동굴들이 곳곳에 산재하고 있기 때문이다.[36]) 더욱이 곶자왈 내에서 궤를 발견하는 것은 그다지 어렵지 않다(사진 15-16). 그럼에도 불구하고 곶자왈 주변에 거주하는 마을 주민이 아니면 정확한 위치를 알 수 없는 것들도 상당수 있다.

여기서는 일단 연구자가 직접 탐방하거나 조사에 참여한 궤와 용

---

35) 천연기념물로 지정된 용암동굴은 '제주 한림 용암동굴지대'(제236호)에 속하는 협재굴, 황금굴, 소천굴 및 쌍용굴과 '거문오름 용암동굴계 상류동굴군(제552호)'에 속하는 웃산전굴, 북오름굴, 대림굴을 포함하면 14개로 파악된다.
36) 따라서 이름이 붙지 않은 소형 용암동굴은 조사 시에 저지 곶자왈 무명굴 1, 2 또는 산양곶자왈 무명굴 1, 2 등으로 부르기도 한다(국립산림과학원·(사)한라산생태문화연구소, 2016, 『곶자왈 역사문화자원의 보전과 지속 가능한 활용을 위한 종합계획 수립 연구』[보고서], 국립산림과학원.).

〈사진 15〉 한경-안덕곶자왈 중 저지·청수·산양·무릉곶자왈 주변의 궤와 용암동굴(소형)의 분포.
출처: 국립산림과학원, 2015: 173쪽.

암동굴을 사례로 문화자원으로서의 특성을 논의한다. 다만 여기서 용암류에 의해 자연적으로 형성된 궤나 용암동굴을 문화자원의 유형에 포함해도 될 것인지에 대해서는 다소간 문제를 제기할 수도 있다. 그러나 여기서 굳이 문화자원으로 포함한 맥락은 자연적으로 형성된 궤와 용암동굴을 지역 주민들이 필요에 따라 일시적이나마 적극적으로 활용했다는 관점을 반영한 것이다.

한경-안덕곶자왈 중 저지·청수·산양·무릉곶자왈을 직접 조사한 (재)제주고고학연구소에 따르면, 해당 곶자왈 내부에서 다수의 궤와 소형 용암동굴을 확인함과 동시에 그 내부에서는 일부 유물의 존재도 확인하였다(사진 16-17). 이들 궤와 용암동굴에서는 선사시대(특히 탐라시대)의 유물인 적갈색 경질 토기와 고내리식 토기를 비롯한 조선시대 옹기 및 백자편들이 확인되었으며, 동시에 제주4·3사건 당시에 사용한 것으로 보이는 근현대의 옹기 편도 다수 확인되었다.[37] 결국 이 점은 곶자왈 내부의 중요한 지점의 궤와 용암동굴은 시대를 넘나들며 선사인들과 현대인들이 적극적으로 활용하였음을 이해할 수 있는 대목이다.

〈사진 16〉은 무릉곶자왈 내에 위치한 '오찬이'궤라 불리는 장소이

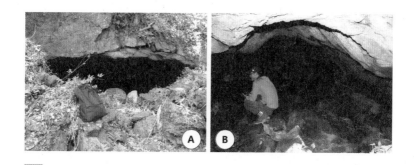

〈**사진 16**〉 무릉곶자왈 내 '오찬이'궤(A: 입구 / B: 내부, 2014. 5.).
출처: 정광중 촬영 및 작성.

---

37) 국립산림과학원·(사)한라산생태문화연구소, 2015, 『한경곶자왈지역의 역사·문화자원의 실측조사 및 문화자원 활용방안 연구』(보고서), 국립산림과학원, 172쪽.

다. 오찬이궤는 입구가 좌우로 길게 터진 형태를 취하며, 입구 중앙부로도 성인 한 사람이 선 채로는 들어가지 못할 정도로 높이가 매우 낮다(사진 16-A). 그러나 실제로 궤 안으로 들어가면, 성인 남성 10여 명이 들어가서 휴식을 취할 수 있을 정도로 넉넉한 공간을 보인다(사진 16-B). 오찬이궤 안에서는 선사시대의 토기와 도기류, 옹기류의 파편 및 패각류가 확인되었다.[38] 나아가 오찬이궤는 무릉곶자왈에서 가까운 마을 주민들 사이에서만 알려진 미지의 장소이기 때문에, 4·3사건과 같은 유사시에 임시로 피신하는 데는 매우 적정한 공간이었을 것으로 추정된다.

저지곶자왈 일각에는 '벳바른궤'라는 불리는 궤가 있는데,[39] 이 궤에서는 탐라시대의 유물은 물론이고 4·3사건과 관련이 깊은 다수의 옹기류 파편을 비롯하여 탄피, 단추, 철사, 플라스틱과 음료수병 등이 확인되었다. 벳바른궤는 저지리 마을 주민들 사이에서는 보통 '궤'라 불리고 있지만, 사실상 궤라기보다는 소형 용암동굴이다.[40] 벳바른궤의 규모를 보면, 북쪽 방향의 가지굴을 제외한 길이가 45m, 너

---

38) 국립산림과학원·(사)한라산생태문화연구소, 2015, 앞 책, 201쪽.

39) '벳바른'궤의 명칭의 의미는 '볕이 잘 드는' 궤라는 뜻이다.

40) 제주에서는 보통 '궤'가 바위굴을 의미하는 경우가 많고, 『제주어사전』(1995: 60쪽)에서도 '위로 큰 바위나 절벽 따위로 가리어지고, 땅속으로 깊숙하게 패여 들어간 곳'이라 설명하고 있어서 학술적으로도 벳바른궤를 '궤'로 분류하기에는 매우 곤란하다.

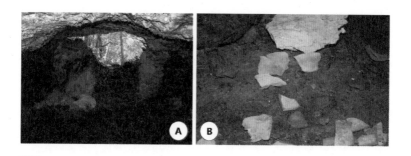

〈사진 17〉 저지곶자왈 내 '벳바른'궤(A: 입구 주변 / B: 내부 유물, 2012. 3.).
출처: 정광중 촬영 및 작성.

비 2.33m, 높이 1.72~1.75m를 보인다((사)한라산생태문화연구소·국립산림
과학원, 2016: 67). 따라서 벳바른궤에서는 한꺼번에 수십 명의 사람이
일시적으로 몸을 숨기는 데 아무런 지장이 없을 정도로 입구는 작고,
내부는 넓고 높은 특성을 보인다(사진 17-A). 더욱이 벳바른궤의 출입구
내부 가까이에서 다량의 옹기류 파편과 탄피, 단추 등이 발견되는 것
으로 보아 4·3사건 당시 필연코 활용했을 것으로 짐작된다(사진 17-B).

앞에서도 강조한 것처럼, 곶자왈 내부에는 알려지지 않은 소형 용
암동굴이 상당수 존재한다. 산양곶자왈에서도 소형 용암동굴을 만
날 수 있는데 〈사진 18〉은 그중 하나다. 이 무명굴은 알려진 바가 없
어서 조사과정에서도 '무명굴'로 기재되었는데, 소형 용암동굴인지
규모가 다소 큰 궤일지는 좀 더 세밀한 조사가 필요해 보인다. 그러
나 입구는 상대적으로 낮고 작으며(사진 18-A), 내부는 성인 여러 명이
들어갈 수 있을 만큼 여유로운 공간을 보인다(사진 18-B). 특히 〈사진 18〉

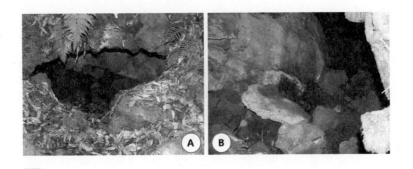

〈**사진 18**〉 산양곶자왈 내 '무명굴' 1(A: 입구 / B: 내부 유물, 2014. 5.).
출처: 정광중 촬영 및 작성.

에서 확인되는 것처럼, 현대기에 제작된 옹기류 파편이 다수 확인되고 있어서 4·3사건 당시에 충분히 임시 거주지로 사용했을 가능성을 짐작하게 한다.

선흘곶자왈에도 이미 용암동굴이 다수 존재하는 것으로 알려져 있으며(손인석, 2003), 기존에 조사된 용암동굴 외에도 소형 용암동굴이 다수 산재할 가능성이 매우 큰 곶자왈로 주목된다.[41] 이미 널리 알려진 것처럼, 선흘곶자왈에 입지한 목시물굴과 도틀굴(반못굴), 밴뱅디굴 등에서는 선흘리 주민들이 4·3사건 당시 임시 피난처로 삼았

---

41) 실제로 (재)제주고고학연구소가 중심이 되어 조사한 연구 보고서에서도 가칭 '어둔괴동굴지대'(3개의 동굴로 구분됨)가 발견·확인되었다(국립산림과학원·(사)한라산생태문화연구소, 2016: 84~87쪽.).

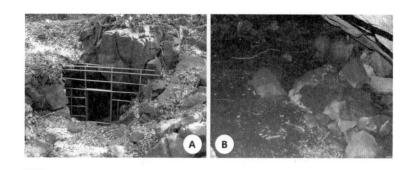

〈**사진 19**〉 선흘곶자왈 내 목시물굴(A: 입구 / B: 내부 유물, 2013. 4.).
출처: 정광중 촬영 및 작성.

다가 많은 희생을 치른 동굴로서 슬픈 사연을 간직하고 있다.

　목시물굴은 길이 약 100m, 너비 1.6m, 높이 1.3~1.6m의 규모를
지닌 동굴로, 내부에는 일시적으로 많은 사람이 숨어 지낼 만한 넓
은 공간이 존재하며(**사진 19-B**) 동굴의 입구도 비교적 작기 때문에(**사진
19-A**) 외부에서 입구를 위장하는 데도 편리하다. 아울러 동굴의 위치
도 나무들이 우거진 장소에 위치하고 있어서 상대적으로 발각되기
어려운 특징을 보인다. 4·3사건 당시 목시물굴에는 선흘리 주민 약
200여 명이 피신해 있었는데, 그들 중 청년층 약 40여 명이 한꺼번
에 희생당하는 큰 비운을 겪었다.[42]

---

42)　제주특별자치도 제주시·제주4·3연구소, 2006, 『평화와 인권의 성지, 제주시
　　4·3유적지 답사 길잡이』, 38~39쪽.

이상과 같이 곶자왈 내부에 분포하는 궤와 용암동굴은 제주도민 들의 경제활동과 관련되는 문화자원이라 할 수는 없으나, 탐라시대 에는 평소 가족 단위의 일상적 거주지나 임시적 거주지로 사용하였 고, 또 4·3사건과 같은 큰 난리 때에는 일시적 대피소와 임시 은신처 로도 자주 활용했다는 배경을 이해할 필요가 있다. 이런 관점에서 생 각하면, 결국 제주도민들은 시대를 초월하여 곶자왈이 주는 자연의 혜택과 은혜를 받아왔다고 말할 수 있는 것이다.

③ 제2차 세계대전과 일제군사유적

제2차 세계대전의 막바지에 이른 시점인 1944년 11월 일본 본토 에 대한 미군의 공중 폭격이 본격화되면서 이미 제주도에 주둔해 있 는 일본군은 물론이고 속속 재배치되어 들어오는 일본군들이 합세 함으로써, 제주도는 갑자기 최후의 결전(결 7호 작전)을 치르기 위한 전 장으로 치닫게 된다. 이 과정에서 일본군들은 제주도 내 주요 거점 지역은 물론이고 미군과의 전쟁을 위한 유리한 장소와 지구에 다양 한 대공포 진지와 특공기지 등을 구축하게 되는데, 숲이 우거진 곶 자왈은 더더욱 피할 수 없는 좋은 거점 기지로 활용되었다.

곶자왈 내부에는 어떠한 목적을 띤 일본군 특공부대들이 주둔해 있었는지 정확하게 파악할 수는 없으나, 결 7호 작전을 수행하기 위 한 제58군 사령부를 시작으로 제111사단, 제121사단, 제96사단, 제 108혼성 여단 예하의 중대나 대대급 단위의 군인들이 집단으로 몸을 은신한 채 전투태세를 갖추고 있었을 것으로 추정된다(조성윤, 2007: 253~254). 특히 중산간 지역의 곶자왈 내부에 주둔하는 일본군들은 한라산을 배수진으로 삼은 채 최후의 순간까지 목숨을 걸고 미군과 싸우기 위한 군부대였을 가능성이 매우 크다.[43]

〈사진 20~22〉에 제시한 자료는 일본군들이 화순곶자왈에 남긴 군사 유적 관련 일부 사례이다. 이들은 극히 일부분에 지나지 않을 것으로 추정되며, 해방 이후에 곶자왈을 재이용하는 과정에서도 많이 훼손되었을 것으로 짐작된다. 곶자왈 내의 일제군사유적은 지금이라도 더 적극적으로 발굴작업에 나선다면 상당한 수의 유적을 찾아낼 수 있을 것으로 기대된다.

먼저 〈사진 20〉은 화순곶자왈 내에 주둔하는 일본군들의 막사시설 관련 돌담이다. 조사 시점에서는 직방형 형태의 돌담이 약 1m 전후한 높이로 잔존하고 있다. 막사 입구로 추정되는 지점은 많이 허물어져 있지만(사진 20-A), 막사의 가장자리를 지지하는 정방형의 돌담은 약 50~70㎝ 너비의 겹담으로 그대로 남아있다(사진 20-B). 현재 잔존하는 막사의 규모로는 적어도 소대급(小隊級) 30~35명이 동시에 취침하거나 휴식할 수 있는 공간이다. 물론 돌담 위로는 곶자왈 내에서

---

43) 지금까지 행해진 여러 연구 결과에 의하면, 1945년 4~5월 시점에서는 제주도 내에 적어도 70,000~75,000여 명의 일본군들이 곳곳에 몸을 움츠리고 전투태세를 갖추고 있었던 것이 명확하다.

〈사진 20〉 화순곶자왈 내 일본군 관련 막사시설(A: 내부 공간 / B: 막사용 돌담, 2016. 8.).
출처: 정광중 촬영 및 작성.

얻을 수 있는 통나무로 벽체와 지붕의 골격을 만들고 다시 나뭇가지
나 억새, 띠 등으로 지붕을 덮었을 것이다. 그리고 돌담의 재료는 모
두 주변에서 쉽게 얻을 수 있는 조면현무암 계통의 암석들이다.

화순곶자왈 내에 일시적으로 주둔하는 일본군은 아무리 늦어도
1945년 3~4월경에는 자리를 잡았던 것으로 유추해볼 수 있다. 그 이
유는 소대급 인원이 주둔하는 여러 관련 시설의 축조를 시작으로 막
사와 가까운 장소에는 약 330.6~661.2㎡(100~200평) 크기의 경지까지
개간하여 사용한 흔적을 엿볼 수 있기 때문이다. 다시 말하면 군 관
련 막사와 참호, 특수 목적용 시설(주로 돌담)은 사전에 장소를 선택하
여 미리 축조했을 것으로 보인다. 아울러 막사 주변에 개간한 경지
의 용도는 30~35여 명의 군인들이 먹거리인 채소류를 재배하던 텃
밭이었을 것으로 판단된다.

〈사진 21〉에 제시한 자료에서는 주둔 당시 일본군의 활동상을 간

접적으로 엿볼 수 있다. 〈사진 21-A〉는 개인 참호이고, 〈사진 21-B, C〉는 다인용 참호이다. 그리고 〈사진 21-D〉는 특수 목적용 시설로서 무기고나 화약고로 사용된 것으로 추정되는 돌담이다. 화순곶자왈 내에서 확인된 개인 참호는 3기인데, 이들은 주변 지역의 평지보다 지형적으로 높은 지점에 축조되어 있다.[44] 개인 참호는 말 그대로 한 사람이 몸을 숨기고 보초를 서도록 만든 구조물이다. 따라서 개인 참호는 필요에 따라 한 사람이 몸 전체를 숨기거나 머리와 양 어깨 정도만 드러낸 채 적을 감시할 수 있도록 만들었기 때문에 참호 내부에 특별한 부속시설이나 보조적인 장치는 없다. 단지 〈사진 21-A〉에서는 외형적으로는 깔때기꼴을 취하고 내부에는 흙이 무너져 내리지 않도록 촘촘하게 돌을 쌓아 올리고 있다.

〈사진 21-B, C〉는 개인 참호와 달리 여러 명이 들어가서 보초를 설 수 있는 방어 시설이다. 〈사진 21-B〉와 〈사진 21-C〉의 이격 거리는 약 50여m에 불과하지만, 전자는 직방형의 다인용 참호이고, 후자는 정방형의 다인용 참호이다. 따라서 2개 모두 다인용 참호인 것만큼은 분명하나, 임무 수행은 다소 다를 수도 있을 것으로 판단된

---

44) 정광중, 2016, 「제주도 동·서부지역 곶자왈 내 집단적 인문자원의 성격 비교 -화순곶자왈과 선흘곶자왈을 사례로-」(국립산림과학원·(사)한라산생태문화연구소, 2016, 『곶자왈 역사문화자원의 보전과 지속가능한 활용을 위한 종합계획 수립 연구』[보고서], 국립산림과학원.), 127쪽.

〈사진 21〉 화순곶자왈 내 일본군 관련 참호 시설(A~C: 2016. 4.)과 특수 목적용 돌담(D: 2016. 8.).
출처: 정광중 촬영 및 작성.

다. 이들 다인용 참호도 기본적으로는 지하로 1.2~1.4m 정도 파 내
려간 다음, 네 벽면은 흙이 무너져 내리지 않도록 돌을 쌓아 마감하
였다. 특히 〈사진 21-B〉의 사례에서는 한쪽 면에 망보기 창(窓)을 설
치하고 있다는 점에서, 참호 속의 모든 군인이 몸 전체를 숨길 수 있
도록 천장 구조물을 만들어 사용한 것으로 추정된다. 다인용 참호는
막사나 개인 참호와는 200~300m의 거리를 두고 구축되어 있다.

　〈사진 21-D〉는 막사나 참호(개인용, 다인용) 시설과는 다른 아주 특
이한 시설물로 주목된다. 전면부(출입구: 화살표 방향)는 완전히 트여 있
고 후면부와 양 측면부는 모두 돌로 정교하게 쌓아 올려 내부공간을

확보하고 있다. 후면부는 사면부를 깎아내어 돌담을 축조하였는데, 높이는 약 1.8~1.9m 정도이다. 좌우 측면부는 후면부에서 전면부로 올수록 돌담 구조가 조금씩 낮아지는 형태를 취하도록 하였으며 높이는 약 1.40~1.85m를 보인다. 좌우 너비는 약 1.71m이다.[45] 이 시설은 후면부를 떠받치는 사면부나 양 측면부를 아주 견고하게 쌓아 올린 돌담구조로 볼 때, 무기고(武器庫) 내지는 화약고(火藥庫)로 활용했던 것으로 추정된다.

그런데 화순곶자왈에서는 앞에서 살펴본 군 시설과는 달리 매우 평범하면서도 소박한 시설이 오히려 눈길을 끌게 한다. 그것은 다름 아닌 〈사진 22〉에 제시한 부엌과 주방 관련 시설이다. 이들 시설은 앞에서 언급한 텃밭 추정의 개간지 존재와도 맥을 같이한다. 여기서 한 가지 분명한 사실은 화순곶자왈에 주둔하는 일본군들도 하루 세 끼의 식사는 했을 것이라는 전제다. 그렇다면 음식 재료를 준비하는 주방(사진22-A)과 음식을 조리하는 부엌(사진22-B) 시설이 있다고 해서 이상할 것은 하나도 없다.

먼저 주방과 부엌 시설은 한 장소 내에 연접해 있으며, 막사와도 바로 인접해 있다. 주방은 직사각 형태로 40~70㎝ 높이의 겹담 구조를 지닌 공간을 만들어 놓고 한쪽 구석에는 원형의 화덕 시설을 갖

---

45)   정광중, 2016, 앞 논문, 127~128쪽.

<사진 22> 화순곶자왈 내 일본군 주둔 관련 주방 시설(A: 주방 공간 / B: 부뚜막, 2016. 4.).
출처: 정광중 촬영 및 작성.

추어놓고 있다(사진 22-A). 이 화덕 시설이 조리하는 군인들이나 병사들을 지휘하는 장교들의 보온을 위한 것인지, 아니면 별도의 요리용 불씨를 간직하기 위한 시설인지는 분명하지 않다. 주방의 한쪽 부분은 돌담을 쌓지 않은 채 부엌과 이어지도록 열어놓고 있다. 조리사들이 주방과 부엌을 수시로 드나들며 음식재료를 운반하고 조리할 수 있도록 하려는 조처라 할 수 있을 것이다.[46]

부엌에는 3개의 솥덕을 얹을 수 있는 돌담 시설만 남아있다. 부엌이라 해도 솥덕 3개를 앉히는 공간 외에는 전면에 조리사들이 조리하면서 움직일 수 있는 공간 정도이다. 후면부는 곶자왈 내에서도 자주 볼 수 있는 언덕 지형을 이루고 있다. 따라서 솥덕에 불을 지폈을

---

46) 정광중, 2016, 앞 논문, 129쪽.

때 바람을 막을 수 있는 효과를 충분히 볼 수 있다.

3개의 솥덕은 대형, 중형, 소형의 가마솥을 앉힐 수 있는 규격이다. 솥덕의 크기를 〈사진 22-B〉와 연계하여 정리하면, 가마솥 1은 가로 105㎝, 세로 187㎝, 가마솥 2는 가로 98㎝, 세로 182㎝, 가마솥 3은 가로 103㎝, 세로 174㎝로 파악된다.[47) 물론 솥덕 돌담의 크기는 현재 잔존하는 돌담을 기준으로 한 것으로서 실제로 가마솥의 크기를 의미하는 것은 아니다.

이상과 같이 곶자왈에 따라서는 일본군 주둔 관련 군사 유적들을 여러 장소에서 확인할 수 있다. 화순곶자왈 외에 선흘곶자왈을 형성한 거문오름 분화구 내에도 다양한 일제군사유적이 산재하는 것으로 알려졌다. 이처럼 제주의 곶자왈 내부에는 아직도 찾아내지 못한 일제군사유적이 상당수 있을 것으로 추정된다. 따라서 앞으로 여러 곶자왈 내부에 잔존하는 일제군사유적을 발굴하는 작업은 현세대인 우리의 몫이라 할 수 있다.

---

47)   정광중, 2016, 앞 논문, 129쪽.

곶자왈 내 문화자원의
존재 형태와 자원적 가치

거시적인 관점에서 접근해 볼 때, 곶자왈을 포함한 숲 지역은 인간 생활에 필수 불가결한 존재임이 분명하다. 이 점은 인류의 성장과 발전사를 생각해 볼 때 한층 분명하고 명확해진다. 가령 인류가 문명을 발전시켜 나가는 과정에서 숲으로부터 다양한 자원을 공급받지 못했다면, 보다 진보적이고 긍정적인 문명의 발전은 기대할 수 없었을 것이다.

미시적인 관점에서 보면, 숲 지역은 가구 단위로 열매를 따고, 산나물을 뜯으며, 동물을 포획하거나 필요한 목재를 얻는 중요한 장소로서 자연에의 의존도가 높았던 전통적인 사회구조 틀 속에서는 무엇과도 바꿀 수 없는 보물창고였다. 더욱이 제주도와 같이 많은 부문의 자원을 자연으로부터 얻어야 하는 도서 지역에서는 숲 지역이 더욱더 강한 빛을 발할 수밖에 없다. 그만큼 지역적 특수성이 강한 제주도에서는, 숲은 곧 자원이라는 개념이 작동되는 시기가 있었다.

곳자왈은 제주 자연을 구성하는 중요한 요소 중 하나지만, 애초에 제주도민들은 곳자왈의 생태적 기능을 먼저 인식했다기보다는 일상 생활에서 아주 친숙한 공간으로 자주 들르면서 필요한 자원을 손에 넣는, 말하자면 요술 상자(妖術 箱子)로서의 기능을 더 선호했을 수도 있다. 따라서 지나친 표현일 수도 있으나, 제주도민들은 곳자왈에 들어가면 무엇이든 원하는 것을 손에 넣을 수 있다는 만물상(萬物商)으로서의 곳자왈을 더 좋아하며 수시로 방문했다고 말할 수 있다. 그렇지만 제주도민들의 자원 채취는 심할 정도로 착취적이거나 파괴적이지 않았다. 다시 말하면, 제주도민들은 곳자왈을 조직적으로 파괴하면서 이용하거나 아니면 단 한 번에 숲을 집단으로 개간함으로써 곳자왈의 원래 성질을 완전히 변형시키는 일은 없었다는 것이다.

제주도민들은 곳자왈을 무조건으로 착취적이거나 파괴적으로 대하지 않았기 때문에, 곳자왈은 시간의 흐름과 더불어 자원을 끊임없이 재생할 수 있었고, 재생한 만큼 제주도민들은 다시 동일한 자원을 이용할 수 있었다. 결과적으로 제주도민들은 시간상으로 누적되는 과정에서 곳자왈을 적절하게 그리고 지속해서 이용해 왔기 때문에 곳자왈 내부에는 시간적 누층(累層)에 따른 문화자원이 존재하고 있다. 그러나 한번 만들어진 문화자원은 시간이 지나치게 오래 지나게 되면 후세대들이 곳자왈 공간을 재차 이용하는 과정에서 크게 변형되거나 파괴될 수도 있기 때문에, 원형이 그대로 잔존할 가능성은 매우 희박해진다.

그렇다면, 곶자왈을 이용한 제주도민들의 흔적은 반드시 곶자왈 내부에 잔존하게 되는 것일까. 한마디로 정리하자면, 곶자왈 내에 또렷하게 흔적이 남는 것과 남지 않는 것으로 대별할 수 있다(표 8). 곶자왈 내에 이용한 흔적이 또렷이 남는 것들은 이미 앞에서 정리한 문화자원들이 대표적인 사례이다.

이들 문화자원의 잔존 유형별 특성은 점(點), 선(線), 면(面)의 형태로 파악된다. 여기서 문화자원의 잔존 유형별 특성은 현장에서 파악하는 가시성(可視性)에 중점을 둔 분류인 동시에, 개별 유적의 성격을 간접적으로 파악할 수 있는 상징적 모티프(motif)라 할 수 있다. 그러나 이 분류에서는 몇 개의 문화자원인 경우 점과 면 유형 구분이 다소 애매한 것이 사실이다. 이 자료에 따르면, 오늘날 곶자왈에서 확인되는 여러 문화자원 중에서 점적(點的) 유형은 17개, 선적(線的) 유형은 4개, 면적(面的) 유형은 5개, 그리고 이외에 면적·선적 유형으로 파악되는 자원이 1개(공동목장)로 파악된다.

이상의 문화자원들은 오늘날 곶자왈 내에서 가시적으로 확인되는 유형의 자원들이다. 그러나 곶자왈 내에 잔존하는 유형의 문화자원들은 지금까지도 전부 발굴되거나 확인된 것은 아니다. 앞으로 곶자왈 별로 동일한 유형의 문화자원들이나 혹은 전혀 다른 유형의 문화자원들이 발굴되거나 확인될 가능성도 배제할 수 없다. 이 점에 대해서는 향후 관련 분야 연구자들이 지향해야 할 몫이기도 하다.

곶자왈 내에는 앞에서 정리한 것처럼 점, 선, 면의 형태로 파악되

〈표 8〉 곶자왈 내 문화자원의 잔존 유형 특성, 자원적 가치와 보존적 가치

활동별		관련 문화자원	잔존 유형 특성	자원적 가치			보존적 가치		
				상	중	하	상	중	하
1	숯 생산	1-1. 돌숯가마(곰숯가마)	점	V			V		
		1-2. 1회용 숯가마(터)	점			V			V
		1-3. 숯 제조 작업장	점			V			V
		1-4. 숯막	점		V			V	
		1-5. 물텅(통)	점		V			V	
2	옹기류 생산	2-1. 옹기가마	점		V			V	
3	농경지 개간(경영)	3-1. 산전(火田)	면		V			V	
		3-2. 수전(水田)	면	V			V		
		3-3. 경계용 돌담	선			V			V
		3-4. 머들	점		V				V
		3-5. 물텅(통)	점		V			V	
4	사냥 활동	4-1. 노루텅(통)	점	V			V		
5	생활 용구용 목재 벌채	없음	-	-	-	-	-	-	-
6	땔감(장작, 섭나무, 낙엽 등) 채취	없음	-	-	-	-	-	-	-
7	야생열매 및 식용·약용식물 채취*	없음	-	-	-	-	-	-	-
8	목축업*	8-1. 공동목장	면, 선		V			V	
		8-2. 잣성	선	V			V		
		8-3. 경계용 돌담	선		V			V	

활동별		관련 문화자원	잔존 유형 특성	자원적 가치			보존적 가치		
				상	중	하	상	중	하
9	양봉업*	9-1. 일부 평지 또는 편평한 암반	면		V				V
		9-2. 물텅(통)	점		V				V
10	종교 활동 (제단/제터)*	10-1. 신당, 포제단	면	V			V		
		10-2. 제단(대형 암석 또는 암반)	점		V				V
	임시 대피소 (은신처), 일시적 거주지	10-3. 용암동굴(소형)	선	V			V		
		10-4. 궤	점		V			V	
	일제 군사 활동	10-5. 막사용 시설	점		V			V	
		10-6. 부엌용 시설	점		V			V	
		10-7. 텃밭(경지)	면			V			V
		10-8. 특수 목적용 진지	점		V			V	
		10-9. 개인용 진지	점		V			V	
		10-10. 다인용 진지	점		V			V	

주: *표시는 현재도 소규모로 행해지는 자원 이용 방식이며, 잔존 유형 특성은 개별 문화자원의 가시성을 토대로 한 것임.

출처: 정광중, 2014: 18쪽의 〈표 4〉를 참고하여 작성.

는 문화자원들이 존재하는 반면, 제주도민들이 오랜 세월에 걸쳐 실질적인 활동을 해왔음에도 불구하고 외형적으로는 거의 흔적이 남아있지 않은 경우가 있다. 이와 관련해서는 이미 앞에서 제시한 자료(표6)에도 드러나 있지만, 그것과 관련성이 깊은 〈표 8〉에서도 재차 확인할 수 있다. 다시 말하면, 생활 용구용 목재의 벌채 활동을 시작으로 땔감(장작, 섶나무, 낙엽 등) 채취와 야생 열매나 식용·약용식물 채취 활동 등은 결과적으로 아무런 흔적을 남기지 않는다. 사실상 시간이 흐르는 과정에서, 곶자왈 생태계가 제주도민들의 활동 흔적을 지워버린다고 해야 더 정확할 것이다.

결과적으로 곶자왈에서 생활 용구를 제작하기 위한 용도의 나무를 벌채하고, 땔감을 채취하거나 야생 열매와 식용·약용식물 등을 채취하는 활동은 곶자왈에 넉넉히 자생하는 나무와 열매 그리고 식용식물 등을 대상으로 하는 것이기에, 제주도민들이 해마다 같은 활동을 하더라도 곶자왈은 그 충격을 충분히 소화해낼 수 있는 자연의 섭리가 작동한다.

다시 곶자왈 내에 유형으로 잔존하는 문화자원으로 돌아가 보자. 이쯤에서는 누구든지 한 가지 의문을 던질 수 있다. 과연 곶자왈 속에 잔존하는 유형의 문화자원들은 자원적 가치 또는 보존적 가치가 어느 정도나 되느냐는 의문이다. 사실, 자원적 가치나 보존적 가치는 서로 다른 것으로 생각할 수도 있지만, 거시적 관점에서 두 가지 가치를 고려해 보면 결국은 동일한 차원의 잣대가 될 수 있음을 이해하게 된다. 그렇다고는 하나 〈표 8〉에 제시한 개별 문화자원의 자원적 가치와 보존적 가치에 대한 평가는 어디까지나 필자의 주관적 판단이 많이 작용했음을 부인할 수 없다.

먼저 여러 문화자원 중 자원적 가치와 보존적 가치에서 '상'으로 평가할 수 있는 것은 1-1. 돌숯가마(곰숯가마)를 비롯하여 3-2. 수전, 4-1. 노루텅, 8-2. 잣성, 10-1. 신당·포제단, 10-3. 용암동굴(소형) 등 6 개이다. 이들 문화자원은 다른 자원에 비하여 상대적으로 축조 시기나 형성 시기가 아주 오래되었고, 또 다른 면에서는 특정 곶자왈에서만 확인되는 희귀성을 지닌 자원들이다. 특히 이들 문화자원 중 용암동굴은 앞에서 정리한 것처럼, 본래는 자연자원의 특성을 지니고 있지만 동굴이 형성된 이후에는 선사인들의 일시적인 주거지로서 또는 제주4·3사건과 관련하여 임시 대피소나 은신처로 활용했다는 배경 때문에 여기서는 문화자원의 일부로 포함한 것임을 이해할 필요가 있다. 나아가 한 가지 분명히 해야 할 것은 동일한 문화자원, 예를 들면 1-1. 돌숯가마나 4-1. 노루텅은 여러 개가 잔존하고 있는데, 이들 중 훼손이 아주 심한 것들은 자원적 가치는 물론 보존적 가치가 '중'이나 '하'로 떨어질 수도 있다는 것이다.

자원적 가치와 보전적 가치에서 '중'으로 평가할 수 있는 문화자원은 1-4. 숯막을 비롯하여 1-5. 물텅(통), 2-1. 옹기가마. 3-1. 산전, 3-5. 물텅, 8-1. 공동목장, 8-3. 경계용 돌담 등 13개로 가장 많다. 이들 문화자원의 특징은 보편적으로 개별 자원의 훼손도가 눈에 띌 정도이거나 혹은 동일한 자원의 수가 상대적으로 많은 것들이 포함된다. 그리고 일부 자원들은 특별한 목적을 달성하기 위한 보조적 기능을 담당하는 시설(또는 구조물)이라는 점도 평가에 반영되었다. 자원적 가치와 보존적 가치가 중간 정도로 평가되는 문화자원 중에서는 일제 강점기의 군사 유적(5개)이 다수 포함된다는 점이 주목된다.

마지막으로 자원적 가치나 보존적 가치가 '하'로 평가되는 자원들은 1-1. 1회용 숯가마(터)를 시작으로 1-3. 숯 제조 작업장, 3-3. 경계용 돌담, 3-4. 머들, 양봉업 관련 9-1. 일부 평지 및 편평한 암반, 9-2. 물통, 10-2. 제단, 일본군이 개간한 10-7. 텃밭 등 8개이다. '하'로 평가되는 여러 자원은 1-1. 1회용 숯가마처럼 동일한 자원의 수가 아주 많고, 또 훼손도가 아주 심한 것들이 주로 포함된다. 더불어 일부 자원은 중심 자원과 연계시키지 않는다면 특별히 용도를 가늠하기 힘든 자원도 포함된다. 예를 들면 1-3. 숯제조 작업장, 양봉업에서 벌통을 설치하는 데 활용되는 9-1. 일부 평지 및 편평한 암반, 그리고 일본군들이 개간하여 사용했던 10-7. 텃밭 등이다.

제주 곶자왈의
여러 모습

선흘곶자왈 내 일정 지구에 존재하는 생활유적은 크게 두 가지 중요한 의미와 가치를 지니고 있다. 하나는 과거로부터 선흘리 주민들이 활동하며 사용해 온 생활유적이 비교적 좁은 공간 안에 밀집돼 분포한다는 사실이다. 여기서 좁은 공간이란 약 2,500평(8,264㎡) 정도의 공간적 범위를 말한다. 여기에는 돌숯가마(곰숯가마)를 비롯해 1회용 숯가마, 숯막, 노루텅, 산전과 머들 등 다양한 생활유적이 분포한다. 따라서 생활유적이 밀집된 공간은 선흘리 주민들이 시기를 달리하면서도 일정 기간 동안 농업생산과 숯 굽기, 노루사냥 등 경제활동의 무대였다는 사실을 알 수 있다.

오늘날처럼 숲이 우거진 곶자왈 내부의 일정 지구에서 과거의 경제활동과 관련된 다양한 유적이 발굴됐다는 사실은 결과적으로 과거 제주도 생활역사와 문화의 한 단면을 복원할 수 있다는 점에서 그 의미와 가치가 실로 크다고 말할 수 있다. 다른 하나는 선흘곶자왈 내의 밀집된 생활유적은 일제강점기라는 특수한 기간이 중간에 협재(挾在)되면서 시대를 달리하는 유적들이 특정 장소 내에 중첩돼 존재하는가 하면, 또 일부 유적들은 선세대에서 후세대로 이어지며 일정 기간에 걸쳐 재활용되고 있다는 사실이다.

결과적으로 다양한 생활유적들은 과거 선흘리에 거주했던 즉 한 세대를 앞서 살다간 선조들이 사용했던 유적인 동시에 시간이 흘러 후세대들이 다시 활용하며 만들어낸 유적들이라는 점에서 가치의 중요성을 더한다.[*]

선흘곶자왈(선흘곶) 내 돌숯가마와 작업장 모습.

함덕리의 남쪽 방향으로 전개되는 우진곶은 현재의 곶자왈 구분에 따르면 넓게는 조천-함덕곶자왈이고, 좁게는 함덕-와산곶자왈이다. 우진곶의 '우진' 뜻은 아직 명확하게 밝혀지지는 않았으나, 지역 주민의 안내를 통해 확인된 과거의 곶자왈 지구는 상당한 면적이 움푹 팬 곳이었다. 고지도 상에 등장하는 우진곶의 명칭은 현재 함덕리 주민들에게는 거의 사용되지 않는 곶자왈 지명으로 남아 있는 듯하다.[**]

함덕리 주민들은 우진곶을 여러 지구로 나누어 부르고 있는데, 이를테면 가시낭(남)모루, 식산, 독머흘, 흘물, 상장머체, 여우내 지경 등이다. 하지만 우진곶의 일부 지

[*] 제민일보 기획 기사 「곶자왈의 '고유 이름'을 찾아서」 ❶ 김녕곶〈1〉, 전문가 기고문 (2015. 7. 1.).
[**] 제민일보 기획 기사 「곶자왈의 '고유 이름'을 찾아서」 ❼ 우진곶, 전문가 기고문 (2015. 10. 14.).

구를 가리키는 이들 지명조차도 젊은 사람들에게는 매우 생소한 지명으로 생명력을 잃어가고 있다. 현시점에서는 우진곶의 넓은 지구가 경지로 개간되거나 택지 및 공장용지 등으로 전환돼 전체적인 범위를 연상하기가 쉽지 않다. 특히 함덕중학교가 위치하는 지구부터 남쪽 방향의 지방도(1132)를 지나 대흘2리로 이어지는 넓은 지역이 아주 심하게 바뀌었다. 중간중간에 경지나 택지로 이용하지 못하는 암반지구나 자왈(덤불)지대가 과거에 우진곶이 자리 잡고 있었음을 알려주는 지표가 되고 있다. 도상(島狀)처럼 남아 있는 곶자왈의 흔적은 마치 현세대들에게 곶자왈의 존재 가치와 의미를 알려주는 듯하다.

함덕곶자왈(우진곶)의 잔존 지구 모습.

애월곶자왈(머흘곶)의 용암류 모습.

머흘곶은 현재 애월곶자왈로 분류되는 한 지구로 소길리 원동마을 주변에 위치하는 곶자왈 지명이다. 곶자왈을 이용했던 주민들의 전언을 토대로 보면 과거 일제강점기부터 제주4·3을 전후한 시기까지 사람들이 모여 살면서 밭을 일구고 소를 방목하고 숯을 굽던 생활터전이다. 머흘곶에는 집터로 추정되는 장소는 물론 경작지, 방목지, 4·3사건 당시 은거지(후에 숯막 또는 테우리들의 임시 주거용으로 재이용), 숯 가마터 등 생활유적들이 산재해 있으며, 이들 주변에는 돌담이 이어져 있어 과거 원동마을 주민들의 보금자리가 있었음을 말해주고 있다.

결과적으로 용암류가 넓게 흘러간 자리에도 당시 소길리 주민들은 물론 상가리와 납읍리 주민들까지도 주변의 자연환경을 효율적으로 활용하고자 했던 흔적을 고스란히 남기고 있는 것이다. 머흘곶에는 아직도 발굴되지 않은 생활유적이 상당수 남아있는 것이 분명하다. 그러나 4·3사건 이후 사람들이 떠나고 난 자리에는 오랜 세월에 걸쳐 자연적으로 형성된 숲과 함께 삼나무 조림 사업이 이뤄진 상태여서, 짧은 시간 내에 생활유적 하나하나를 발굴하기에는 버거운 상황이다. 이들 생활유적을 조속히 발굴하여 그 존재성과 가치를 밝히는 작업이 반드시 필요할 것으로 보인다. 머흘곶의 생활유적은 바로 우리 선조들이 자연을 소중히 여기며 활용하던 지혜의 산물이기 때문이다.＊

＊제민일보 기획 기사「곶자왈의 '고유 이름'을 찾아서」❹ 머들(홀)곶〈2〉 발견되지 않은 삶의 흔적, 전문가 기고문(2015. 8. 26.).

30여 년의 연구 생활을
되돌아보면서

30여 년에 걸친 연구 생활을 되돌아보니, 필자의 연구주제는 제주도에 전개되는 지리 현상이 압도적으로 많았고, 더불어 연구 대상 지역도 제주도가 중심이거나 제주도와 다른 지역과의 비교가 훨씬 많음을 알게 되었다. 한편에서 생각해보면, 제주도에서 교육과 연구 활동을 해왔기 때문에 당연한 결과의 소산이기도 하다. 그렇지만 재직하는 교육대학이나 소속 학과의 특성에서 보면, '사회과교육'이나 '지리교육'과 관련된 연구 활동이 상대적으로 미흡하여 크게 폐를 끼친 것은 아닌지 반성하게 된다. 부인할 수 없는 사실이다.

이 점은 아마도 박사학위 취득과정에서 '지리교육'이 아닌 '지리학'을 전공으로 공부한 영향이 크게 작용한 배경 때문이다. 이러한 이유로, 평소 같은 학과 후배 교수들에게는 미안한 감정을 많이 느껴왔다. 개인적으로는 동의하지 않지만, 이왕이면 교육대학이나 소속 학과의 입장에서는 '지리학'보다는 '지리교육' 관련 연구 결과물이 훨씬 많아야 대학 평가나 학과 평가에 유리할 수 있다는 점 때문이다. 그러나 필자로서는 하나의 연구 결과물이 이쪽에선 유리하고, 저쪽에선 불리하다는 계산방식이 대한민국 교육계에서만 통용되는 아주 불필요한 차별정책이라 지적하지 않을 수 없다. 지금에 이르러 생각해보면, '지리학'의 연구 결과나 '지리교육'의 연구 결과는 동전의 양면과도 같은 것이기 때문이다.

30여 년의 연구 생활을 되돌아보면서

어느새 퇴임까지는 6개월이란 시간만 남기게 되었다. 제주에서 태어나 고등학교까지는 제주에서 배우고, 서울로 대학을 진학하면서 육지부에서 8년, 또 일본 도쿄로 석·박사 과정의 유학을 떠나면서 8년의 세월을 보냈다. 귀국 후에는 모교인 동국대학과 서울의 사립대학에서 2~3년간 지리학 관련 강의를 하다가 36세의 나이에 귀향하게 되었다. 뒤돌아보면, 짧은 시간이 스쳐 지나간 듯한데, 벌써 여느 학자들과 마찬가지로 65세라는 벽 앞에 웅크려 앉는 신세가 되었다.

막상 퇴임을 앞두고 보니, 그동안 가르쳤던 제자들의 얼굴을 비롯하여 먼저 퇴직한 선배 교수들, 그리고 바쁘다는 핑계로 별로 만나지 못했던 초중고교 동창생들, 멀리 떨어져 지내는 형제자매와 삼촌, 사촌들의 얼굴까지도 문득문득 떠오른다. 대학에 재직하던 기간이 그리 길지 않았던 것 같은데, 그동안 교육과 연구를 한답시고 지나

치게 만남을 가볍게 하거나 소홀히 하지는 않았을까 하는 조바심이
마음 한구석에 자리 잡는다. 또한 정작 교직에서 떠날 시간이 다가
오니, 왠지 모르게 한층 더 성숙한 어른이 된 충동감에 사로잡히기
도 한다.

퇴직을 맞이하면서, 동료 교수나 후배 교수들에게 또는 지인들에
게 무언가 선물 하나를 하면 어떨까 하고, 고민 끝에 얻은 결론이 이
책이다. 아무리 고민해봐도, 연구자로서 그리고 학자로서 주변 사람
들에게 해 줄 수 있는 마땅한 선물은 별로 없었다. 그동안 써놓았던
글을 조금 모양새 좋게 엮는다면, 책 한 권 정도의 분량이 될 것 같아
시작하였는데 욕심이 과했는지 의외로 두꺼운 볼륨을 지닌 책이 되
고 말았다. 이러다가 혹시 이 책 자체가 선물이 아니라, 부담스러운
애물단지가 되지 않을까 하는 우려가 마음 한구석을 짓누른다.

그래서 큰 주제를 한두 개 줄여볼까 하고 여러 번 생각해보았으
나, 책의 전체적인 구도나 모양새가 나빠진다는 생각 외에는 새로운
답을 찾지 못한 채 그대로 발행하게 되었다. 결과적으로 이 책은 퇴
직을 앞두고 이런 고민 저런 고민 끝에 나온, 다소 불편한 결과물임
을 자인하지 않을 수 없다. 이런 과정에서도 책 속의 한 가지 주제라
도 읽는다면, 무언가 작은 도움이 될 수 있기를 바라는 간절함을 담
았으나, 필자의 뜻이 제대로 전달될지는 자신할 수 없다.

30여 년에 걸친 연구 생활을 되돌아보니, 필자의 연구주제는 제
주도에 전개되는 지리 현상이 압도적으로 많았고, 더불어 연구 대상

지역도 제주도가 중심이거나 제주도와 다른 지역과의 비교가 훨씬 많음을 알게 되었다. 한편에서 생각해보면, 제주도에서 교육과 연구 활동을 해왔기 때문에 당연한 결과의 소산이기도 하다. 그렇지만 재직하는 교육대학이나 소속 학과의 특성에서 보면, '사회과교육'이나 '지리교육'과 관련된 연구 활동이 상대적으로 미흡하여 크게 폐를 끼친 것은 아닌지 반성하게 된다. 부인할 수 없는 사실이다. 이 점은 아마도 박사학위 취득과정에서 '지리교육'이 아닌 '지리학'을 전공으로 공부한 영향이 크게 작용한 배경 때문이다. 이러한 이유로, 평소 같은 학과 후배 교수들에게는 미안한 감정을 많이 느껴왔다. 개인적으로는 동의하지 않지만, 이왕이면 교육대학이나 소속 학과의 입장에서는 '지리학'보다는 '지리교육' 관련 연구 결과물이 훨씬 많아야 대학 평가나 학과 평가에 유리할 수 있다는 점 때문이다. 그러나 필자로서는 하나의 연구 결과물이 이쪽에선 유리하고, 저쪽에선 불리하다는 계산방식이 대한민국 교육계에서만 통용되는 아주 불필요한 차별정책이라 지적하지 않을 수 없다. 결과론적 관점에서 얘기하자면, '지리학'의 연구 결과나 '지리교육'의 연구 결과는 동전의 양면과도 같은 것이기 때문이다.

여기서는 그동안 필자가 연구한 제주도의 지리 현상이나 연구 대상 지역을 몇 개의 키워드로 정리해 보고, 어떤 과정과 흐름의 연속선상에서 연구를 지속해왔는지 회고해 보고자 한다. 그동안 필자가 연구한 제주도의 지리 현상이나 연구 대상 지역에 대한 키워드는 ①

마을 또는 지역, ② 마을자원 또는 지역유산, ③ 돌문화, ④ 곶자왈, ⑤ 제주여성(해녀 포함), ⑥ 전통문화 등 6가지로 요약할 수 있다.[1]

먼저 ① 마을 또는 지역 연구에서는 삼도1동(2007)을 비롯하여 덕수리(2008a), 신엄마을(2011)와 같이 단일 마을을 다룬 연구와 함께 『탐라순력도』상의 마을 실태(2001)나 장수마을(2003) 또는 마을 만들기 (2008b), 제주도의 마을(2009)과 같이 특정 마을은 아니지만 몇 개 마을의 특성을 분석한 연구들이 포함된다. 지역 연구에서는 해안 지역의 특성(1998)을 시작으로 한라산과 주변 지역(2004-4인 공동연구; 2006), 제주시(2005; 2016), 서귀포시(2010), 제주도 애월읍(2013a) 등 행정구역 단위의 지역적 접근과 더불어 추자도(2003-2인 공동연구), 마라도(2013b) 및 비양도(2020) 등 도서지역을 포함하여 일본의 도서지역인 오키나와 나고시(沖繩 名古市)(2000a), 아마미오시마 고미나토(奄美大島 小湊)(2000b)와 이라부초(伊良部町)(2001)의 연구로 계속 이어졌다.

② 마을자원이나 지역유산에 대한 연구로는 제주도의 염전(1997-2인 공동연구)을 시작으로 구엄마을의 돌소금(1998), 성읍리의 마을자원(2010), 용담동-도두동의 생활문화유적(2011a), 대정읍성(2011b), 숯 제조 재현과정(2016), 고 정의현성(2018), 제주도의 진성(鎭城)(2021) 등을 분석할 수 있는 기회가 있었다.

---

[1] 이와 관련된 구체적인 자료는 뒤에 정리한 '연구 목록'을 참조해주기 바란다.

③ 돌문화 관련 연구에서는 북촌리의 돌문화 자원(2008-2인 공동연구)을 비롯하여 제주도 서부지역의 돌문화(2012), 장소자산으로서의 제주 돌담(2013-2인 공동연구), 하도리 밭담(2016-2인 공동연구), 돌담의 가치(2017a), 제주의 돌문화(2017b), 고문헌 속의 돌문화(2019-2인 공동연구) 등의 성과를 발판 삼아 2020년에는 제자인 강성기 박사와 함께『제주 돌문화경관 연구』(한그루)라는 단행본을 출간하는 행운을 얻었다. 더불어 지역을 한층 더 확대하여 제주와 피코섬의 돌문화경관 비교(2018-7인 공동연구), 제주도와 비금도의 돌문화경관 비교(2019-6인 공동연구), 울릉도의 돌문화경관(2021-4인 공동연구) 및 외암마을의 돌문화경관(2022-4인 공동연구), 제주 돌문화경관의 세계유산 등재를 위한 비교(2023-2인 공동연구) 등에 대한 공동연구도 유도해낼 수 있었다.

④ 곶자왈 연구에서는 곶자왈과 제주인의 삶(2004)을 필두로 제주의 곶자왈(2008), 제주의 숲, 곶자왈의 인식과 이용(2012), 선흘곶자왈에서의 숯 생산활동(2013-4인 공동연구), 선흘곶자왈 내 역사문화자원의 분포실태(2014-2인 공동연구), 선흘곶자왈 내 역사문화자원의 유형과 평가(2014), 곶자왈의 과거, 현재 그리고 미래(2015a), 제주의 용암 숲, 곶자왈(2015b), 저지-청수곶자왈과 주변 지역에서의 숯 생산활동(2015c), 제주도 중산간 곶자왈 지대의 마을공동목장 운영과 방목활동(2016-3인 공동연구), 제주 곶자왈의 경관 특성(2017), 선흘곶자왈 동백동산 탐방로 주변 학습자원 발굴과 학교교육에의 활용(2018), 제주 곶자왈의 자원분석과 지역브랜딩 연구(2022-4인 공동연구) 등의 성과를 낼 수 있

었다. 또한 이러한 연구 성과를 바탕으로 2023년에는 『제주의 용암숲, 곶자왈의 인문지리』(한그루)를 발행할 수 있었다.

⑤ 제주여성 또는 제주해녀 관련 연구에서는 이 책의 두 번째 주제에서도 활용한 제주여성의 옥외 노동공간의 성격과 특성(2006)을 시작으로 일본 아마(海女)의 잠수실태와 특성(2004-2인 공동연구), 농업활동과 제주여성(2009), 바깥물질과 제주해녀(2015) 등의 성과를 낼 수 있었으며, 특히 제주해녀와 관련해서는 2004년 『바다를 건넌 조선의 해녀들』(도서출판 각)이란 제목으로 좌혜경 박사와 공동 번역서(원저는 金榮·梁澄子, 1988, 『海を渡った朝鮮の海女-房総半島のチャムスを訪ねて-』, 新宿書房)를 출간하는 행운을 얻기도 하였다.

마지막으로, ⑥ 전통문화 연구에서는 통시문화고(2001)를 포함하여 탐라시대의 생활기반(2002), 제주도 생활문화의 특성과 용천수(2016) 및 정낭문화의 전승과 활용 담론(2022-2인 공동연구) 등을 분석할 수 있었다.

이상과 같이 30여 년간의 연구 성과를 6개 키워드로 분류해 보았는데, 이들 키워드로 구분하기 어려운 연구 성과는 주로 사회과교육 관련 연구(1996; 1997-2인 공동연구; 1997a; 1997b; 1998; 1999; 2000a; 2000b; 2013-3인 공동연구)이거나 지리교육 관련 연구(2011-4인 공동연구; 2014-2인 공동연구), 그리고 일반적인 지리학 관련 주제 연구(1994; 1995a; 1995b; 1995c; 1996; 1996-3인 공동연구; 1997-3인 공동연구; 1997-2인 공동연구; 1999; 2004; 2005a; 2005b; 2006; 2015; 2016-4인 공동연구; 2020-8인 공동연구) 등이 포함된다.

되돌아보면, 참 이상하다는 생각이 든다. 일본 유학 시절의 석사학위 논문과 박사학위 논문은 인삼재배지역의 특성에 대한 한일 비교(1989)나 일본의 대표적인 인삼생산지(3개 현)의 지역특성(1994)을 밝힌 것인데, 귀국 후에는 안타깝게도 석·박사학위 논문의 연구 결과를 토대로 한 후속 연구를 지속해가지 못했다. 1990년대 초까지만 하더라도 지리학 분야의 연구풍토는 석·박사학위를 취득하고 난 이후 학위논문과 관련된 주제를 한층 더 폭넓고 세밀하게 이어나가는 것이 일반적이었다. 그러나 필자의 근무처가 제주교육대학교(1996년 8월 당시)로 정해지는 바람에, 육지부의 인삼재배지와는 크게 멀어지고 말았고, 결국 인삼재배의 특성 연구는 막을 내릴 수밖에 없었다.

지금도 인삼은 대한민국 국민이 즐겨 먹는 특수한 기호식품 중 하나지만, 유독 제주도에서는 재배하지도 않고, 재배했다는 과거의 기록조차도 없다. 그 이유는 간단하다. 인삼은 비와 바람이 많고, 화산회토와 같이 영양분이 충분치 못한 토지에서는 재배할 수가 없기 때문이다. 그리고 인삼은 음지성(陰地性) 식물이기에 싹이 나오기 시작하면, 햇볕을 가리는 차양시설(遮陽施設)을 해야만 한다. 그래서 인삼을 수확하기까지는 돈도 많이 든다. 게다가 인삼 종자를 밭에다 한 번 심으면, 보통 4~6년 동안 농가의 수입은 전혀 없다고 해도 과언이 아니다. 따라서 제주도와 같이 기후조건이 안 맞고, 가구당 경지 소유율이 낮으며, 또 경제력이 약한 지역에서는 사실상 인삼재배가 불가능하다.

지금 생각해봐도, 국내 인삼재배지의 특성과 인삼의 유통체계는 물론이고 한국을 비롯한 일본, 중국, 미국, 캐나다 등 인삼 재배국 및 수출국 등과 관련한 다양한 지리학적 연구주제를 이어나가지 못한 것은 조금 후회스럽다. 그렇다고 정년 이후에 새롭게 도전하기에는 체력이 뒷받침되지 않을 것 같아, 그 가능성도 거의 없다고 해야 할 듯하다. 인삼재배지의 특성을 파악하려면, 역시 현장을 누비며 농가 주인의 이야기를 솔직하게 듣는 것이 우선시돼야 하기 때문이다.

앞으로 필자에게 남은 작은 소망이 있다면, 제주도를 연구 대상 지역으로 혹은 제주도 내 지리 현상을 대상으로 발표했던 지금까지의 논문들을 정리하여 한 권의 지리학 연구서로 엮어내는 작업이다. 여기에 동원되는 자료들은 기본적으로 이미 발표했던 논문들이기에 가치나 효용성에서 많이 떨어지는 것이 분명하나, 지리학적 관점에서 보는 제주도 관련 지역 지리서는 아직도 부족한 것이 현실이다. 따라서 나중에 출판되는 결과물이 다소 볼품이 없더라도 기성 연구자들이 작은 디딤돌 하나를 마련한다면, 향후 젊은 연구자들이 제주도를 연구하는 데 하나의 방향타(方向舵)가 되지 않을까 하고 생각하는 마음이다. 그렇지만 이 작업이 언제쯤 완성될지는 필자 자신도 한참 고민해야 할 것 같다.

연구 목록

마을 연구

① 정광중, 2001, 「『탐라순력도(耽羅巡歷圖)』의 분석을 통한 제주도 마을의 구성실태와 형성배경」, 『초등교육연구』 6, 105~138쪽.

② 정광중, 2003, 「장수마을의 지리적 환경과 제조건에 관한 시론적 연구」, 『제주도연구』 23, 37~65쪽.

③ 정광중, 2007, 「제주 마을의 지리적 환경 연구: 삼도1동을 사례로」, 『제주교대논문집』 36, 13~52쪽.

④ 정광중, 2008a, 「덕수리의 인문지리적 환경」, 『초등교육연구』 12, 1~22쪽.

⑤ 정광중, 2008b, 「마을 만들기와 산지천변 야시장 조성에 관한 연구」, 『초등교육연구』 13, 1~33쪽.

⑥ 정광중, 2009, 「제주도의 마을-다양한 자원이 존재하는 공간-」, 『문화와 현실』 13, 80~90쪽.

⑦ 정광중, 2011, 「제주도 농어촌 지역 마을자원의 발굴과 활용에 대한 시론적 연구-애월읍 신엄마을을 사례로-」, 『한국사진지리학회지』 21(3), 153~170쪽.

지역 연구

① 정광중, 1998, 「제주도 해안지역의 경관적 특성」, 『사진지리』 7, 61~74쪽.

② 정광중, 2000a, 「오키나와 나고시 야부지구의 지역개발의 실태와 전망-토지정비 과정과 농업경영의 질적 변화를 중심으로-」, 『비교문화연구』 6(1), 283~317쪽.

③ 정광중, 2000b, 「奄美大島 小湊 마을의 지역 활성화 문제에 대한 탐색과 논의」, 『비교문화연구』 6(2), 283~315쪽.

④ 정광중, 2001, 「오키나와(沖繩) 이라부초(伊良部町)의 관광지 조성과 지역변화의 가능성」, 『비교문화연구』 7(1), 189~226쪽.

⑤ 정광중·강만익, 2003, 「추자도 어선어업의 실태와 특성」, 『제주교대논문집』 30, 41~84쪽.

⑥ 정광중·강창화·김일우·김종찬, 2004, 「한라산과 그 주변지역의 역사와 문화」, 『제주교대논문집』 33, 67~106쪽.

⑦ 정광중, 2005, 「제주시 승격 50주년의 발자취」, 『제주문화』 11, 20~33쪽.

⑧ 정광중, 2006, 「한라산과 제주도민의 문화」, 『한국사진지리학회지』 16(2), 1~18쪽.

⑨ 정광중, 2010, 「근대도시 서귀포시의 탄생과 변화」, 『불휘공』 5, 69~92쪽.

⑩ 정광중, 2013a, 「제주도 애월읍의 지리적 환경과 인구변화의 특징」, 『한국사진지리학회지』 23(3), 57~79쪽.

⑪ 정광중, 2013b, 「마라도의 지리적 환경과 지역환경 조성 방안」, 『한국사진지리학회지』 23(2), 1~20쪽.

⑫ 정광중, 2016, 「제주시 지석묘 분포지역의 지리적 환경 고찰」, 『濟州考古』 3, 5~19쪽.

⑬ 정광중, 2020, 「지리적 관점에서 본 제주도 비양도(飛陽島)의 지역특성 연구」, 『한국지역지리학회지』 26(3), 2~30쪽.

마을자원·지역유산 연구

① 정광중·강만익, 1997, 「제주도 염전의 성립과정과 소금생산의 전개-종달·일과·구엄 염전을 중심으로-」, 『탐라문화』 18, 351~379쪽.

② 정광중, 1998, 「제주도 구엄마을의 돌소금 생산구조와 특성」, 『지리학연구』 32(2), 87~104쪽.

③ 정광중, 2010, 「마을 활성화를 위한 마을자원의 구성 조직과 가치화 분석 방향-성읍민속마을의 사례를 통하여」(제주학연구자모임, 『제주학과 만남』, 아트 21), 141~175쪽.

④ 정광중, 2011a, 「제주시 용담동-도두동 해안도로변 생활문화유적의 잔존실태」, 『한국사진지리학회지』 21(4), 53~68쪽.

⑤ 정광중, 2011b, 「제주도 대정읍성(大靜邑城)의 지리적 환경 고찰」, 『한국사진지리학회지』 21(2), 43~61쪽.

⑥ 정광중, 2016, 「숯 제조 재현과정과 현재적 의미 탐구-제주지역의 곰숯 제조를 사례로-」, 『탐라문화』 53, 83~114쪽.

⑦ 정광중, 2018, 「고(古) 정의현성(旌義縣城)의 문화재적 가치와 관광 자원화 방안」, 『濟州考古』 5, 97~121쪽.

⑧ 정광중, 2021, 「조선시대 제주도 진성(鎭城)에 대한 인문 지리학적 고찰-특히 사적(史蹟) 지정 필요성과 관련하여-」, 『한국사진지리학회지』 31(2), 1~20쪽.

돌문화 연구

① 정광중·김은석, 2008, 「북촌리 주민들의 거주환경에 따른 돌문화 관련자원의 형성과 배경」, 『한국사진지리학회지』 18(1), 7~26쪽.

② 정광중, 2012, 「제주의 돌문화와 서부지역의 돌문화 특성」(『한국지리지 제주특별자치도』, 국토교통부 국토지리정보원), 323~341쪽.

③ 정광중·강성기, 2013, 「장소자산으로서 제주 돌담의 가치와 활용방안」, 『한국경제지리학회지』 16(1), 99~117쪽.

④ 강성기·정광중, 2016, 「제주도 구좌읍 하도리 밭담의 존재형태와 농가 인식에 대한 연구」, 『한국지역지리학회지』 22(4), 809~825쪽.

⑤ 정광중, 2017a, 「제주 돌담의 가치와 돌담 속 선조들의 숨은 지혜 찾기」, 『제주도연구』 48, 177~203쪽.

⑥ 정광중, 2017b, 「제주의 돌문화」(『제주학개론』, 제주연구원 제주학연구센터), 280~300쪽.

⑦ 김지수·성효현·이혜은·정광중·강성기·정주연·송은영, 2018, 「전통 취락 경관의 특색: 자연환경을 반영한 제주와 피코 돌문화경관을 중심으로」, 『한국도시지리학회지』 21(2), 107~121쪽.

⑧ 강성기·정광중, 2019, 「고문헌 속 제주도 돌문화의 내용 분석과 특징」, 『제주도연구』 52, 159~205쪽.

⑨ 정주연·정광중·이혜은·성효현·강성기·김지수, 2019, 「전통 취락경관의 비교연구: 제주도와 비금도의 돌문화경관을 중심으로」, 『한국도시지리학회지』 22(3), 149~160쪽.

⑩ 정광중·강성기, 2020, 『제주 돌문화경관 연구』, 한그루.

⑪ 강성기·정광중·정주연·김지수, 2021, 「울릉도 돌문화경관 연구」, 『한국사진지리학회지』 31(4), 48~64쪽.

⑫ 정광중·정주연·김지수·강성기, 2022, 「전통 취락경관의 특색-외암마을의 돌문화경관을 중심으로-」, 『한국사진지리학회지』 32(2), 90~105쪽.

⑬ 정주연·정광중, 2023, 「제주 돌문화경관의 세계유산 등재를 위한 비교 연구-'화산' 키워드를 중심으로-」, 『경관과 지리』 33(4), 122~138쪽.

곶자왈 연구

① 정광중, 2004, 「곶자왈과 제주인의 삶」, 『제주교대논문집』 33, 41~65쪽.

② 정광중, 2008, 「제주의 곶자왈」, 『제주의정』 5, 214~221쪽.

③ 정광중, 2012, 「제주의 숲, 곶자왈의 인식과 이용에 대한 연구」, 『한국사진지리

학회지』22(2), 11~28쪽.

④ 정광중·강성기·최형순·김찬수, 2013, 「제주 선흘곶자왈에서의 숯 생산활동에 관한 연구」, 『한국사진지리학회지』23(4), 37~55쪽.

⑤ 강창화·정광중, 2014, 「제주 선흘곶자왈 내 역사문화자원의 분포실태와 특성」, 『한국사진지리학회지』24(1), 153~173쪽.

⑥ 정광중, 2014, 「제주 선흘곶자왈 내 역사문화자원의 유형과 평가」, 『한국사진지리학회지』24(2), 1~20쪽.

⑦ 정광중, 2015a, 「곶자왈의 과거, 현재 그리고 미래-곶자왈의 존재방식에 대한 물음과 제언-」, 『한국사진지리학회지』25(3), 15~32쪽.

⑧ 정광중, 2015b, 「제주의 용암 숲, 곶자왈」, 『철도저널』18(3), 24~28쪽.

⑨ 정광중, 2015c, 「저지-청수곶자왈과 그 주변지역에서의 숯 생산활동」, 『문화역사지리』27(1), 83~111쪽.

⑩ 부혜진·강창화·정광중, 2016, 「제주도 중산간 곶자왈 지대의 마을공동목장 운영과 방목활동을 통한 생활상 연구」, 『한국지역지리학회지』22(2), 353~368쪽.

⑪ 정광중, 2017, 「제주 곶자왈의 경관 특성과 가치 탐색」, 『문화역사지리』29(3), 58~77쪽.

⑫ 정광중, 2018, 「선흘곶자왈 동백동산 탐방로 주변의 학습자원 발굴과 학교교육의 활용을 위한 방향성 탐색」, 『탐라문화』58, 249~285쪽.

⑬ 김범훈·정광중·강만익·홍창유, 2022, 「제주 곶자왈 자원분석연구를 통한 지역브랜딩 연구」, 『한국지적정보학회지』24(1), 13~36쪽.

⑭ 정광중, 2023, 『제주의 용암 숲, 곶자왈의 인문지리』, 한그루.

제주여성·제주해녀 연구

① 권상철·정광중, 2004, 「일본 아마(海女)의 잠수실태와 특성-이시카와현(石川縣) 와지마시(輪島市) 아마마치(海女町) 및 헤구라지마(⊠倉島)의 사례를 통하여」, 『제주도연구』25, 121~171쪽.

② 정광중·좌혜경 역(김영·양징자 저), 2004, 『바다를 건넌 조선의 해녀들』, 도서출판 각.

③ 정광중, 2006, 「제주여성들의 옥외 노동공간의 성격과 특성에 대한 연구」, 『초등교육연구』 11, 67~123쪽.

④ 정광중, 2009, 「농업활동과 제주여성」(『제주여성사 Ⅰ』, 제주특별자치도·제주발전연구원), 526~561쪽.

⑤ 정광중, 2015, 「바깥물질, 해녀를 바꾸다」(『통사로 살피는 제주해녀』, 제주특별자치도·(사)세계문화유산보존협의회), 48~83쪽.

전통문화 연구

① 정광중, 2001, 「통시文化考」, 『제주교대논문집』 30, 103~126쪽.

② 정광중, 2002, 「탐라시대의 지리적 환경과 주민들의 생활기반」, 『초등교육연구』 7, 35~59쪽.

③ 정광중, 2016, 「제주도 생활문화의 특성과 용천수 수변공간의 가치 탐색」, 『국토지리학회지』 50(3), 253~270쪽.

④ 정광중·정주연, 2022, 「제주도 정낭문화의 전승과 활용을 전제한 담론적 연구」, 『한국사진지리학회지』 32(4), 1~15쪽.

사회과 교육 및 지리교육 연구

① 정광중, 1996, 「사진자료를 이용한 초등학교 사회과의 교재화 연구-외국 여행의 사례를 통하여-」, 『한국사진지리학회지』 4, 47~62쪽.

② 김은석·정광중, 1997, 「초등학교 사회과 지역교과서 상의 사진자료에 대한 연구-『아름다운 제주도』를 사례로-」, 『초등사회과교육』 9, 167~195쪽.

③ 정광중, 1997a, 「초등학교 지역교과서의 각종 자료에 대한 분석-사회과 탐구『아름다운 제주도(4-1)』를 예로 하여」, 『제주교대논문집』 26, 129~162쪽.

④ 정광중, 1997b, 「신문자료를 이용한 지역학습에의 접근-지역교과서에서의 실천

적 활용을 위한 시론-」, 『초등교육연구』 3, 69~97쪽.

⑤ 정광중, 1998, 「사회과 학습자료 개발을 위한 지역연구의 실제」, 『제주교대논문집』 27, 109~137쪽.

⑥ 정광중, 1999, 「초등사회과를 위한 현장학습 코스의 개발-제주시 화북 마을을 사례로-」, 『초등사회과교육』 11, 299~330쪽.

⑦ 정광중, 2000a, 「초등 사회과 경제영역의 심층적 이해를 위한 접근」, 『제주교대논문집』 29, 27~63쪽.

⑧ 정광중, 2000b, 「지역박물관을 활용한 사회과 현장학습의 실제-제주교육박물관 야외전시장을 사례로-」, 『초등교육연구』 5, 97~124쪽.

⑨ 정광중·오성배·황석규·고광명, 2011, 「제주국제자유도시 다문화교육 프로그램 개발 방향」, 『한국사진지리학회지』 21(2), 173~193쪽.

⑩ 류현종·김은석·정광중, 2013, 「'수업공동체' 활동을 통한 사회과 수업의 성찰과 소통」, 『사회과교육연구』 20(1), 31~65쪽.

⑪ 정광중·강성기, 2014, 「2007, 2009 개정 교육과정에 따른 사회과부도 구성 및 내용 비교 연구-지리영역을 중심으로-」, 『한국사진지리학회지』 24(4), 73~89쪽.

일반 지리학 주제 연구

① 정광중, 1994, 「경제활동과 지구환경문제에 관한 지리학적 고찰-열대림 파괴의 실태분석-」, 『지리학연구』 24, 81~96쪽.

② 정광중, 1995a, 「일제시대 전매제하 인삼생산의 전개과정」, 『문화역사지리』 7, 93~111쪽.

③ 정광중, 1995b, 「농업지리학에서의 사진이용과 전망」, 『사진지리』 3, 17~30쪽.

④ 정광중, 1995c, 「특산지 형성과 지역농업의 발전방향-일본의 사례지역을 통하여-」, 『지리학연구』 26, 79~98쪽.

⑤ 정광중, 1996, 「일제 통치하의 홍삼전매와 개성삼업농민의 역할」, 『순국』 71, 50~57쪽.

⑥ 이혜은·정광중·김일림, 1996, 「싱가포르의 도시경관과 그 특색」, 『지리학연구』 27, 77~96쪽.

⑦ 이혜은·김일림·정광중, 1997, 「싱가포르의 문화경관」, 『문화역사지리』 9, 27~43쪽.

⑧ 정광중·최병권, 1997, 「한일 지형도의 비교 분석-형태와 기호비교를 중심으로-」, 『지리학연구』 29, 85~101쪽.

⑨ 정광중, 1999, 「싱가포르를 통해서 본 제주도의 가능성-국제자유도시의 초석을 다지기 위한 제주인의 가치관 정립과 관련하여-」, 『제주교대논문집』 28, 103~121쪽.

⑩ 정광중, 2004, 「지역지리적 측면에서 본 지방지의 문제점과 개선방향-새로운 구성을 위한 방향 탐색-」, 『초등교육연구』 9, 71~83쪽.

⑪ 정광중, 2005a, 「사우어(Carl O. Sauer)의 지리적 사상과 문화지리학」, 『제주교대논문집』 34, 21~39쪽.

⑫ 정광중, 2005b, 「마르톤(E. de Martonne)의 학문적 사상과 업적 연구」, 『초등교육연구』 10, 1~11쪽.

⑬ 정광중, 2006, 「이규원(李奎遠)의 『울릉도검찰일기』에 나타난 지리적 정보」, 『지리학연구』 40(2), 213~228쪽.

⑭ 정광중, 2015, 「제주 이주민의 실태와 동향 그리고 시사점」, 『지간』 6(여름호), 9~13쪽.

⑮ 정광중·강창화·강성기·부혜진, 2016, 「반도부의 숯가마 실태와 숯 생산 및 활용에 대한 예비연구」, 『제주도연구』 46, 223~269쪽.

⑯ 이혜은·김지수·성효현·정광중·전영준·이동주·정주연·안세진, 2020, 「화산섬 환경에서 발달한 전통 농업 및 경관: 제주도와 하와의 비교 고찰」, 『대한지리학회지』 55(3), 343~362쪽.

석사 및 박사학위 논문

① 鄭光中, 1990, 「藥用にんじんの栽培地域の農業地理學的研究—主要産地の韓日

比較─」, 東京學藝大學大學院 敎育學硏究科, 修士學位論文.

② 鄭光中, 1994,「日本における工藝作物生產地の地域構造に關する硏究─藥用人
蔘生產地を例として─」, 日本大學大學院 理工學硏究科, 博士學位論文.

참고문헌

찾아보기

참고문헌

제1장 고향 마을 산책: 신엄마을 이야기

『濟州邑誌』(1785~1793).

『三郡戶口家間摠册』(濟州牧, 1904).

고재원, 2021, 『제주의 성담과 방어유적』, 서귀포문화원.

金永吉 譯, 2016, 『國譯 增補耽羅誌』, 濟州特別自治道·濟州文化院.

金益洙 譯, 2001, 『南槎日錄』, 濟州文化院.

북제주군, 1963~1990, 『북제주군 통계연보』, 북제주군.

北齊州郡·(社)濟州學硏究所, 2006, 『北齊州郡 地名 總覽』(上), 北齊州郡·(社)濟州學硏究所.

백규상 역주, 2020, 『譯註 濟州邑誌』, 제주문화원.

오창명, 2007, 『제주도 마을 이름의 종합적 연구 Ⅰ』(행정명사·제주시 편), 제주대학교출판부.

신엄리 청년회, 2023, 『제16회 신엄리민 단합체육대회 책자』내 「우리마을 전화번호」, 신엄리 청년회.

정광중, 2016, 「제주도 생활문화의 특성과 용천수 수변공간의 가치 탐색」, 『국토지리학회지』50(3), 253~270쪽.

제주도, 1997, 『도제 50년 제주실록』, 제주도.

제주대학교박물관, 2020, 『제주 고지도』(제주에서 세계를 보다), 제주대학교박물관.

제주문화원, 2023, 『함께 만드는 마을지 ⑦ 신엄리』, 제주문화원.

제주특별자치도, 1991~2023, 『주민등록 인구통계 보고서』, 제주특별자치도.

제주특별자치도·제주특별자치도문화원연합회, 2013, 『애월읍 역사문화지』, 제주특
　　　별자치도·제주특별자치도문화원연합회.

善生永助, 1929, 『調査資料 第二十九輯 生活狀態調査(其二) 濟州島』, 朝鮮總督府.

泉 靖一, 1966, 『濟州島』, 東京大學出版會.

제주신보 1962년 11월 2일자 기사.

신엄리 홈페이지(https://www.jeju.go.kr/vill/sineom/intro/info.htm).

애월읍 홈페이지(https://www.jejusi.go.kr/town/aewol).

중엄리 홈페이지(http://www.jeju.go.kr/vill/jungeom/intro/info.htm).

Daum 홈페이지(https://www.daum.net).

Naver 홈페이지(https://www.naver.com).

제2장 제주여성의 일터 산책: 제주여성의 옥외 노동공간 이야기

고광민, 2004, 『제주도의 생산기술과 민속』, 대원사.

高榮基, 1996, 「제주도의 벼농사」, 高麗大學校大學院 碩士學位論文.

고재환, 2001, 『제주속담총론』, 민속원.

권귀숙, 1996, 「제주해녀의 신화와 실체: 조혜정 교수의 해녀론을 중심으로」, 『한국사
　　　회학』 30(봄호), 227~258쪽.

김강임, 1998, 「빨래터」(제주시, 『되돌아본 그때 그 시절-제주인의 슬기로운 삶 이야
　　　기-』, 제주시), 11~15쪽.

김동섭, 2004, 『제주도 전래 농기구』, 민속원.

金尙憲, 1601~1602, 『南槎錄』(朴用厚 譯, 1976, 『耽羅文獻集』, 제주도교육위원회).

김수완, 2006, 「잠수 소득 증대 방안」, 『제주해녀 삶의 질 향상과 보호육성을 위한 정

책개발 세미나 자료집』, 59~64쪽.

金榮墩, 1993, 『제주민의 삶과 문화』, 도서출판 제주문화.

金恩希, 1993, 「濟州潛嫂의 生活史-事例研究를 中心으로-」, 高麗大學校 碩士學位論文.

김태호, 2004, 「제2장 제주지방자연 및 생태환경」(국토지리정보원, 『한국지리지-전라·제주편-』, 국토지리정보원), 539~561쪽.

南錫珍, 1987, 「濟州島 傳統社會의 農業經營에 關한 研究-涯月邑을 中心으로-」, 濟州大學校 碩士學位論文.

박정희, 2004, 「제주도 여성문화에 관한 고찰-가족과 결혼생활을 중심으로-」, 제주대학교 석사학위논문.

박찬식, 2006, 「제주해녀의 역사적 고찰」(좌혜경 외, 『제주해녀와 일본의 아마』, 민속원), 107~136쪽.

박태훈·고은경·현진미, 1998, 「제주도 논농사 현황에 관한 조사연구」, 『濟大社會科教育』16, 77~96쪽.

송성대, 2001, 『문화의 원류와 그 이해-제주인의 海民情神(개정증보판)-』, 도서출판 각.

송시태, 2000, 「제주도 암괴상 아아용암류의 분포 및 암질에 관한 연구」, 부산대학교 박사학위논문.

安美貞, 1997, 「제주해녀의 이미지와 사회적 정체성」, 濟州大學校 碩士學位論文.

안중기, 2006, 「제주도의 강수량과 토양」(제주도·한라산생태문화연구소, 『한라산의 하천』), 18~42쪽.

吳洪哲, 1980, 『聚落地理學』, 敎學社.

유철인, 2001, 「제주해녀의 삶: 역사인류학적 과제」(제주도·제주도여성특별위원회, 『깨어나는 제주여성의 역사』, 제주도·제주도여성특별위원회), 91~109쪽.

유철인, 2006, 「약초할머니의 삶과 약초 이야기」(제주도·한라생태문화연구소, 『한라산이야기』, 한라산 총서 VII), 226~254쪽.

이종만, 2006, 「제주 해녀 보호·육성을 위한 정책 방향」, 『제주해녀 삶의 질 향상과 보호 육성을 위한 정책개발 세미나 자료집』, 19~24쪽.

이재하·홍완순, 1992, 『한국의 場市-정기시장을 중심으로-』, 民音社.

이-푸 투안 저(Yi-Fu Tuan), 구동회·심승희 역, 1995, 『공간과 장소』, 도서출판 대윤.

전경숙, 2006, 「전라남도의 정기시 구조와 지역 발전에 관한 연구」, 『한국도시지리학회지』 9(1), 113~126쪽.

정광중, 2004, 「곶자왈과 제주인의 삶」, 『濟州敎育大學校 論文集』 33, 41~65쪽.

정승모, 1992, 『시장의 사회사』, 웅진출판.

濟州道, 1982, 『濟州道誌』(下卷), 濟州道.

제주도, 1993, 『제주도지(제2권)』, 제주도.

제주도, 1968~1988, 『제주통계연보』, 제주도.

濟州道, 1994, 『濟州의 民俗 Ⅱ(生業技術·工藝技術)-濟州文化資料叢書 ②-』, 濟州道.

濟州道, 1995, 『濟州語辭典』, 濟州道.

제주도, 2000, 『2000 환경백서』, 제주도.

제주도, 2006, 『濟州道誌(第4卷)』, 제주도.

제주도지편찬위원회, 2006, 『濟州道誌(第4卷)-산업·경제-』, 제주도.

제주도·한라산생태문화연구소, 2006, 『한라산의 하천』(한라산 총서 Ⅷ), 제주도·한라산생태문화연구소.

제주특별자치도, 2006, 『2006년도 해양수산현황』, 제주특별자치도.

좌혜경, 2006, 「제주 출가 해녀의 현지적응」(좌혜경 외, 『제주해녀와 일본의 아마』, 민속원), 209~244쪽.

주영하·전성현·강재석, 1996, 『한국의 시장-사라져가는 우리의 오일장을 찾아서-』(제3권 전라남도·전라북도·제주도·광주 편), 공간미디어.

진관훈, 2004, 『근대제주의 경제변동』, 도서출판 각.

최유선, 2000, 「주택가 길의 사회적 기능」, 『地理學叢』 28, 27~37쪽.

한국지리정보연구회편, 2004, 『자연지리학사전』(개정판), 한울아카데미.

한림화, 2006, 「해양문명사 속의 제주해녀」(좌혜경 외, 『제주해녀와 일본의 아마』, 민속원), 21~105쪽.

元學喜, 1988,「濟州島における海女漁業の變貌と生産形態」(立正大學日韓合同韓國
　　濟州島學術調査團,『韓國濟州島の地域研究-學術調査報告書-』), 102~118쪽.
桝田一二, 1976,「濟州島海女」(桝田一二地理學論文集刊行會,『桝田一二地理學論文
　　集』, 弘詢社), 67~85쪽.
1:5,000 지형도, 한림(翰林 075) 도폭(1984년 편집, 국립지리원 발행).

제4장 곶자왈 산책: 곶자왈 탐사 이야기

강만익, 2001,「조선 시대 제주도 관설목장의 경관 연구」, 제주대학교 석사학위논문.
강만익, 2013,『일제 시기 목장조합 연구』, 경인문화사.
강만익, 2017,『한라산의 목축생활사』, 제주특별자치도 세계유산본부.
강창화 외, 2017,『곶자왈 역사문화자원 복원기법 및 이용계획 수립』, 국립산림과학원.
강창화·정광중, 2014,「제주 선흘 곶자왈 내 역사문화유적의 분포실태와 특성」,『한국
　　사진지리학회지』24(1), 153~173쪽.
고순희·장현주, 2014,「제주 전통 모피·피혁류 복식에 나타난 특성 연구」,『한국디자
　　인포럼』42, 89~100쪽.
국립산림과학원·(사)한라산생태문화연구소, 2015,『한경곶자왈지역의 역사·문화자
　　원의 실측조사 및 문화자원 활용방안 연구』[보고서], 국립산림과학원.
국립산림과학원·(사)한라산생태문화연구소, 2016,『곶자왈 역사문화자원의 보전과
　　지속가능한 활용을 위한 종합계획 수립 연구』[보고서], 국립산림과학원.
金相昊, 1979,「韓國農耕文化의 生態學的 研究: 基底農耕文化의 考察」,『社會科學論
　　文集』(서울대) IV, 81~122쪽.
김오순, 2005,「18~19세기 제주 고지도의 연구」, 영남대학교 석사학위논문.
김은석, 1991,「제주도 옹기가마의 구조 및 형태에 관한 고찰-한경면, 대정읍, 일대 옹
　　기가마를 중심으로-」,『제주교육대학 논문집』21, 21~41쪽.
박찬식, 1996,「19세기 齊州 지역 進上의 실태」,『탐라문화』16, 255~272쪽.
부혜진·정광중·강창화, 2016,「제주도 중산간 곶자왈 지대의 마을공동목장 운영과 방

목활동을 통한 생활상 연구」, 『한국지역지리학회지』 22(2), 353~368쪽.

송성대, 2001, 『문화의 원류와 그 이해-제주인의 海民情神(개정증보판)-』, 도서출판 각.

안경아·강만익·한삼인·정근오, 2018, 『제주지역 마을공동목장 관리실태 및 개선방안』, 제주연구원.

오성찬, 2000, 『오성찬이 만난 20세기 제주 사람들』(20세기 제주/ 시리즈 ①), 도서출판 반석.

오창명, 1998, 『제주도 오름과 마을 이름』, 제주대학교출판부.

오창명, 2007, 『제주도 마을 이름의 종합적 연구』 I, II(행정명사·제주시편/서귀포시편), 제주대학교출판부.

오상학, 2020, 「조선시대 제주도 지도의 현황과 유형별 특성」, 『제주도연구』 53, 187~221쪽.

오창윤, 2010, 「제주 옹기(甕器)에 관한 연구-제주돌가마 축조와 옹기관광제품생산을 중심으로-」, 단국대학교 박사학위논문.

이경효, 2010, 「조선후기 제주도 옹기 연구-허벅을 중심으로-」, 이화여자대학교 석사학위논문.

이욱, 2008, 「18~19세기 제주의 進上制 운영과 성격」, 『탐라문화』 33, 139~166쪽.

정광중, 2011, 「곶자왈의 인식과 이용에 대한 인문지리학적 접근」(국립산림과학원 난대아열대산림연구소, 『곶자왈, 보전과 활용 어떻게 할 것인가, 곶자왈의 보전과 활용 심포지엄 발표자료집』), 63~83쪽.

정광중, 2014, 「제주 선흘곶자왈 내 역사문화자원의 유형과 평가」, 『한국사진지리학회지』 24(2), 1~20쪽.

정광중, 2015, 「곶자왈의 과거, 현재 그리고 미래-곶자왈의 존재방식에 대한 물음과 제언-」, 『한국사진지리학회지』 25(3), 15~32쪽.

정광중, 2016, 「제주도 동·서부지역 곶자왈 내 집단적 인문자원의 성격 비교-화순곶자왈과 선흘곶자왈을 사례로-」(국립산림과학원·(사)한라산생태문화연구소, 『곶자왈 역사문화자원의 보전과 지속가능한 활용을 위한 종합계획 수립 연구』[보고서], 국립산림과학원).

정광중 외, 2012,『곶자왈의 역사문화자원 현황조사』, 국립산림과학원·(사)한라산생
태문화연구소, 109~120쪽.

조성윤, 2007, 「일제 말기 제주도 주둔 일본군과 전적지」, 『군사』 62, 241~272쪽.

조태섭, 2017, 「제주 곽지 사람들의 동물 이용에 대하여」, 『인문과학』 110, 105~131쪽.

제민일보곶자왈특별취재반, 2004,『제주의 허파 곶자왈』, 도서출판 아트 21.

제주녹색환경지원센터, 2014,『곶자왈 보전관리를 위한 종합계획 수립』(최종보고서),
제주특별자치도.

제주도, 1995,『제주어사전』, 제주도.

제주도민속자연사박물관, 1996,『제주의 옛 지도』, 제주도민속자연사박물관.

제주특별자치도, 1980~2001,『제주통계연보』, 제주특별자치도.

제주특별자치도, 2016,『제주 목마 관련 잣성유적 실태조사 용역』(동부지역), 제주특
별자치도 세계유산본부.

제주특별자치도, 2020,『주민등록인구통계』, 제주특별자치도.

제주특별자치도 제주시·제주4·3연구소, 2006,『평화와 인권의 성지, 제주시 4·3유적
지답사 길잡이』, 제주특별자치도 제주시·제주4·3연구소.

제주특별자치도·(재)제주문화유산연구원, 2018,『제주 목마 관련 잣성유적 실태조사』
(서부지역), 제주특별자치도·(재)제주문화유산연구원.

최현, 2019, 「제주: 발전과 난개발 사이에서」(제주특별자치도,『한 권으로 읽는 제주
특별자치도지』, 제주특별자치도), 387~418쪽.

홍경희, 2014, 「저지·청수·무릉곶자왈 내의 지명과 삶」(국립산림과학원·(사)한라산생
태문화연구소,『곶자왈의 역사유적 및 문화자원의 가치 평가와 활용 연구』),
160~183쪽.

(재)곶자왈공유화재단 홈페이지(http://www.jejutrust.net).

Naver 위성사진(https://map.naver.com)[접속일: 2020년 5월 10일, 14일, 15일, 18일 등].

찾아보기

정광중 鄭光中

동국대학교 지리교육과 학사, 동경학예대학(東京學藝大學) 대학원 교육학 석사,
일본대학(日本大學) 대학원 이학박사.
제주대학교 부총장 겸 교육대학장(전), 제주일보 및 제주신보 논설위원(전),
한국사진지리학회 회장(전), (사)제주학회 회장(전).
제주특별자치도 문화재위원(현), 제주대학교 교육대학 교수(현).

《지리학을 빛낸 24인의 거장들》(한울아카데미, 2003, 공저)
《한라산의 인문지리》(도서출판 각, 2006, 공저)
《제주학과 만남》(제주학연구자모임, 2010, 공저)
《지역과 사회과교육》(제주대학교출판부, 2010, 공저)
《제주 돌문화경관 연구》(한그루, 2020, 공저)
《제주 콘서트》(한그루, 2021)
《한라산과 곶자왈》(제주특별자치도, 2021, 공저)
《제주의 용암 숲 곶자왈의 인문지리》(한그루, 2023)
《인문지리학자의 제주 산책》(한그루, 2024) 등

jeongkj@jejunu.ac.kr

인문지리학자의
제주 산책

2024년 12월 15일 초판 1쇄 발행
ISBN 979-11-6867-000-0 (93380)

지은이 정광중 **펴낸이** 김영훈 **편집장** 김지희 **디자인** 김영훈 **편집부** 이은아, 부건영
펴낸곳 한그루 **출판등록** 제6510000251002008000003호 **주소** 제주특별자치도 제주시 복지로1길 21
전화 064-723-7580 **전송** 064-753-7580 **전자우편** onetreebook@daum.net **누리방** onetreebook.com

값 30,000원